朝河貫一と人文学の形成

海老澤　衷
近藤成一
甚野尚志　編

吉川弘文館

まえがき

朝河貫一は、長くイェール大学で教鞭をとり、日欧比較封建制の研究に邁進、日本の封建制を世界史の中に位置づけたことで知られる。それとともに、日露戦争、第一次世界大戦、第二次世界大戦をアメリカにおいて経験することとなったため、日本の立場を客観的に眺めて、世界平和の実現を目指し、さまざまな提言を行っている。一九四二年には、イェール大学で定年を迎え、名誉教授となり、一九四八年八月一一日にバーモント州ウェスト・ワーズボロの避暑地でその生涯を閉じた。

朝河貫一（福島県立図書館所蔵）

二〇一八年には没後七〇年を記念してさまざまな行事が行われ、日本における母校早稲田大学においても七月二一日・二二日の二日間にわたり、大隈講堂においてシンポジウム「朝河貫一――人文学の形成とその遺産――」が開催された。編者三名はすでに『朝河貫一と日欧中世史研究』（吉川弘文館、二〇一七年）を刊行しているが、その契機となったシンポジウム「朝河貫一と日本中世史研究の現在」以来の反響の大きさから、今回のシンポジウムにおいても直ちに出版に向けて取り組むこととなった。前回の出版からわずか二年にして刊行することができたのも、朝河貫一の卓抜した視野と業績が現代社会にとって渇仰されるものであることを物語っているといえよう。

その理由として第一に挙げられるのは、イェール大学や日本の福島県立図書館に残されている整序された膨大な資料群の存在である。日欧の中世史研究にかかわる収集資料のほか、学術的な交流を示す書簡やさまざまな時局におけるオープンレターなどがあり、詳細な目録作りが進められてはいるが、その全貌が把握されるのは、だいぶ先のこととなろう。第二には、複雑化する現代の国際関係において朝河の有する視点がさまざまな形で蘇ってくることである。特に米中関係の歴史的な展望において朝河の存在は大きい。そのことを如実に示したのが二〇一八年一〇月二〇日に国際文化会館（東京）で行われた「朝河貫一博士―没後七〇年記念シンポジウム―」であった。名著として知られる『日本の禍機』で示された日本とアメリカ・中国との外交関係のあり方は、中国の台頭が著しい現在、あらためて読み直され、このシンポジウムにおいても米中関係が主要議題の一つとなった。第三には戦間期から戦後期のアメリカで活動する卓抜した才能の持ち主であったアリス・モリスやグレッチェン・ウォレンなどの女性を魅了する朝河の洗練された英文と該博な知識である。本書において、これらの女性との往復書簡を通じて、学問に沈潜しながらアメリカやヨーロッパの情勢を的確に捉えた朝河像が浮かび上がってくる。

本書では三部の構成をとっており、第Ⅰ部「歴史学者としての朝河貫一」では、日本史・西洋史の研究者によって膨大な資料群の一部から朝河の歴史研究の構想を解き明かす。第Ⅱ部「近代の大学と国際交流」においては、アメリカにおいて近代の大学形成に立ち会った朝河の姿勢およびその国際的な活動が示されている。第Ⅲ部「朝河貫一と国際平和の提唱」では、二回の世界大戦を通じて示された朝河の行動と思想が分析される。『朝河貫一と日欧中世史研究』においては、朝河が専門とする日欧中世史の研究に重点を置いて分析し、さらに日本における史料収集活動や、家族や教え子などの身辺に触れたが、本書においてはより広い視野に立って朝河の活動の全貌を捉えることに努めた。多くの方々からご批正を賜れば幸いである。

二〇一九年一月七日

海老澤　衷
近藤成一
甚野尚志

目次

第I部　歴史学者としての朝河貫一

『大化改新の研究』と近代日本史学の岐路

海老澤　衷

はじめに

朝河貫一は、一九〇三年（明治三十六）、イェール大学での学位取得後に『六四五年の改革（大化改新）の研究（*The Early Institutional Life of Japan: A Study in the Reform of 645 A.D.*）』を出版する。(1)明治期に英文で発信されたこと自体が貴重な事蹟であると考えられるが、本稿では戦前期に「大化改新の研究」を行った二人の泰斗、津田左右吉と坂本太郎をも取り上げ、三人の研究の日本の学界における位置づけを考慮しつつ、朝河の研究の特質を浮き彫りにしていきたい。

津田左右吉は奇しくも朝河と同じ一八七三年の生まれで、『古事記』や『日本書紀』に厳密な史料批判を行い、日本の古代史研究に大きな足跡を残したことで知られる。一八九一年に東京専門学校を卒業し、一九〇八年まで千葉中学校などで中学校教員をしたのち、満鉄東京支社嘱託となり、満鮮地理歴史調査室研究員として勤務。一九一三年（大正二）には岩波書店から『神代史の新しい研究』を刊行している。一九一七年には『文学に現れたる我が国民思想の研究』を刊行し、二一年まで続刊して広く知られることとなり、一八年には早稲田大学講師、二〇年には早稲田大学文学部教授となって、東洋史、東洋哲学を教えた。一九三三年（昭和八）に『上代日本の社会及び思想』を刊行したが、この第二篇に「大化改新の研究」[2]が収められている。朝河貫一が発表してから三〇年後のことであった。

一方、坂本太郎は、一九〇一年静岡県浜名郡浜松町（現在の浜松市）に生まれた。県立浜松中学校を卒業したのち、第八高等学校から東京帝国大学文学部に進学[3]。卒業後、東山文庫に勤務したのち、大学院に進学し、一九三四年には博士論文「大化の改新の研究」をまとめ、提出し、三八年に学位を授与されている。この間、一九三五年に東京帝国大学助教授に就任し、三八年には史料編纂所編纂官も兼務することとなった。一九四五年十二月には教授に就任するが、まさに戦後の混乱期の中で、東大国史学科を維持し、育成することとなった。また、史料編纂所所長となり、東大の国史研究の復興が双肩にかかっていたのである。博士論文は『大化改新の研究』[4]として一九三八年に刊行されている。朝河の刊行から三五年後のことであった。

なお、今回の執筆にあたっては、野村忠夫氏[5]、大山誠一氏[6]、大隅清陽氏[7]、仁藤敦史氏[8]の研究論文および報告を活用させていただいた。厚く御礼申し上げる次第である。

一　朝河貫一の『大化改新の研究』と津田左右吉、坂本太郎の立場

『大化改新の研究』の章および節の構成は次のようになっている。

序文
序論[9]

このように、第一章における旧制度の分析項目を第四章第二節においてほぼ対照させるかたちで分析を深めている。第四章では、改新詔の箇条について当時入手可能な史料を用いて広く史料批判が行われている。大化改新詔を直接伝える史料は、『日本書紀』以外には存在しないが、一八九六年にウィリアム・ジョージ・アストンが『日本書紀』の英訳を出版し、これが朝河にとっても参照すべき基本文献であった。「書誌の章」で第一に挙げられているのは、『令集解』で古記として挙げられている「大宝律令」であり、「これは中国の永徽律（六五〇―五五年）を倣ったものだが、不幸にしてその原型は残っていない」として当時の一般認識を示している。(10)また、二〇世紀後半になれば平城京の発掘、藤原京などの発掘を通じて木簡が大量に出土し、「大化改新詔」に対する歴史的評価がより細かく行われるようになったことは、二一世紀に生きるわれわれにとって周知のこととなっている。したがって、『日本書紀』の「大化改新詔」の記述には八世紀の編者による潤色があることを知りうるが、朝河は現在よりも限られた文献・考古の資料の中で、史料批判を行い、六四六年（大化二）の「大化改新詔」が直ちに履行されたものであるという認識は全く有していない。

ところで、坂本太郎は『大化改新』の第一編緒論の第一章「研究の沿革」において朝河の著書に触れ、「この書は堂々三四六頁の長篇であり、特に改新を論じたものとしては邦文にも比無き量を持ち、内容亦勝れたる示唆に富む」として個別に内容を論評している。(11)その全体について文化史的史観と見るとともに、朝河の根底的な著述意識を「支那の政治制度がそのまま採用せられたけれども、両者は遂に融合せず、このことが後の日本歴史に於ける特異な性格を形造る原因となった」点に求めている。また、朝河に至るまでの、大化期に関する広汎な書物に触れ、「大化改新」がどのように扱われてきたかを論じており、この第一章「研究の沿革」は論述も実証も現代のわれわれに大きな示唆を与えてくれる。

その所論に従えば、「弘仁格式序」が、十七条憲法、近江令、大宝律令、養老律令などの制定に触れながら、「大化改新」には触れることがないことを挙げ、さらに『扶桑略記』、『水鏡』、『皇代記』、『愚管抄』、『神皇正統記』、『今昔物語集』などでも、大化改新の意義、孝徳天皇の存在にほとんど関心が払われていないことを述べている。次に、近世に移り、林羅山、林春斎、山鹿素行、伊藤東涯、荻生徂徠に言及し、彼らの著書では言及されていないことを指摘する。しかし、新井白石に至ると「孝徳改新詔」に触れるところがあり、その根底には郡県制に対する批判があるが、白石が関心を有したことに画期的な意義を認めている。本居宣長から平田篤胤に至ると改新詔が逐条的に示されて称揚されるようになるという。この改新是認論は頼山陽によってさらに高められるが、幕末までは大化改新の概念は明確に把握されていなかった。本格的に研究されるようになったのは「現実において明治維新の大変を経験し、且つそれを回顧し得る程の時日を経、同時に又西欧史学研究の影響をも受け入れうる明治二十年前後のことであったのである」(12)と述べている。このように坂本太郎は、官学アカデミズムゆえの視野の広さと国家認識をもって「大化改新」の実態に迫っていったが、これは在野型の実証主義と史料批判により、明治二十年代以降に広がった大化改新研究を鋭く批判した津田左右吉とは対極に位置するものであった。次に津田の場合を見よう。

「はじめに」で触れた著書第二篇の冒頭で、「大化の改新といへば国史の上の常識であって、それについては今さら事新しくいふべきことも無いやうであるが、しかし、よく考えて見ると、わからぬことはいくらもある。之に関する唯一の史料である書紀の記載が甚だ不完全であり、或は曖昧であったり混乱してゐたりするので、事実の真相がつかみにくい」として、神代について行った『古事記』『日本書紀』の研究の方法が有効であろうことを示唆している。「第一章　改新の目的」、「第二章　改新の動機と其の経過」、「第三章　官制」、「第四章　官制に関する疑問　孝徳紀の本文批判」、「第五章　改新後の国造」、「第六章　班田」、「第七章　社会組織の問題」、「第八章　補遺と結語」、以上八章の構成をとり、ここで朝河の研究にも繋がる第六章の班田について若干詳しく見ることにする。

まず、「大化改新の重要事項として班田の制が立てられ、その施行が企画せられたことには、疑がなからう。しかし、その班田の制が如何なるものであったかは、明かでない[13]」とし、この頃一般に考えられていた大宝令の規定が即ち大化のそれであるとすることに疑問を呈している。その上で田を国有としてその私有を禁じ、何らかの規定によって一定の田をある期間を限り、民衆に班授する制度であったとし、唐の均田法に模範があったことを認めている。また、大化改新の主目的が諸家の私有地を没収して、それを国家に統一することであったと仮定した場合に、班田の制とどのように関連するものであるかを考察していく。そのためには、大化以前の土地所有の形態を明らかにすることが必要であるとして中央の貴族、地方の豪族の土地の領有に関する史料を広く渉猟して次のような結論を下す。「大化以降に於いて地方的豪族が種々の方法によって山野を占領しまた墾田を有するやうになったのは、班田制が布かれて、法制上、すべての田が国有とせられたために、形を変えて此の状態を継続しようとしたからのことであり、国有田以外のところに於いて地主となったのである」。したがって、津田は「すべての田が国有地となった」ということを明確に認めている。ここに津田史観がはっきりと現れているといってよい。すなわち、班田収授の手続きの詳細は不明とするが、土地国有化の原則は強固に存在したと見るのである。その上で、(貴族や地方豪族の)「田の私有を認めないのは、財産に関する当時の普通の観念に反するものであって、そこにこの制度の完全に行い得なかった根本の理由がある」とする。したがって、この結論から見る限り、大化改新の史実性に疑義を挟んだものの、そのすべてを否定したわけではないといえるのであろう。それ故、すでに坂本が指摘する「土地国有主義」[14]は津田も認めているといえよう。

二　土地国有主義の指標としての班田収授法

朝河貫一は、個々の大化改新の施策にも関心があったが、その背後にある古代の統一国家、唐の文明[15]の波が日本へと押し寄せるその全体像にも大きな関心を寄せていた。それ故、すでに坂本が「一章百頁を充て」と指摘するように唐の社会を成立させている中国文明全体に記述が及んでいるのである。朝河は、博士論文を書き上げたのち、新たな Introduction を付して刊行した。ここでは宗教の位置づけについて日本とヨーロッパの類似点を見つけることに意識を集中させ、「フランク王国がキリスト教を受容した半世紀後、仏教が日本に紹介された」[16]というきわめて印象的な記述がある。これは、おそらくメロヴィング朝を開いたクローヴィスが四九六年にアタナシウス派のキリスト教に改宗したことと、『日本書紀』に記された五五二年(欽明天皇十三)に百済の聖明王が仏像・経論などを献じたいわゆる「仏教公伝」の年を重ね合わせた記述と考えて良いのであろう。朝河後の日本史研究においては、『日本書紀』の記述は必ずしも重視されず、他の史料に示された五三八年説が有力とされているが、ここではそれはさしたる問題ではなく、古代帝国から見た辺境の部族国家における文明の光があたる尺度となった「公式宗教」の伝播に大きな年代的ズレがなかったことを示したものであろう。確かに、フランク王国地域と日本列島地域にほぼ同じ時期に文明の光が差したという指摘は重要である。しかし、その後のヨーロッパ全域と東アジア地域ではきわめて大きな相違が存在する。ヨーロッパ地域では古代ローマ帝国が解体に向かったのち、これに変わる古代帝国は出現しなかった。それに対して、東アジアでは、隋および唐という文化的にもきわめて成熟した「古代国家」が形成されたのである。日本は、その刺激を強く受けて中央集権国家を目指し、都城から地方制度まで構造的な変革を行っていく。長安・洛陽に都城をおいた唐と平城京・平安京を都城とした古代日本は年代的にはパラレルに進んでいくのである。その後、中国では王権の後退が見られ、五代、北宋、南宋と続き、ユーラシアに広く展開するモンゴルの支配するところとなった。この期間に日本では各地域における武士団が統合と分裂を繰り返し、封建制社会と認識される時代に進み、ヨーロッパ社会では騎士団が団結してイスラム社会に立ち向かうことになる。そして一三世紀となれば、ユーラシア大陸にモンゴルが勃興し、西ではポーランドの騎士団がモンゴルと死闘を繰り広げ、東では日本の武士団が騎馬戦に集団戦法を取り入れて、立ち向かうこととなった。一三世紀において東西の封建制の時代的ズレはほぼ解消されたことになるのであろう。したがって、朝河が示したようにヨーロッパと日本の第一の指標が紀元五〇〇年前後にあったとすれば、次の明確な指標は、一三世紀の対モンゴル戦争となるのであろう。この二つの指標はきわめて明瞭であり、日欧の比較史研究を進めた朝河の方針は大枠で誤っていなかったことになる。ただし、ヨーロッパと日本では大きく相違する問題もある。農業の形態でいえば、朝河が繰り返し指摘するように水稲栽培があるが、それを取り巻く制度に視点を移せば共通項を指摘することも可能となるであろう。

先に見たように、津田左右吉の場合、『日本書紀』の記述を様々な角度から疑念を持って検討しつつも大化改新によって「すべての田は国有地となった」と述べて、土地国有化の原則を認めている。また、坂本太郎の場合も大化改新に関わって「公地公民制」というタームを日本史教育の中に定着させることに成功しており、期せずして二人の間には、様々な違和感が存在するにもかかわらず、ともに大化改新の基本政策が土地国有化であったという点では共通しているのである。

これに対して、朝河はその著書の中で「土地国有化」というタームには言及せず、のちに坂本が積極的に提起した「公地公民制」という概念も見出すことはできない。公私を積極的に論じたのはただ一ヵ所のみである。それは養老律令の規定を引用したところであり、「三年間以上放置され休閑中である公共の土地、または、個人の水田を耕作したい者があれば、彼は一定の期間、そうすることができるものとする。もし公有地ならば、通常の耕地が足りない場合には、期限の終わりに適当な割り当て地に加えられる。しかし、私有地の場合には、一定の期限後に、元の所有者に返すものとする[17]」。ここで述べられているのは、六四六年の大化改新詔で打ち出された公共の問題ではなく、八世紀以降に現地で起こった問題をどのように処理するかの法的な判断である。public land（公共地）であれば proper allotment（口分田の正統な主）に、private land（私有地）であれば元の所有者（original possessor）に一定期間終了後に返却せよというきわめて合理的・現実的な内容のものである。

朝河においては、日本が大化改新によって中国の文明全体を受容しようとしたものの、日本の状況に合わない問題が生じ、やがて封建制を生み出すとする見解を持つが、その際の日本は、成熟した国家ではなく、ローマ帝国の外縁に広がるゲルマン諸国やイングランドを含み込む地が想定されている。逆に津田や坂本は六四六年の段階で日本は中国の律令制を受け入れる素地ができあがっていたと捉えているように思われる。

ここでは、朝河の論文の中から、「班田収授之法」の実態を探っていきたい。これについて、先ほど示した朝河の著述の中の第四章第二節「六　土地―調査方法」で詳細な考証がなされている。孝徳天皇紀には、短期間にこれを実行したとする記述があることを挙げ、これに強い疑問を呈して、唐令を考慮した上で、六九二年（持統天皇六）まで実質的に班田収授は行われなかったであろうことを推定している。すなわち、朝河は「大化改新詔」が政策として提起された可能性を示しながら、当時の状況下では「班田収授之法」が実行され得ないものであったことも同時に論証しているのである。その際に朝河は re-allotment をキーワードにしている。これは日本人には理解の難しい言葉であるが、allotment（割り当て、分配、割り当てられた公共の地）が「班田」であり、「班田収授」が re-allotment になるのであろう。翻訳文では、「割替《わりがえ》」とされている。この「割替」は近世の農村において耕作者の数に区分して割り当て、一定期間各自に耕作させて、満期ののちに分割し直すものであるが、不安定耕地に関しての不満が出ないようにするのが目的であり、農村全体に及ぶ政策となり得るものではなかった[18]。したがって、「班田収授」の実態説明の際に使うには必ずしも適切ではない。『大化改新の研究』が学位論文として著された当時、日本ではまだ実態的な古代・中世の農村史研究は行われていなかった。荘園史研究においても、皇室領荘園の伝領に関する研究が行われていたに過ぎない。大正から昭和期に入って寺領荘園などの研究も始まるが、この頃にはヨーロッパ中世の農村史研究などはまだ受容されず、現地に即した荘園研究が行われるようになったのは第二次大戦後のことであった。

したがって、内田銀蔵が述べているように明治期にはまだ古代の「耕作地の割替」などの研究は方法的に完成していなかった[19]。それに対して欧米では、領主による農地の割り付けや農民への貸し付けに関する研究が進んでおり、それ故、アメリカに留学していた朝河は、re-allotment をキーワードとして史料批判を行うことができ、「班田収授之法」の実施について強い疑問を抱くことができたのであろう。日本では、現在においても高校の教科書では、「大化改新詔」の「班田収授之法」を学習するが、その説明については養老令に基づいて、戸籍は六年ごとに作成されたとあって、「口分田」や「班年」などの実態概念を摑みにくい史料用語を使っての制度的な説明に終始し、大化改新から養老律令に至るまでの施行状況については明らかにされていない。このような現実からすれば、明治期において「班田収授之法」の施行実態に迫った朝河の叙述は高く評価されるべきであろう。

坂本太郎の場合には、「公地公民制」の裏の概念として「私地私民」という用語を用いて説明する。これによって大化改新詔の第一条を解説するとともに、大化二年癸酉の詔の「粤以始二於今之御寓天皇一及二臣連等一所有品部、宜三悉皆罷為二国家民一」によって「国家の地・国家の民」すなわち公地公民制を裏付けているとする。さらに第四編「改新の結果」では次のようにまとめている(20)。

大化改新の具体的な事項はこれを四項に分かつことができた。第一は土地人民の私有が排せられて公地公民となったことである。第二は郡県制度・中央集権制度が布かれたことである。第三は租税制度の改定せられたことである。第四は墓制以下旧俗のあらためられたことである。

以上のように実に明快な結論に至っており、「公地公民制」という概念は坂本が積極的に提示した概念であり、そのことにより現在に至るまで高校などの日本史教科書で広く普及した用語となったものである。大化改新詔の四ヵ条全てを実態概念として捉えたのは三人の中では坂本一人と思われるが、先に述べたように第一条を「土地国有主義」とすることについては津田と坂本の間に大きな隔たりはないものの、朝河は受け入れていない。

三　「土地国有主義」その後の展開

大化改新の果たした歴史的役割について、坂本太郎の論説はきわめて明快である。第四編「改新の結果」の冒頭において次のように述べる。「大化改新の結果として最も顕著なるものは大宝律令の制定である。改新の精神はここにおいて確立され、末永く国政運用の基準たるべき効力を賦与せられたのである」[21]。以上のように、大化改新をもってスタートした国制構築の枠組みは約半世紀後の大宝律令の制定によって完結をみたとする。この裏には「土地国有主義」の歴史も大宝年間（七〇一―〇四）を頂点としてここから崩壊に向かうという基本的な理解があり、教え子の多くが編集にあたり、現在も高校日本史教科書のスタンダードとしての地位を保っている山川出版社の『詳説日本史B』[22]により「土地国有主義」を端的に示した箇所を見ることにする。

《民衆の負担》律令国家では、民衆は戸主を代表者とする戸に所属する形で戸籍・計帳に登録され、五〇戸で一里が構成されるように里が編成された。この戸を単位として口分田が班給され、租税が課せられた。戸籍は六年ごとに作成され、それにもとづいて六歳以上の男女に一定額の口分田が与えられた。家屋やその周囲の土地は私有が認められたが、口分田は売買できず、死者の口分田は六年ごとの班年に収公された（班田収授法）。

このように、冒頭で「律令国家」ではとの前提条件を設け、大宝律令およびそれを継承した養老律令の条文から敷衍されるものを「国家」と規定して「土地国有化」の実現した世界を描いている。現代の教科書では坂本が使用していなかった「民衆」という用語を積極的に用いて律令国家の一般的国民の状況として描くことに成功しているといえよう。ところで、この項は第二章「律令国家の形成」に収められたもので、第一節「飛鳥の朝廷」に続く第二節「律令国家への道」の項《大化改新》、《律令国家への道》、《白鳳文化》《大宝律令と官僚制》の次に記述されたものである。引用史料の次には租・調・庸の説明が並ぶ。第三節「平城京の時代」に入って《遣唐使》、《奈良の都平城京》、《地方官衙と「辺境」》、《藤原氏の進出と政界の動揺》があって道鏡後の光仁天皇の即位まで叙述が進んだあと《民衆と土地政策》の項が設けられ、当時の民衆生活、家族のあり方が述べられ、再び口分田の耕作に記述がもどる。

こうして日本において「土地の国有化」が崩されていく状況を班田収授法の困難性に見出していくのである。七世紀後半に班田収授が行われた可能性については必ずしも史料上明らかにできないが、大宝律令で永年保存が定められた庚午年籍が作成された六七〇年（天智天皇九）が一つの契機となって運用されたといわれている。八世紀に入る頃には班田収授法の履行が史料上に明らかとなり、班田を前にしてその実行が律令政府の政策として大きくクローズアップされるようになる。七〇一年（大宝元）に大宝律令が完成するが、この頃から史料上、班田収授の履行も確認できるようになる。

七二三年（養老七）には班田収授を行う年であることが周知され、戸籍の作成を急ぐとともに七二二年には百万町歩開墾計画を立て、班田収授に備えることになったが、実際に班田収授法を実施する七二三年になると、国家的な開田計画だけでは達成できないことがわかり、七二三年の四月には、遂に三世一身法を制定して班田の不足を補うこととなった。灌漑施設などを自前で造成し、水田開発を行ったものについては三代にわたってその領有を認めるというものであるが、これによって「土地国有」の大原則が崩れることとなったと考えられている。さらに、七四三年（天平十五）には墾田永年私財法が発せられて開墾した田地については永年にわたって私有を認めることとなったのである。東大寺などの大寺院は、広大な原野を独占して、国司や郡司の協力を得て、付近の農民や浮浪人らを使用して灌漑施設を造り、大規模に原野を開墾したが、これによって荘園が形成されるようになったと一般に説明されている。(23)

しかし、以上のような説明に対して根本的な疑問が湧く。本稿では、大化改新で進められた政策のうち、第三条にある「班田収授之法」について考えてきた。現在では、改新詔が出された六四六年（大化二）の段階では、政策は立てられたと考えられるが、実施には至っておらず、実質的に政策として展開されたのは大宝律令の施行された八世紀のはじめであったとする説が一般的である。とすれば、七二二年に出された百万町歩開墾計画は、班田収授法の本格的な実施に向けて出されたやや泥縄的な実行計画であり、翌年の三世一身法はその現実に対応した法令であったと考えられる。実際、聖武天皇のこの頃の施策を見ると、大衆を惑わすとして七一八年頃には弾圧していた僧行基に対して、百万町歩開墾計画を立てる頃にはその布教を認め、畿内に多くの灌漑施設を作らせ、交通網の整備とともに、水田開発に力を注がせるのである。このような状況を見ると、大宝律令の編纂が一応できあがったあとも国家機構の整備は非常に遅れていたと考えざるを得ない。大化改新以降進められたとする「土地の国有化」は十分な水田生産と管理の下に行われたものではなく、厖大な原野と荒廃地が広がる中で点と線が確保されていたに過ぎないのであろう。したがって、「公地公民制」も大化年間から養老年間までその実態を把握するのは難しい。このように見てくると、完成していた「公地公民制」が崩れて、三世一身法から墾田永年私財法への立法に進み、私有地である荘園が増大したとする見解も再検討する余地があり、荘園制成立についても根本的に見直す必要がある。次節はこのような観点から考察を進めたい。

四　大化前代の屯倉・田荘と荘園制の前史

『大化改新の研究』の「補章　改新後から一〇世紀初頭までの素描」は朝河自身のその後の研究を示唆しているが、さらに大化改新で大きな目的とした「公地公民制」を突き崩す大土地所有の問題を三つのコースに分けて論じている。

（1）七〇一年の大宝律令で奨励された土地の開墾に関するもので、七二三年にはいわゆる「三世一身法」の公布がなされ、さらに七四三年の「墾田永年私財法」により、開墾した田地を永年にわたって保障し、これが貴族・

寺院の墾田の囲い込みに繋がった。[24]

（2）勅旨田と呼ばれる天皇の特別の贈与により、貴族や寺院の管理となる。これらは一般に荘田（あるいは荘園）と呼ばれた。[25]

（3）仏教寺院の広大な領地の多くは、大化改新前から引き継いだもので、大和国においても二つの寺院（東大寺と興福寺）が奈良時代後半以降も成長を続け、これらの寺院は荘園兵士を呼び寄せて自衛することが可能であった。

以上のように、荘園の成立発展に三つのコースを設定している。特に（1）が通説的な理解として高校教科書にも採用されている墾田囲い込みによる荘園成立のコースであり、（1）と（2）は重複する部分もあるが、ここで注目されるのは（3）である。これも（1）に含められる場合が多いのだが、大化改新前から引き継ぐものがあるとして、（1）、（2）と区別し、軍事力も有する独立性を強調するとともに、大化改新の理念とされる「公地公民制」を相対化している点は、若き日の朝河が提起した看過し得ない問題である。

筆者は、近年、東大寺領美濃国大井荘（現在の岐阜県大垣市内に存在）で共同研究を進めてきたが、[26]この荘園は少なくとも大宝年間（七〇一―〇四）より前から王領として存在していたものなのである。具体的な状況を明らかにした田島公の論考によれば、[27]東大寺領大井荘の成立の歴史的背景には、安八磨（美濃国安八郡域の古名）周辺に、五世紀末から六世紀初めにかけてヤマト王権の子代（御名代）の部が設定され始め、六世紀末から七世紀初めにかけて、それらが整理・統合され、大后のための私部や有力な王子のために壬生部がおかれ、「大化改新」以降、王族の湯沐邑へと変化しつつも王家との親密な関係を有していたものである。それが七五六年（天平勝宝八）に聖武天皇の勅施入という形をとって東大寺領荘園となったことが明らかにされている。五世紀末から七五六年に聖武天皇の勅令により正式に荘園となるまでの間は、ローマ帝国内に当てはめれば、ヴィラと呼ばれる家産施設に類似した形態をとっていたのである。[20]王家に関わる家産的な生産施設・農地・山林が雑然と点在している状況である。それが東大寺領荘園となって室町時代の後期に至るまで国家的な祈禱のための財政的な負担を果たしていく。墾田永年私財法→初期荘園(集団的農業経営により早期に破綻したとされる)の範疇では収めることのできない荘園の一例であるが、朝河が提示した(2)、(3)のコースに含めることができるものである。

このような大井荘の前史は朝河が研究している時代にはまだ明らかにされておらず、墾田の開発に集中する八世紀前半から後半の状況のみが「初期荘園」の呼称のもとに語られてきた。このような経緯を有する地を「公地であるか、私地であるか」と問えば、王権が正当性を有する以上「公地」となるのであろう。大化改新詔の第一条に「罷昔在天皇等所立子代之民・処々屯倉」とある廃止対象は「私地・私民」ではなく、「家産的王領」とすべきものであった。ただし、これらは形成過程において勅令や定められた契約に基づいて行われるようなものではなかったため、手続き的には見えにくいが、確かに存在したことは間違いない。「家産的王領」が「公地」であるとすれば、「公地公民制」は大化改新から始まったわけではないのである。

また、大化改新以前のヴィラ的存在は他でも確認できる。飛鳥期に遡る施入の例として播磨国鵤荘(兵庫県太子町に遺跡が存在)を挙げておきたい。この荘園の淵源は五九八年(推古天皇六)四月に聖徳太子が岡本宮で法華勝鬘経を講じたことにより、推古天皇が法隆寺に施入したもので、『法隆寺伽藍縁起幷流記資財帳』によれば、[29]播磨国揖保郡の水田に加えて薗地、山林、池、倉などが挙げられている。これも八世紀以降の墾田開発とは別次元の契機によって荘園としての扱いを受けることになったものであるが、水田のみではなく、再生産に必要な施設や山野が附属している点が興味深い。

以上、美濃国大井荘と播磨国鵤荘は、朝河が示した（2）と（3）の融合したタイプであることがわかる。現在の歴史的通念となっている高校教科書では、荘園制の成立を（1）による単線的なコースとして記述しているが、大化改新に対する理解をきわめて単純化したところから発生した問題であろう。

以上の点に関して、朝河はのちにきわめて重要な論文を発表している。それは一九二九年に公にされた「初期の荘園と初期のマナー」である。(30) この論文では、まず班田収授法が「きわめて非現実的なものであることは、私領がさまざまな形で現れ、土地保有のより大きな不平等がまたもや引き起こされることによって、さっそく暴露された」と述べ、『大化改新の研究』を叙述したときよりも明瞭に班田収授法の非現実性を指摘している。この論文が発表されてのち、数年後に津田左右吉と坂本太郎の大化改新の研究が世に出ている。朝河のかってのような「大化改新詔」に対する慎重な言い回しが消えて旗幟鮮明になっているのは、この間に進められた封建制研究に自信を深めたためであろうし、彼自身がイェール大学での教歴が長くなり、より日本の歴史を客観的に眺められるようになったということでもあろう。荘園の起源を遡ることがこの論文の目的であるとしてヨーロッパの初期のマナーと対照させることによって本質的な性格を明らかにするとしている。

この比較対象に選んだのが、東大寺領の越前国坂井郡にある桑原荘と坂田荘などの五つの荘園であり、ヨーロッパについては、フランスに存在したサン・ジェルマン・デ・プレ修道院の寺領であったクンビス・ヴィラである。当時の研究水準からすれば致し方ないことではあるが、越前の国の「初期荘園」と一般に呼ばれているものと、ヴィラを比較するのは少なからず無理があるように思える。紀元八〇〇年頃に作成されたクンビス・ヴィラの検注帳を使用しての分析となるが、ヴィラという用語について王領にも私領にも用いられてきたし、一円領にも散在領にも用いられてきたとしている。クンビス・ヴィラについて、十分に法的な性格を備えた王の領地であり、ダゴベルト一世によって完全に保護されるようにという添え書が付せられて公的権力の介入からの自由を引き継いでいたという。これは教会自体が公的存在であったことを意味するのであろう。サン・ジェルマン・デ・プレ修道院とクンビス・ヴィラの長い歴史の中で王権との関係は様々に変化するが、それに匹敵する東大寺領美濃国大井荘の事例を比較すればほぼ一〇〇〇年にわたる経年変化を対照できるものと思われる。

五　封建制の始原と朝河の時期区分

朝河は「補章」の最後において次のように述べている。(31)

As our sketch ends with the opening of the tenth century, a treatment of the further development his beyond the scope of this chapter—a development of the *feudal* forces which grew up as unexpected result of transplanting Chinese civilization to Japanese soil.

「われわれの素描は、一〇世紀初頭で終わる。その後の発展の扱いは本書の範囲を超える。中国文明を日本の土壌に植え替えたことの予期しない結実は、封建勢力の発展であった」としている。もともと朝河の『大化改新の研究』では中国文明の全体を分析し、大化改新をその受容の象徴的な歴史事象として個別的な状況を検討するものであった。その結論が右に示した英文なのである。前節までに見てきたように、津田左右吉と坂本太郎は大化改新の中心的位置に「土地の国有化」、「公地公民制」を置くが、朝河は慎重にそのような言説を避けている。朝河の意識の中では、中国文明のインパクトは認めるものの、受け入れる日本側の社会にある異質性と未熟性が直ちに高度な制度を構築する状況にはないと考えていたのであろう。このような朝河の考えは、戦後の実証的な研究の進展によって徐々に受け入れられている。ヨーロッパと共通に見られる封建勢力の進展は、中国文明を日本の土壌の中に引き込むことによって生まれたものであるとするこのコンセプトが朝河の生涯を貫いていくことになる。

ところで、朝河は日本における封建制の時期区分を次のように考えていた。封建社会Ⅰ（鎌倉時代、一一八五年頃—一三三三年頃）、封建社会Ⅱ（南北朝時代・室町時代・戦国時代、一三三三年頃—一六〇〇年）、封建社会Ⅲ（江戸時代、一六〇〇年—一八六八年）[32]。したがって、源頼朝によって武家政権が打ち立てられた時をもって封建社会の開始としているのである。封建制の指標が契約による封土の班給にある以上、さらにその始原が求められるはずである。朝河の理解によれば、封建制は、①支配階級が武士の集団によって構成され、それぞれの集団は相互保証による人的な関係で結ばれている。その関係は領主と家臣であり、家臣は領主に忠誠を誓い、その奉仕に対して領主は家臣に封土を賜給する。領主と家臣の間で最も根幹にあるのは軍事上の私的協約である。②当然、武士階級以外の他の階級の人々も存在し、彼らも土地に関わっているため、多くの場合、絶対的土地所有権は存在せず、相対的保有権が存在するのみである。③社会全体として土地保有は公的権利と義務の履行を条件とし、土地の上級権は私的に武装した者の手に帰する。

一一八五年（元暦二）頃には、壇ノ浦に平家を滅ぼした源頼朝によって鎌倉に新たな武士の政権が打ち立てられる。頼朝と鎌倉幕府御家人の間に、①、②、③の条件が成立し、ここに封建制を軸とする社会が誕生したことになる。封建制社会の根幹は①にあり、朝河は「家臣は領主に忠誠を誓い、その奉仕に対して領主は家臣に封土を賜給する」をその核とした。頼朝がこの御恩と奉公の関係を制度化したが、これには長い前史がある。頼朝を遡ること、五代前の源頼信は奥州での大乱、前九年合戦を制したことにより、伊予守となり朝廷から優遇された。その子源義家は陸奥守となって奥州に下った。この頃には萌芽的な封建制が生まれ、関東の武士は多くが義家に臣従して奥州に赴いた。義家は一〇八三年（永保三）から一〇八七年（寛治元）にかけて発生した後三年合戦に勝利し、声望を得たが、朝廷は源氏の勢力が大きくなることを警戒し、義家には十分な恩賞を与えなかった。これにより義家は家臣に私財を与えてねぎらったという。封建的な主従関係の萌芽とも考えられる行為である。

ところで、本稿の第三節で紹介した山川出版社の高校日本史教科書『詳説日本史B』では、第Ⅰ部「原始・古代」に続いて、第Ⅱ部「中世」においては最初に第4章「中世社会の成立」が配されている。その第1節が「院政と平氏の台頭」であり、第2節が「鎌倉幕府の成立」となっているのである。この第1節の記述は他の教科書も同様であり、文部科学省の指導要領によるものであろうが、二〇〇〇年度以前の版は第Ⅱ部第4章第1節を「鎌倉幕府の成立」としていた。したがって、大化改新の予期せぬ結実であった「武士勢力の発展」について近年の教科書では従来よりもその萌芽期に目を向けるようになり、古代の終末には《荘園の発達》、《地方の反乱と武士の成長》、《源氏の進出》を置き、中世の冒頭に《院政と平氏の台頭》をおいているのである。その結果、封建制の発祥と展開が従来より鮮明に既述されるようになったといえるであろう。

おわりに

以上、朝河貫一の研究を軸として三つの「大化改新の研究」を検討してきた。

〈欧米型〉朝河貫一、〈在野型〉津田左右吉、〈官学型〉坂本太郎に分類でき、日露戦争の頃からアジア太平洋戦争前に上梓された書籍の中に踏み入ることによって見えてきたものがある。朝河貫一は、田口卯吉が『日本開化小史』の中で使用し、広く浸透しつつあった「封建制」を意識し、ヨーロッパ史との比較を試みる。津田左右吉は大化改新の研究が広まる中でそれに冷水を浴びせるように実証主義で迫る。坂本太郎は朝河、津田の研究に目配りしつつも、

「大化改新」を日本古代史の大きなエポックであることを国民意識に植え付けることに努力した。

概括的には以上のように分類することができるが、「班田収授法」、「公地公民制」という現代の教育の中に残る「大化改新」研究のキーワードを分析すると、坂本は「土地国有主義」を改新時から大宝律令期までの変わらぬ基調と見ていることがわかる。津田も大化改新の実態について様々な批判をしつつもこの点では坂本に近い。それに対して朝河は大化改新時の「土地国有主義」について言及を控える方針で記述している。しかし、同時にpublicの存在を確認すべく当時入手できるあらゆる史料を渉猟し、検証した。その結果、「補章」では墾田永年私財法を出発点としない荘園の成立を示唆しており、一筋の「土地国有主義」に特化されない当時の社会の多様な側面を明らかにしたといえる。坂本が「公地公民制」を世に広めた背景には、唐の律令を懸命に吸収し、日本の社会に適合させようとした当時の官人の姿があり、その意思を汲んで、見えにくい大化改新の実像を美しい鮮明な像にして、「律令国家」の枠に収め、われわれに提示したといえるのであろう。朝河は背伸びして唐に追いつこうとする日本の「律令国家」に違和感を覚えつつ、地底に潜むマグマに注目していたことになる。

二一世紀に入って高校日本史教科書は、中世の開始を従来より一〇〇年以上繰り上げた（一〇六八年〈治暦四〉、後三条天皇の即位）ことにより「封建制」というマグマの地表への噴出を従来以上に実感できることとなった。「封建制」の実態を広く日本国民に理解させようという朝河の意図は、『大化改新の研究』から一一五年を経た現在、より広く浸透できる環境になったといえよう。

注

（1）本稿で引用した原文は、一九〇四年（明治三十七）四月四日に早稲田大学出版部（印刷所秀英舎）から刊行された版（早稲田大学図書館所蔵、DD二二五七）による。以下、〔原文〕としたのは本書のことである。訳出にあたっては『大化改新

『*The Early Institutional Life of Japan*』（著者朝河貫一、訳者矢吹晋、柏書房、二〇〇六年）を参考にした。なお、本稿での邦文タイトルは『大化改新の研究』で統一した。

(2) 本稿のテキストとしては『津田左右吉全集第三巻　日本上代史の研究』（岩波書店、一九六三年）の第二篇「大化改新の研究」による。

(3) 筆者の恩師竹内理三と高校・大学学部学科が共通する。竹内は東京帝国大学への進学が一九二七年であったので、坂本の四年ほど後輩になる。史料編纂所で長く竹内の上司であったが、竹内から直接坂本のことを伺うことはほとんどなかった。

(4) 本稿では坂本太郎著作集編集委員会編『坂本太郎著作集第六巻　大化改新』（吉川弘文館、一九八八年）による。

(5) 『研究史大化改新　増補版』吉川弘文館、一九七八年。

(6) 『古代国家と大化改新』吉川弘文館、一九八八年。

(7) 「大化改新論の現在―律令制研究の視角から―」（『日本歴史』七〇〇、二〇〇六年）。

(8) 「「大化改新」論の現状と課題―東アジア諸国と倭国―」（早大史学会大会報告、二〇一七年十月十四日）。

(9) 博士論文完成後に付加。

(10) 〔原文〕一二頁。この後、仁井田陞の『唐令拾遺』（東方文化学院東京研究所、一九三三年）などにより日本の研究者によって唐令復原研究が進められた。また長らく唐令の実在は不明であったが、近年宋代の天聖令の発見などが伝えられ、新たな研究が始まっている。

(11) 前掲注(4)『坂本太郎著作集第六巻　大化改新』一七頁。

(12) 前掲注(4)『坂本太郎著作集第六巻　大化改新』一三頁。田口卯吉の『史海　日本之部』（鼎軒田口卯吉全集第一巻、史論及史伝）に「藤原鎌足」が収められており、大化改新詔に関する解説もある。しかしながら、田口の記述は人物史を興味深く描くが、大化改新そのものを掘り下げる意図はあまり見られない。ただし、『日本開化小史』第2巻第3章「封建の権与より鎌倉政府創立に至る迄の地方有様」により、封建というキーワードには強い関心がある。明治二十年代において、西欧のフューダリズム研究は急速に広まっていたらしい。

(13) 前掲注(2)『津田左右吉全集第三巻　日本上代史の研究』二三九頁。

(14) 前掲注(4)『坂本太郎著作集第六巻　大化改新』三〇八頁。

(15)　坂本は「文化」と呼ぶが、それより広い「文明」の方が現代においてはより適切な表現であろう。朝河はヨーロッパの古代国家ローマがゲルマン人に文明の光を及ぼすように、唐が日本に律令国家の仕組みや政治組織を伝え、その象徴として「大化改新」を見たのであろう。

(16)　前掲注(1)『大化改新　*The Early Institutional Life of Japan*』九頁。

(17)　前掲注(1)『大化改新　*The Early Institutional Life of Japan*』二一六頁の訳文による。

(18)　内田銀蔵「我国中古の班田収授法」(『日本経済史の研究』同文社、一九二一年)に中古(大化改新〜平安時代末期)における「班田収授法」が解明されている。朝河より一つ年上の内田は一九〇二年に東京帝国大学から学位を授与されたが、これは学位論文の一部であった。朝河がイェール大学で学位を授与された時期に近接しており、まだ両者の間では大化改新に関する研究交流はなかったと思われる。この論文は一七〇頁以上に及ぶ長大なものであるが、そのうち約一〇〇頁は「近時まで本邦中所々に存在せし田地定期割替の慣行」で、常陸・岩代・加賀・能登・越中・越後・尾張・壱岐・肥前・日向に及ぶ地域の考察がなされている。文献と聞き取り調査を主とする興味深いものではあるが、本人が認めているように班田収授の施行実態と連結することができなかった。

(19)　奈良時代の荘園絵図が残された東大寺領荘園(いわゆる初期荘園)の地域で水田割替の慣行が復原できれば、方法的な前進が図れたであろうが、現在では明治期にできたような聞き取り調査を行うことは不可能である。なお、内田の研究は北魏から唐に至る均田法の研究が詳しい。それに比して、大化期の研究については、僅かな史料で班田収授の実態が存在したとする。津田、坂本ともに内田の研究を評価し、「土地国有主義」の論拠となっている。

(20)　前掲注(4)『坂本太郎著作集第六巻　大化改新』三〇八頁。

(21)　前掲注(4)『坂本太郎著作集第六巻　大化改新』二五三頁。

(22)　二〇一七年三月五日刊行版、四三頁。

(23)　これらは初期荘園と呼ばれ、平安時代以降に展開した荘園とは区別されて考えられている。特に、東大寺文書群により知られるところであり、多数の絵図が残されているところから、奈良時代における水田開発の考察ができる。東大寺が総国分寺の立場を活用して地方の国司や郡司の協力を得て、中央の官人も協力し、公共事業的に開発を進めていくのが特徴であり、施設・人員・農具・食料などをあらかじめ調達して、開発を進めていくがその維持が難しく、平安時代には多くの荘園が退転していく。

（24）〔原文〕三四一頁、前掲注（1）『大化改新　*The Early Institutional Life of Japan*』二六一頁。

（25）〔原文〕三四二頁、前掲注（1）『大化改新　*The Early Institutional Life of Japan*』二六二頁。

（26）海老澤衷編『中世荘園村落の環境歴史学―東大寺領美濃国大井荘の研究―』吉川弘文館、二〇一八年。

（27）前掲注（26）海老澤編文献、第三章「美濃国大井荘の成立事情と成立当初の荘域」。

（28）ヴィラ（villa）はもともと田舎の邸宅の意であるが、荘園の「荘」も全く同様の語義である。ヴィラは当初はローマの郊外に展開する有力者の別荘であったが、それが林野、牧草地、畑を有する農業の拠点ともなり、家産的な施設に変化した。教会・修道院は自給自足的な生活形態をとるため、ヴィラの付属地も広大なものになった。古代における日本の王領も子代・屯倉などのヴィラ的活動拠点を多数設けており、仏教の流入とともにそれが寺院施設と密接に関連するようになったのである。荘園も同様な成立経過を経たもので、墾田開発もその一環ではあったが、荘園全体から見れば突出した一形態に過ぎない。

（29）『寧楽遺文　宗教編上』。

（30）“The Early *SHŌ* and the Early Manor,” *Journal of Economic and Business History*, Vol. L, No. 2, pp. 177–207, Cambridge, Feb. 1929. この論文については、朝河貫一著、矢吹晋編訳『朝河貫一比較封建制論集』（柏書房、二〇〇七年）の第Ⅰ部第三章に「初期の庄と初期のマナーの比較研究」として掲載されている。

（31）〔原文〕三四六頁、前掲注（1）『大化改新　*The Early Institutional Life of Japan*』二六四頁。

（32）“Some Aspect of Japanese Feudal Institutions,” *the Transactions of the Asiatic Society of Japan*, 1928. 前掲注（30）『朝河貫一比較封建制論集』第Ⅰ部第一章「日本封建制の時期区分―封建社会Ⅰ・Ⅱ・Ⅲ―」。

朝河貫一の一九三〇年代以降の歴史研究

甚野尚志

はじめに

朝河貫一は一九一〇年代から一九二〇年代にかけて日欧比較の視点から日本の封建社会の特徴を解明する英語論文を数多く刊行し、比較法制史家としての高い評価をアメリカの学界で受けた。朝河の研究はその後、一九二九年に刊行した英文の著作『入来文書（*The Documents of Iriki*）』で頂点を迎える。(1)『入来文書』は史料集という形は取っているものの、入来院家という一つの家門が数百年にわたり残した史料群から適切な史料を選び、それぞれに解題を加えることで、日本の封建制の特徴をヨーロッパの封建制と比較し解明することに成功した著作である。とくに『入来文書』の冒頭の「論点の要約（A Summary of Points）」では、日本とヨーロッパの封建制の類似性と差異性が的確に分析され、その部分からは朝河のヨーロッパ封建制についての深い学識を窺い知ることができる。

しかしこれまで、朝河の『入来文書』に至るまでの比較封建制研究は詳細に考察されてきたが、『入来文書』刊行後に行った研究については十分に解明されていない。その最大の理由は、朝河の研究者としての人生を振り返るとき、

『入来文書』以降に刊行された論文が驚くほど少ないことによる。一九一〇年代から一九二〇年代に数多くの日本封建制に関する英語論文を刊行したことに比較すれば、一九三〇年代以降は、その前の時期とは対照的に論文をほとんど刊行していない。だが刊行論文が少ないからといって朝河が自身の研究を止めたわけではないだろう。なぜなら彼は一九三〇年代以降も膨大な論文の草稿やノートを残しているからである。そのような草稿やノートは遺稿を集成した「朝河貫一文書（Asakawa Papers）」（イェール大学スターリング図書館所蔵）に所収されているが、残念ながらこれまで十分な研究がなされてきたとはいいがたい。(2)

本稿の目的は、朝河が一九三〇年代以降どのような研究を行っていたのかを「朝河貫一文書」にある草稿やノート類から明らかにすることだが、彼の研究関心の推移を明確にするために、最初に、彼が行った一九一〇年代、一九二〇年代の比較封建制研究の概要について述べておきたい。その上で一九三〇年代以降の研究の概要を提示することで、彼が行った研究の全体像を明らかにしたいと思う。

一 『入来文書』までの比較封建制研究

1 卒業論文から博士論文へ

朝河はすでにダートマス大学の卒業論文「日本封建制の予備的な考察（A Preliminary Study of Japanese Feudalism）」（一八九九年）の段階で、日欧の比較封建制論を自身の研究対象とすることを決めていた。卒業論文の序文では、自身が西洋の制度史を勉強するなかでヨーロッパの封建制と日本の封建制の相違は何かという問いに関心を持ち、ヨーロッパの封建制を独学で学び始めていたと述べ、そのような勉学の結果、日欧の封建制の違いは何か、人類の進歩にとり封建制がどのように位置付けられるのか、という問いが自身の重要な問題として心に湧き上がるようになり、日本の封建制の歴史を卒論のテーマに選んだと語る。(3)

朝河は卒業論文で、中国の影響のもとでの「大化改新」が破綻して荘園が生まれ、荘園が武士の封土となり日本の封建制が誕生する過程をヨーロッパの封建制と比較して描こうとした。ただこの卒業論文では政治史の叙述が中心で、まだ後の比較封建制の精緻な議論を見出すことはできないが、日本ではヨーロッパよりも三世紀遅れて封建制が誕生し、また同じくヨーロッパより三世紀遅れて封建制から近代化への道を進んだという歴史認識が示されている。いずれにしても卒業論文の段階から、日欧の封建制の比較に対する明確な関心が窺える。(4)

彼は卒業後に進学したイェール大学の大学院で、日本の封建制成立の前提となる「大化改新」を博士論文のテーマとして扱ったが、「大化改新」を主題とした理由は、日本の封建制成立にとり中国からの中央集権的制度の受容が決定的に重要な要素だと見なしたからであろう。卒業論文ですでに、ヨーロッパの封建制が古代ローマの文明とゲルマン民族の氏族社会との融合から生まれたように、日本の封建制が中国の制度の導入と日本固有の氏族社会との融合から生まれたことが強調されているので、封建制に関心をもつ朝河が、博士論文で「大化改新」をテーマとしたことは当然であった。(5)博士論文を提出した後、彼は卒業論文以来の関心であった、日欧比較の視点から日本の封建制を解明する研究に本格的に取り組むようになる。

2　日本封建制の見取り図

その後、一九一四年に刊行した「日本における封建的土地保有の起源（The Origin of the Feudal Land Tenure in Japan）」(6)や一九一六年に刊行した「中世日本の寺院領の生活（The Life of a Monastic *Shō* in Medieval Japan）」(7)などの論文で、朝河はヨーロッパとの比較から日本の封建社会の特徴を明確に提示した。これらの論文で定式化された日本封建制の見取り図は、一九一八年に日本アジア協会の雑誌に出した論文「日本封建制の時期区分（Some Aspects of Japanese Feudal Institutions）」(8)で明確に要約されているので、以下ではこの論文に沿って彼の日本封建制論の論点を示しておこう。

封建制の本質とその前提

朝河によれば、封建制を構成する要素は以下の三つである。①支配階級は武士の集団であり、領主と家臣間の軍事上の私的協約が武士の集団の絆となる。②土地への権利はあくまでも相対的保有権である。③私的な集団である武士層が国家の公的機能を果たす。

また、封建制が生まれるための条件は以下の三つである。①血縁関係により支配されていた社会が一度、集権的な国家の経験を経ながらも大きな混乱に陥り、国家が力を失い古い氏族生活の慣習に戻ろうとしたとき、社会は自衛と攻撃のために武装した小さな私的集団に分裂する。その結果、この集団がかつては国家に属していた機能を私的に行使するようになる。②貨幣経済が浸透せず、経済が土地を中心としている。③社会不安が十分に長く続く。この三つの条件があれば封建制は誕生するが、ヨーロッパと日本ではこれらすべての条件がそろっていた。それは世界史のなかでも幸運な例外といってよい現象とされる。(9)

荘園から封土へ

朝河は卒業論文では、荘園が成立した後、武士の封建的主従関係のなかに荘園が取り込まれることで封建制が誕生すると指摘するにとどまっていた。そこではまだ、私的所領として成立した荘園がいかにして軍事貴族である武士の封土に転化するのかは明確に説明されていない。しかし一九一〇年代の論文では、日本で八世紀に出現した荘園がその後、領主の封土へと転化していく過程が詳細に分析されることになる。朝河はそれを次のように説明する。

八世紀に出現した荘園は免税特権と役人の立ち入りを拒否する権利を次第に獲得し、一二世紀末までに荘園は公領にも匹敵するほどの規模になる。荘園の領主は通常、公家か大寺院の不在領主であり、事実上、領主に代わって荘園に住む代理人が支配し、代理人の下で様々な人間が「領主職」、「土地所有者職」、「小作人職」などの土地からの収益の権利を保持していた。「職」は土地の保有権ではなく土地から派生する利益を得る権利であり、様々な「職」が一つの土地に存在したので、荘園における土地に対する権利はきわめて錯綜したものとなっていた。このように土地への権利関係が錯綜していた荘園が、一三世紀から一六世紀にかけてヨーロッパの封土のようなものに変化する。この変化は、この時期に武士の軍事貴族階級が出現し、それまで多くの「職」により錯綜していた土地の権利関係を一元化し、土地を自身のみの権利で支配するようになり生じる。これにより、上位の武士が下位の武士に土地を封土として授封するような関係が鎌倉時代に現れ一六世紀には完成する。(10)

荘園とマナーの比較

朝河の日本封建制論は、ヨーロッパの封建制社会の基盤をなすマナーと日本の荘園の相違を明確に指摘したことでも画期的であった。つまり、ヨーロッパではマナーが村落共同体を形成し、農民が帯状の畑を完全な保有権で保持し、マナーからの移動を禁じられたのに対し、日本の荘園は逆に耕地の形も規模も定形ではなく、また農民の保有者により独自に管理され、保有者が意のままに「職」を譲渡できた。すなわち日本の荘園では土地に対する権利が錯綜しており、不在領主のもとで諸権利がゆるやかに束ねられていた。また日本の場合は、領主と小作人の農民との関係は主として経済的なものにすぎず属人的なものではなかった。自由な小作人は保有地の絶対的な所有者に近く、それを分割できるだけでなく自由に譲渡できた。

朝河によれば、このような日本の荘園の特色は何よりも日本の農業の性格により生まれた。日本では水稲耕作中心の農業であり、水稲耕作では集約的で多様な種類の人間労働を必要とするが、ヨーロッパのマナーでのような村落全体の共同作業を必要としない。ヨーロッパのマナーでは共同利用の牧草地と耕地が混在しており、村落共同体を形成して牧草地の管理と耕地での耕作が行われたのと対照的である。日本では農民が耕地の個人的財産権を保持し、自由な個別保有に対する外部からの侵害に抵抗するため、収益の権利である「職」を有力者に譲渡してその土地保有を確実に守っていた。このような荘園における複雑な権利関係が武士の登場とともに整理され一元的に支配されるようになるとき、中世の荘園は終わり新しい村落共同体が形成され、それが武士の封土となる。このようにして日本の封建制社会が一六世紀頃には完成する。(11) 以上が、一九一八年の論文で要約された日本封建制論の要点である。

3 『入来文書』の意義

このように朝河は一九一〇年代の論文で、日欧の封建制の差異を明確にしつつ荘園が封土に変化する過程を分析したが、『入来文書』では彼の日本封建制論を拡大し、一つの地域の封建制社会の成立から解体までの全体像を一家門の文書集を用いて描くことになる。その意味で一九一〇年代の朝河の研究が、地域史の分析として結実したのがこの書物であった。彼は『入来文書』の後半の「論点の要約」で日欧封建制の差異をまとめているが、そこでは彼がすでに提示した封建制論のみならず、新たな論点も多く見出される。

ただし『入来文書』での封建制の定義はそれまでと基本的に変わらない。日欧の封建制の共通点は、人的側面では武装した者の私的グループが社会を支配すること、経済的側面ではこれらの私的グループが農地からの収入を基礎とすること、政治的側面では国家が深刻な社会不安に対処することに失敗し私的なグループが公的な機能を果たすことである。一方で日欧の違いとしては、それまでと同様に、日本の農業は牧草地を持たず集約的で個別的な水稲耕作を行ったので、日本の荘園はマナーのように村落共同体を形成せず、土地を保有する農民をゆるやかに束ねたものにすぎない、といわれる。(12)

しかし『入来文書』で興味深いのは、一九一〇年代の議論を超えて日欧の封建制の相違が様々な史料を解説する形で提示されていることだろう。たとえば、日本の場合はフランスなどと違い、早い時期に長い戦争が続かなかった点が強調される。もし戦争が続いたならば、武士は早くに古い土地制度を一掃し、領主の一元的な土地保有を実現させたであろう。そのような封土としての土地保有は、日本では一二世紀より後になって生じた。ヨーロッパと比較すると日本の場合は封土の完成が遅い。軍事的奉仕と封土とが結合するためには、十分に長く続く戦争が必要だが、そのような戦争は西欧に比べて日本では遅れて生じたことが指摘される。(13)

朝河はまた、日本の封建制は服従と忠誠の美徳を強調し、そこには封建契約の双務性がないことを強調する。一方で西欧の封建契約には強い双務性があり、そこでは家臣の権利と義務の観念が発達し、とくにフランスでは主君と家臣との関係は徹底的な法的管理のもとに置かれた。またイギリスでは封建契約が国家の法の一部ともなり、そこから政治的自由の観念が発達し、人類全体に大きく貢献した。一方で日本の封建制ではそのような契約観念は見出されないことが指摘される。(14)朝河が『入来文書』の「論点の要約」で提示した日欧封建制の相違点は多岐にわたるが、一九一〇年代の論文に比較すると日欧の封建制の比較は社会全般の問題に及んでおり、『入来文書』で初めて日本の封建制社会の全体像が欧米の世界に提示されることになったのである。

二　一九三〇年代の比較封建制研究

1　『入来文書』以降に刊行した業績

『入来文書』により、日本にもヨーロッパと比較できる封建制社会が存在したことを知ったマルク・ブロックやオットー・ヒンツェらの歴史研究者は大きな衝撃を受けた。その結果、『入来文書』はヨーロッパの歴史学界でも高く評価されることになる。ただ『入来文書』はあくまでも史料集の形式を取っていたので、朝河自身は次の課題として、一つの研究書として日本の封建制社会を描くことを構想していた。そのことは『入来文書』のなかで近刊の著作として『南九州の封建体制（Feudal Régime in South Kyushu）』という書物が予告されていることからもわかる。[15]しかし現実には、この『南九州の封建体制』は完成に至らなかった。

実際、朝河は『入来文書』までヨーロッパの封建制と比較した卓抜な日本封建制の論文を数多く書いていながら、『入来文書』以降には論文をほとんど刊行しなくなる。彼が一九三〇年以降に出した業績は、明らかにそれまでの研究から派生した産物である。刊行した英語論文としては、プラハで出されているビザンツ研究の学術誌に一九三三年に掲載された「源頼朝による幕府の樹立（The Founding of the Shogunate by Minamoto Yoritomo）」[16]があるが、これは、頼朝が将軍権力を獲得するまでの政治史の叙述で、それまでの彼の封建制論を補う研究といえる。もう一つは、一九三九年に立教大学の『史苑』に掲載された日本語の論文「島津忠久の生ひ立ち―低等批評の一例―」があるが、これは、島津忠久が源頼朝の御落胤だとする伝説に関する叙述史料を比較し、その伝説がいかにして形成されたかを分析したものである。[17]これも朝河の『入来文書』から派生した島津家への関心とその後の『南九州の封建体制』につながる研究の一環として書かれたものといえよう。したがって、この二つの論文は『入来文書』までの研究からの副産物といってよいものである。

朝河がそれ以外に一九三〇年以降に公刊した業績としては、アメリカの『社会科学百科事典』の「日本の封建制(Feudalism:Japanese)」の項目[18]、日本の『社会経済史学』に出した三冊のヨーロッパ農業史に関する欧文著作の日本語での書評[19]、フランスの『アナール誌』にフランス語で出した日本の社会経済史研究の紹介論文[20]などがあるが、それらは新たな視点からの研究論文とはいえない。ともあれ、博士論文から『入来文書』に至るまで精力的に英文で研究を刊行していたのに比べると一九三〇年以降の研究業績の少なさには驚く。その一因としては、彼が一九三三年にイェール大学で教授待遇の職（Research Associate）に就いて地位が安定したことがあるのかもしれないが、それ以上に重要な事実は、朝河がこの時期にイェール大学の大学院で教えていた講義と演習は日本の封建制を対象とするものではなく、西洋中世の封建制を対象とするものであったことであろう。

2　西洋中世史研究への傾斜

朝河が西洋中世史の授業を担当するようになった背景には、一九二〇年頃に起こったイェール大学の財政難があった。当時、彼は任期付き助教授（Assistant Professor）として日本史を教えていたが、財政難による教員削減で解雇されそうになる。だが歴史学部の教授たちの努力で解雇を免れ、一九二三年からは西洋中世の封建制の講義と演習を大学院で担当することで継続的に雇用されるようになった[21]。彼は東アジア関係図書の図書部長としての職務も続け、日本と中国関係図書の目録作成も継続したが、一九二三年以降は多くの時間を西洋中世史の研究と授業準備に割くようになる。

『入来文書』は一九二〇年には史料の英訳の部分は完成しており、その後、西洋中世と日本中世の封建制を比較した「論点の要約」の部分を執筆し、一九二五年頃に書物は実質的に完成している(22)。したがって朝河は、一九二〇年頃から「論点の要約」執筆のために西洋中世の封建制について研究していたと思われ、一九二三年に西洋中世史を授業で担当する頃には、西洋中世の封建制に集中的に取り組んでいたと考えられる。その証拠となるのが、イェール大学の「朝河貫一文書」にあるフランク王国史に関する膨大な史料カードである。彼はこの時期に授業で使用する素材として、フランク王国時代の制度や社会一般に関する史料を抜粋し、テーマごとに体系化した膨大なカードを作成していた。そのカードは一四のボックスに入れられ、全体が様々な項目ごとに体系的に整理されている。筆者が確認したかぎりで、そのなかには一九二五年の日付の書簡も挟まれているので、一九二五年頃かそれ以前にはこのカードは作成が開始されていたと思われる。朝河の西洋中世史の授業は定年まで初期中世のフランク王国時代の封建制を中心とするものであり、この史料カードを利用して史料講読の演習や講義を行ったのだろう(23)。

さらに重要な事実は、イェール大学の「朝河貫一文書」には一九三一年の日付がある「フランク国王の立法権(The Legislative Powers of the Frankish King)」というタイトルの未完成の草稿が存在することである。これは一〇〇頁近い長大な論考で未完成ではあるが、内容はカピトゥラリアなどの王権の立法関連史料を体系的に分析したもので、当時のヨーロッパでの研究水準に劣らない緻密な論文である。ここからは、朝河が授業でフランク王国関連の内容を教えていたのみならず、フランク王国に関する研究論文も執筆し刊行しようとしていたことがわかる(24)。

また彼は一九三〇年代には日欧の封建制を比較する理論的な考察にも取り組み、一つの著作にまとめることを目指していた。結局、その成果は論文や著作の形で刊行されなかったが、イェール大学の「朝河貫一文書」には、彼が書き残した日欧比較封建制論の草稿群が残されている。その草稿群は一四の草稿からなり、その多くの草稿には「封建社会の性質（Nature of the Feudal Society）」というタイトルが付けられているので「封建社会の性質」草稿群と呼ばれている。朝河が行った一九三〇年代の研究を考える際、この草稿群を無視することはできない。次にこの研究について概観してみよう。

三　「封建社会の性質」草稿群――西欧をモデルとしない封建制概念の構想――

1　封建制の定義

「封建社会の性質」草稿群にある草稿のうち、最も時期が早い草稿は一九三二年の日付があるものである。草稿のなかには一九三六年の日付のものもあるが日付のない草稿も多く、最も遅い草稿でもおそらく一九四〇年頃までには書かれたと思われる。これらは、朝河が一九三〇年代に日欧比較封建制論の著作の刊行を目指して集中的に研究しながらも未完成に終わった草稿群である(25)。いずれにしても彼が『入来文書』以降の時期に体系的な草稿を残したのは「封建社会の性質」草稿群しか存在しない。その意味で彼の一九三〇年以降の研究を考えるためには、この草稿群の意味を検討することが重要な課題となる。すでに筆者はこの草稿群の全体に関する詳細な論文を書いているので、ここでは草稿群全体の問題には触れず、とくに彼が草稿群で語った封建制の定義に着目し、朝河の封建制理解が一九三〇年代にどのように変化したのかを考えてみたい(26)。

彼の封建制の定義はこの草稿群でも基本的に一九一〇年代の定義と変わらないが、重要な点は、この草稿群では封建制の理論的な考察がなされていることである。この草稿群のうち最初に書かれた一九三二年の草稿（Folder 106）では、すでに触れた一九一八年の論文「日本封建制の時期区分」での封建制の定義をさらに精緻にして短い文章にまとめている。彼はこの草稿の最初の部分で、「封建制をあたかもそれが一つのシステムであるかのように定義することには無理がある。封建制は国によってもどの時代においても一貫したシステムであることはなかった」と述べ、またさらに「通常の定義では封建制がただ一つの進化の段階をたどり、ただ一つの形態と性格を持つものと考えるがそれにも無理がある」と語る。(27) これは当時の欧米の歴史学における封建制概念の批判を意味する。つまり、封建制を奴隷制、資本主義体制などと同じく、一つの社会を根本的に規定する社会構造と見なす理解がこの時代に広く欧米の歴史学で受け入れられていた。また、ヨーロッパ外の歴史も含めて世界の歴史全体が奴隷制から封建制そして近代の資本主義体制へと移行すると見なす発展段階論が歴史学で語られる時代になっていた。だが朝河はこの草稿で、封建制社会が一定の歴史の発展段階において必然的に到達するような社会の形態ではなく、いくつかの要素が融合することである種、偶然に生まれる社会の形態だと述べる。そして封建制の構成要素を以下の三つとする。(28)

① 農民により扶養される戦士集団が封建制社会の基本単位となる。戦士集団では一人の主君と家臣が相互の忠誠と義務の人的な絆で結ばれる。家臣の奉仕は封土と呼ばれる土地の保有で報いられる。そこでは農民の人格と土地保有は隷属的である。

② 封建社会の経済的な基礎は土地である。社会の構成員は土地に対して相対的な権利と義務を有する。土地の利益は戦士と農民に土地の保有権に応じて分配される。

③ 戦士階層が政治権力を分有する。

この簡潔にまとめられた三つの封建制の構成要素は一九一八年の「日本封建制の時期区分」で述べられたものとほぼ同じといってよいが、この簡潔な定式の内容が「封建社会の性質」草稿群の他の草稿で拡大され、ヨーロッパと日本の事例を挙げて詳しく論じられることになる。(29)

2　封建制成立の社会的要因

また一九一八年の「日本封建制の時期区分」では、封建制成立の前提となる社会的要因も論じられたが、「封建社会の性質」草稿群でも同じように社会的要因を論じる草稿がある。それは日付のない草稿（Folder 108-4）で一九三〇年代の後半に書かれたと思われるが、そこでは一九一八年の論文と類似の議論がなされるだけではなく、封建制について西欧を普遍的モデルとしない柔軟な概念として理解すべきことが語られる。この草稿では封建制について次のようにいわれる。「封建制は多くの国で生じたが、それぞれの封建制の形態はほとんど互いに似ていない。また封建制

詳　細
1937年より前に執筆
全42頁，Folder 104 の修正版，日付なし
Folder 107 ①の一部(最後の約3分の1)のカーボン複写
冒頭に「(18VI'47 ニ)旧稿ノ中ニ下ノ部ヲ発見ス」の記載 内容：唐をモデルにした日本の改革の失敗，メロヴィング朝との比較，オットー・ヒンツェへの批判
全41頁，Folder 107 ②の加筆改訂版，冒頭の日付 Nov. 10, 1936, revised Jan 27, 1937
Folder 100 に大幅に加筆．天皇の人間宣言に触れる．戦後に執筆．
全5頁，冒頭の日付 Sept.1932
内容：封建社会の共通性の考察，ヨーロッパ各国の封建制の比較 Folder 102 は，この草稿のカーボン複写
全22頁，Folder 106 の加筆改訂版，冒頭の日付 Oct. 10, 1936, 草稿の末尾の日付 10XI'36
Folder 108 ④を作成するための手書き草稿
Folder 108 ④のカーボン複写
Folder 108 ④を作成するための手書き草稿
内容：封建制成立の社会的諸要因，メロヴィング朝と大化改新後の日本の比較
「未完」とのメモ書き，内容：封建社会の相違の考察，封建法の比較考察(中世ヨーロッパの封建法の考察のみ)

表1　Asakawa Papers (Box 10, Folder 100–109) にある「封建社会の性質」草稿群

Box	Folder		形　態	タイトル
10	100		日本語手書きのレジュメ	fl社会ノ性
10	101		英文タイプ草稿	NATURE OF THE FEUDAL SOCIETY (tentative, not to be published.)
10	102		英文タイプ原稿 手書きの加筆あり	な　し
10	103		英文手書き草稿	Social Causes
10	104		英文タイプ草稿 一部手書き	NATURE OF THE FEUDAL SOCIETY (tentative, not to be published.)
10	105		日本語手書きのレジュメ	feudal 社会ノ性
10	106		英文タイプ草稿	NATURE OF THE FEUDAL SOCIETY (tentative, not to be published.)
10	107	①	英文タイプ草稿	Introduction II. The Nature of the Feudal Society.
		②	英文タイプ草稿	NATURE OF THE FEUDAL SOCIETY (tentative, not to be published.)
10	108	①	手書き草稿(断片)	な　し
		②	英文タイプ草稿	Introduction I . Causes of Feudalism
		③	手書き草稿(断片)	な　し
		④	英文タイプ草稿	Introduction I . Causes of Feudalism
10	109		英文タイプ草稿	比較論(タイトルのみ日本語)

でその発展の完成形態に達したものはなく、西欧の封建制のモデルが他の封建制に十分に適合することもない」[30]。そして封建制の成立に共通する社会的な諸要因は以下の三つとされる。

① 一度統一された国家が数多くの自治的な人々の団体へと解体する。

② これらの人々は条件付き保有地からの収益で生活する。

③ これらの団体の主たるメンバーは戦士であり、彼らは互いに強固な個人的忠誠と相互の義務の協定によって同盟する[31]。

朝河によれば、この三つの条件が揃えば封建制と呼びうる社会が生まれる。そして「西欧の封建制も歴史の諸段階で世界のことなる諸部分で生じた多くのものの一つ」にすぎない。封建制のモデルとして「提示される均整のとれた像は、西欧史のことなる時代、西欧のことなる国から取ってこられた理念の恣意的な産物」でしかなく、また「封建制の完成形態はいかなる場所、いかなる時代にも実在しない」とされる[32]。

ここで述べられる封建制成立の社会的要因は、内容的に一九一八年の論文とほぼ変わらないものであるが、この草稿では考察が理論的になり、西欧をモデルとしない価値中立的な封建制のモデルの必要性が語られる点が目新しい。この草稿での議論は、おそらく朝河が西洋中世の封建制について研究を深めるなかで一九三〇年代に到達した新たな封建制理解ともいえる。この草稿からは彼がこの時期に、相互に影響関係のない日欧二つの封建制が同質ではなく、単純な比較が不可能であることを十分に自覚しつつ、また一方でマルクス主義歴史学の発展段階論が世界で隆盛の時代を迎えるなか、封建制論を世界史の発展段階論から解き放ち、一種の歴史社会学的な概念として再定義しようと努力していたことが窺える。

3 オットー・ヒンツェ『封建制の本質と拡大』の批判

「封建社会の性質」草稿群のなかの草稿でもう一つ注目したいのは、日付のない手書きの草稿（Folder 103）でオットー・ヒンツェの『封建制の本質と拡大』が批判されることである。この草稿の最後の部分で、彼はヒンツェの封建制論を批判し次のようにいう。「オットー・ヒンツェが、フランク人、トルコ人、ロシア人、日本人を封建制の時代を経験した唯一の人々であると指摘したが、（中略）トルコ人やロシア人が実際に、我々が真の封建的組織と呼ぶものの属性を十分に発展させたと肯定することはできない(33)」。朝河によれば、封建制が成立したのは西欧と日本のみである。その理由として、封建制が成立するには四つの条件があり、それらをすべて満たしたのは西欧と日本しかないとする。その四つの条件とは、領主制のシステムを取る土地経済の段階であること、一度中央集権化された国家が解体していること、社会不安の深刻さに力強く対抗できる勇敢な民族がいること、人々が相互の忠誠を固く誓い互いに献身しあうグループを形成する慣習があることである(34)。朝河はロシアにおける封建制の存在を認めないが、ここには、彼が一九三九年に出したグレッチェン・ウォレン宛の書簡で、ロシア人はヨーロッパの封建制を経験しなかったので近代民主主義が根付いていないと語っているのと通底する思想が見て取れる（表2―(1)―3・4・7）。

また朝河は、「封建社会の性質」草稿群をなお執筆していた頃と思われる一九四〇年にアメリカ中世学会で講演を行い、そのなかでイギリスやフランスの封建制と比較してドイツの封建制が未成熟に終わったことを指摘している(35)。この議論も次にみるように、彼が一九三九年のグレッチェン・ウォレン宛書簡で、ドイツでは十分に封建制が発展せず、それ以前の古代ゲルマンの共同体の思考に従いグループ志向であったことがヒトラーの支配を生んだと批判するのとつながる思想である。朝河の比較封建制の議論はこのように第二次世界大戦が始まる時期になると、民主主義を擁護し全体主義を批判する議論と深く結びつくことになった。

四　第二次世界大戦と国民性の研究

1　ヒトラー・ドイツの批判

朝河の研究の軌跡をたどると、第二次世界大戦が勃発する頃に「封建社会の性質」草稿群の執筆を中断し、彼の関心は現実の戦争の問題に向かって行き、戦争中には日本人の国民性の分析を集中的に行うようになる。そして、そのような彼の関心の変化は、彼が出した書簡から具体的にたどることができるが、とくに彼が第二次世界大戦の時期に、自身の研究や政治的関心事について書簡で語った相手は、すでに何度か名を挙げたグレッチェン・ウォレンであった。グレッチェン・ウォレンはボストン在住の女性詩人で朝河とは一九一五年に知り合って以降、親しい友人関係にあったが、両者は一九三五年以降親密に文通しており、その間に朝河が出した自筆書簡はイェール大学のバイネッケ図書館にある。また自筆書簡はグレッチェンによりタイプ版も作成されバイネッケ図書館にあるが、スターリング図書館の「朝河貫一文書」にも同一のタイプ版がある。さらに朝河自身が作成した書簡の控えも福島県立図書館の「朝河貫一資料」にある。書簡の一例を図に挙げ、同一のグレッチェン宛書簡が三つの図書館にあることを例示しておく。ともあれ、Dear Friend 宛とされたグレッチェン宛書簡からは朝河の戦時中の関心を見て取ることができる。(36)

グレッチェン宛書簡では、とくに一九三九年に第二次世界大戦が勃発した時期にヒトラー批判が頻繁に論じられる。またそこで朝河がヒトラーを批判する際、ドイツ人の中世以来の民族性とヒトラーの精神とを関連付けている点が興味深い。一九三九年のいくつかの書簡では、ヒトラー支配下のドイツ人の精神構造は古代ゲルマン人に近いと述べられる。すなわち古代ゲルマンの世界では、共同体の構成員は自身が属する共同体に対して誠実を誓い、共同体に対して不誠実な人間は共同体により厳しく罰せられ、個人の自立的な行動は許されなかった。個人の名誉はあくまでも共同体への誠実により得られるものであり、人々は共同体への忠誠が求められる一方、外に対しては戦いと略奪が許された。その後、ドイツに封建制に基づく騎士道理念が西欧から到来しても、個人を重視する騎士的な誠実と名誉の理

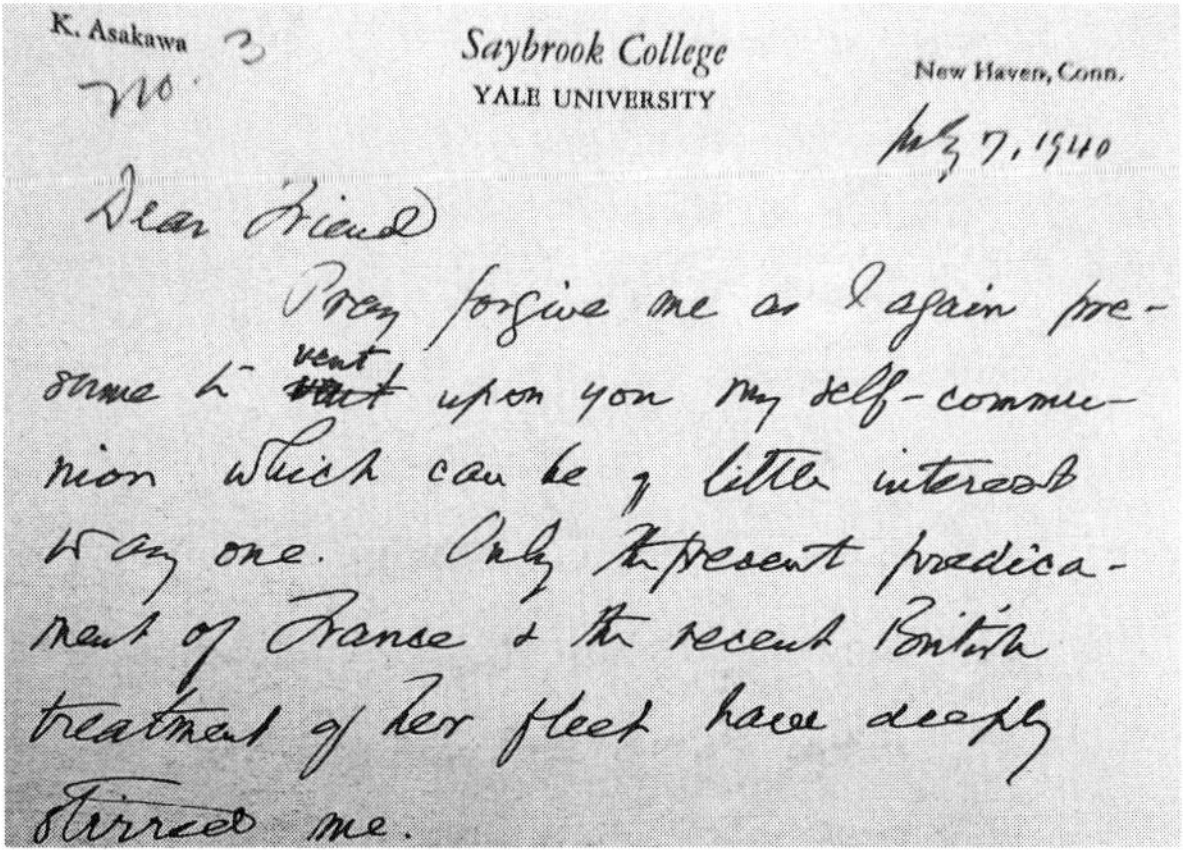

K. Asakawa No. 3

Saybrook College
YALE UNIVERSITY

New Haven, Conn.

July 7, 1940

Dear Friend

Pray forgive me as I again presume to ~~start~~ vent upon you my self-communion which can be of little interest to any one. Only the present predicament of France & the recent British treatment of her fleet have deeply stirred me.

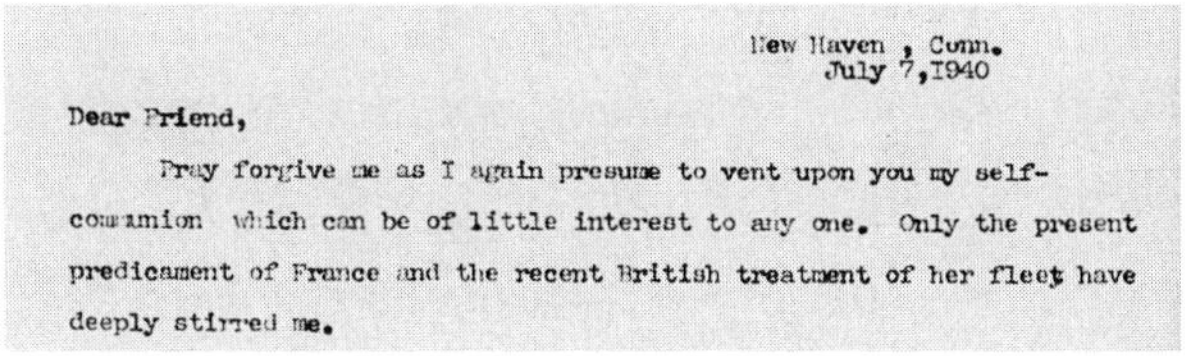

New Haven , Conn.
July 7,1940

Dear Friend,

Pray forgive me as I again presume to vent upon you my self-communion which can be of little interest to any one. Only the present predicament of France and the recent British treatment of her fleet have deeply stirred me.

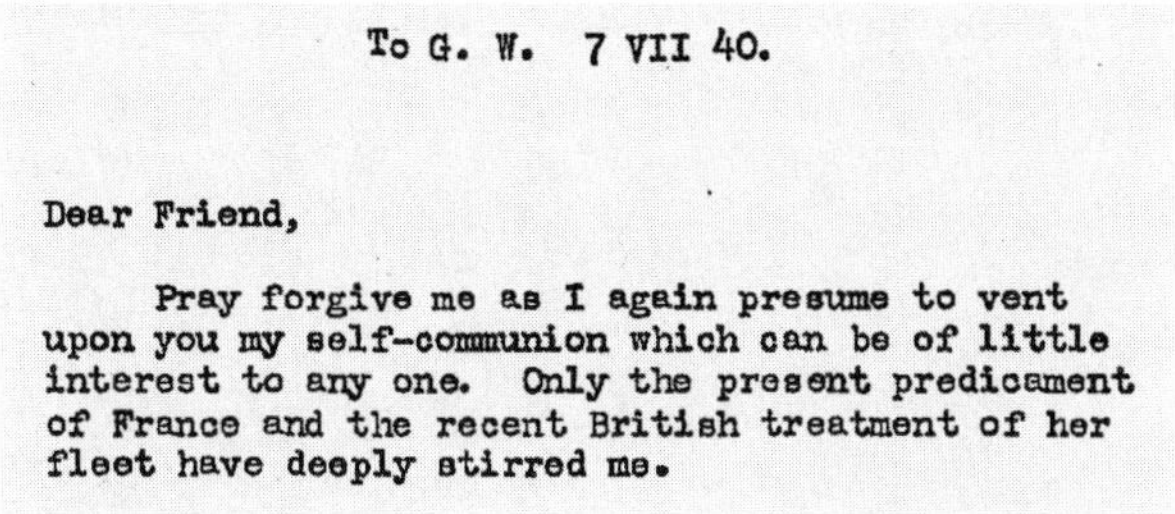

To G. W. 7 VII 40.

Dear Friend,

Pray forgive me as I again presume to vent upon you my self-communion which can be of little interest to any one. Only the present predicament of France and the recent British treatment of her fleet have deeply stirred me.

図 1940年7月7日付のグレッチェン宛朝河書簡（Dear Friend宛書簡） 上から順に，バイネッケ図書館（Beinecke Rare Book and Manuscript Library）所蔵のGretchen Warren Letters from Kan'ichi Asakawa and Related Papers（Box 1）の朝河自筆版，スターリング図書館（Sterling Memorial Library）所蔵のAsakawa Papers（Box 3）のグレッチェンによるタイプ版，福島県立図書館所蔵の朝河の控え版（番号D131-13，冒頭にto G.W.とありグレッチェン宛とわかる）．朝河はこの書簡で民主主義が最も維持困難な政体であると論じている．

念はドイツには定着しなかったと語られる。朝河によれば、一九三三年に権力を掌握して以降のヒトラーの行動様式は古代ゲルマン人の精神を反映しており、それがヒトラーの成功の秘密だとされる（表2―(1)―2・5・6）。

だが、朝河の考察では、このようなナチスの支配もおそらくまもなく崩壊する。なぜなら、どの国民も自身が勝ち取ってきた独立を保持したいと願っているからである。とくに民主主義の国家は、すべての市民が独立を望むので、ナチスによる征服が大きくなればなるほど、それだけナチスの解体も早いだろう。またヒトラーの個人的な性格もある。ヒトラーは一定のドイツ人の特徴や情緒を体現しているとはいえ、彼がドイツ人の性格全体を代表しているわけではない。彼が体現するのは、きわめて歪んだ形での、古いドイツ国民の特徴である。したがってヒトラーの支配はヒトラーとともに終わるだろうと朝河は述べる（表2―(1)―8）。

2　日本人の国民性の研究

朝河のグレッチェン宛書簡では、太平洋戦争が勃発すると今度は、自身が行っている日本人の国民性の研究について語ることが多くなるが、そもそも朝河が日本人の国民性の問題に取り組むようになったのは、グレッチェンから日

テーマ	福島県立図書館書簡番号
名誉と忠誠の感覚	D135
忠誠と名誉の感覚の英仏と独の違い	
封建制を経験しなかったロシアに民主主義はない	
ロシアの脅威	D131-5
ドイツ人はグループ内で誠実	D131-7
ヒトラーは古代ゲルマンに戻っている	D131-6
スターリン批判	D131-8
ヒトラーは確実に敗北する	D131-12

テーマ	福島県立図書館書簡番号
日本人の精神的習性についての問い	
日本人の習性についての研究を行っている	D131-35

表２　グレッチェン・ウォレン（Gretchen Warren）宛書簡

(1) ドイツ人，ロシア人の国民性に言及する書簡

番号	日付と呼びかけ	内　容
1	1939年５月23日 My very dear friend	名誉と忠誠の感覚は中世のイングランド，フランスの遺産である．イタリア，ドイツのものではない．
2	1939年７月12日 My great friend	ドイツ人は騎士道とは違う忠誠と誠実の感覚を中世から持つ．ヒトラーの我が闘争には，中世の騎士よりも古代のゲルマン人に近いものがみられる．
3	1939年９月20日 Very dear friend	ロシア人はローマの fides と ius の影響を受けなかった．ヨーロッパの封建制的・騎士的な規律を経験しなかった．ロシア人は近代民主主義の市民道徳も持たない．イギリス，フランスの名誉理念も民主主義の良心の咎めも持たない．ロシアはナチスより大きな問題になろう．
4	1939年11月５日 Dear Friend	人類と文明は不死であり欠陥はあるが進歩すると確信する．ロシアの体制がすぐに変化しなければ，一次的な退歩が戦後にあるかもしれない．これはヒトラーの問題よりも困難な問題である．
5	1939年11月12日 Dear Friend	英独仏で名誉感覚が異なる．ドイツの部族は長い間，自由人の共同体で生きてきた．組織的な国家生活を経験しない．グループのメンバーの誠実に依存する．不誠実な人間は共同体により処罰され，名誉感覚は誠実に依拠する．封建制と騎士道が到来しても個人の内在的価値にならなかった．
6	1939年11月26日 Dear Friend	ヒトラーは権力の座に就いて以来，原始時代に逆行している．ゲルマンの共同体の純粋な形態，古代ゲルマンの思考方法に戻っている．劣等感と攻撃性を持ち，グループ志向の生活を目指している．
7	1939年12月３日 Dear Friend	スターリンは人間の言語を話していない．ドイツ人とも違う．西欧世界は彼を理解できないだろう．ロシアはローマ法や騎士道に服していなかった．次の時代にヒトラーよりも悪い影を落とすだろう．
8	1940年６月25日 Dear Friend	ヒトラーの政策は成功しないだろう．どの国民も独立の保持を願っている．ナチスの政策は確実に抵抗を受ける．またヒトラーが具現するのは歪んだ形での国民感情である．イギリスが人類の自由，国家の独立，キリスト教文明のチャンピオンである．人間性がイギリスを通じて勝利するだろう．

(2) 日本人の国民性の研究に言及する書簡

番号	日付と呼びかけ	内　容
1	1942年２月28日 Dear Friend	あなたが発した日本人の精神的習性についての問いに明確な言葉で答えることができないでいる．
2	1943年３月12日 Dear Friend	私は日々，あなたからの日本についての問いの答えを書いている．それは多くの考察と他の国民との比較が必要なものだ．このために私の通常の研究が脇に置かれ，私の図書館の仕事も放置されている．私の答えは１冊の本になるほど長くなるが，いつ書き終えるかわからない．

本人の国民性はどのようなものかを問われたからであった。朝河は一九四二年二月二十八日のグレッチェン宛書簡で、日本人の国民性はどのようなものかという問いに今すぐ回答できないので、最近、日本人の国民性の研究を始めたと述べる（表2―(2)―1）。その後、一九四三年三月十二日のグレッチェン宛書簡では、自分が毎日、日本人の国民性について研究しているので、通常行っている研究や図書館の仕事ができないと述べている。さらに、日本人の国民性の研究は一冊の本ほどのものになるだろうが、いつ書き終えられるかはわからないとも語る（表2―(2)―2）。しかしその後、一九四三年六月六日の書簡では、日本の学者の著作から多くのノートを取り八〇〇頁以上になったが、その作業に終わりが見えないので毎日この問題に取り組むことを止め、日曜日に限定して継続することにしたと述べる（表2―(2)―3）。グレッチェン宛書簡からは、朝河が一九四二年初めにグレッチェンの求めで日本人の国民性の研究を始め、一九四三年の前半に没頭するが全体をまとめる見通しがつかず、これを日曜のみの研究として、再び本来の歴史研究に戻っていったことがわかる。

　そしてこの本来の歴史研究とはグレッチェン宛の書簡を見るかぎり、朝河が『入来文書』で出版を予告していた『南九州の封建体制』の研究であった。そのことは一九四三年七月一日の書簡で、彼が日々の研究の中心を日本人の

テーマ	福島県立図書館書簡番号
日本人の習性についての研究を行っている	D131-36
本来の仕事を脇に置き，日本人の国民性の研究を行っている	D131-37
日本人の国民性は好戦的なのか	D131-38
本来の研究に戻り，日本人の国民性の研究は日曜にのみ行うことにした	D131-39
本来の制度史研究へと戻った	D131-40

番号	日付と呼びかけ	内　容
3	1943年6月6日 Dear Friend	あなたからの日本人の特徴についての問いと格闘している．これは予想よりも長くなり何度か日曜を使い約150頁の枚数になった．その後そのテーマについて現在の日本の学者が書いたものを読み多くのノートを取り，それは800頁以上に上る．これを2月終わりから日々10〜11時間続けた．その間，本来の仕事は脇に追いやられた．ノートを取ることの終わりは見えないので，今後は日曜に限定する．あなたへの問いの答えは数ヵ月では終わらないだろう．
4	1943年6月20日 Dear Friend	数ヵ月間，私の義務の仕事を投げやりにしてきた．あなたは私に問いを繰り返し，答えを求めるのでその問いが私を拘束している．それは長い歴史の具現としての国民性の視点からのみ扱いうる．国民の経験は，他国民の生活との比較による以外には正しい視角で把握されない．私はこの仕事を同じペースで今月の残りの時期も行うが，その後は日曜を使い数ヵ月続けるが数年は続けないだろう．
5	1943年6月26日 Dear Friend	私はこの半年間，自分の義務をなおざりにして，あなたの問いに答える仕事をしてきたが，あなたはまだ不平を言い挑発する．あなたは日本の哲学に敵への赦し，敵への憎悪や復讐の禁止はあるのかと問う．あなたは中国，インドの哲学は赦しを含み，日本の哲学は好戦的だと考えている．
6	1943年6月30日 Dear Friend	この木曜日に長らく離れていた本来の研究に戻った．今後は日本人の国民性については，日曜日にのみ手探りで進みながらやろうと思う．それは長い旅で目的地もうす暗い．私はこれを公的な目的で行うのではなく，あなたの問いに対して明確な回答を求めたいから行うのである．
7	1943年7月1日 Dear Friend	私は今日，日本人の国民性の研究から本来の研究へと戻った．それは1907年に収集を始めた資料に関する研究で，その趣旨は1919年にイェール大学出版会により公表された．私はそのために数千の文書を持っている．その研究は制度史で比較史である．広範な研究，集中的な思考，抑制された想像力を要する．一生の仕事として十分に厳しい．私が100年生きれば完成できるようなものだ．

出典　“Gretchen Warren Letters from Kan'ichi Asakawa and Related Papers,” Box 1, 2. Beinecke Rare Book and Manuscript Library,Yale University.

注(1)以上の書簡はすべてイェール大学のSterling Memorial Library,Manuscripts and Archives, “Asakawa Papers,” Box 3に同一のもの(タイプ版)がある．

(2)番号は筆者が入れたもの．オリジナルには番号は付けられていない．

(3)朝河による書簡の控えが「福島県立図書館所蔵・朝河貫一資料」にある場合はその書簡番号を入れた．

表3　Asakawa Papers にある国民性に関するノート群

(1)

番号	分類記号	日　付	タイトル	Asakawa Papers のボックスとフォルダ名
①	(旧)Ⅲ	20Ⅳ43	史的見地―特性アラバ史的発達ス	Box 50, Folder 230 "Notes-World history"
	(旧)Ⅲ	21Ⅴ43	史観―特性ノ論ハ史観ヲ要ス	同　上
②	(旧)Ⅲgl 神道	5Ⅴ43	神道ト士道	Box 49, Folder 219 "Notes-Nation and natural religion"
③	(旧)Ⅲ序	1943年6月頃	eternal(神); perpetual(人世)	Box 50, Folder 230 "Notes-World history"
④	(旧)Ⅲ序	1943年6月頃	Free-Will & Providence	同　上
	(旧)Ⅲ序	19Ⅵ43	人ト宇宙	Box 48, Folder 216 "Man and person"
	(旧)Ⅲ序	22Ⅵ43	個人ト社会国家	同　上
⑤	(旧)Ⅲ	19Ⅵ43	汎人ト殊人(Boethius 対仏教)	同　上
⑥	(旧)Ⅲ	30Ⅴ43	史ト詩	Box 50, Folder 230 "Notes-World history"
	(旧)Ⅲ	15Ⅵ43	想像―史ト詩	同　上
⑦	(旧)Ⅲ	11Ⅵ43	史，law?―社会学	同　上
	(旧)Ⅲ	27Ⅵ43	史学ト科学	同　上
⑧	(旧)Ⅲe 国	26Ⅳ43	国家ノ変化	Box 49, Folder 221 "Notes-Nation and natural religion"
	(旧)Ⅲe 国	26Ⅴ43	帝―英	同　上
	(旧)Ⅲe 国	16Ⅴ43	回教―Afganistan	同　上
	(改)ⅡBc	1947年頃	帝ノ神性	Box 49, Folder 221 "Notes-nationalism"
⑨	(改)ⅡBp	1947年頃	言語ト nationalism	同　上
⑩	(旧)Ⅲg2b	5Ⅳ43	理性―仏教	Box 49, Folder 221 "Notes-Nation and natural religion"
	(旧)Ⅲg2b 法王	8Ⅵ43	Pius XII. Xmas'42	同　上
	(旧)Ⅲg2b	9Ⅵ43	旧教	同　上
	(旧)Ⅲg2b	8Ⅵ43	猶太	同　上
⑪	(旧)ⅣAx 国ト個	26Ⅲ43	国ト個人 -Nazi ト個人主義	Box 49, Folder 219 "Notes-Nation and individuals"

番号	分類記号	日　付	タイトル	Asakawa Papers のボックスとフォルダ名
⑪	(旧)ⅣAx 国ト個	29Ⅲ43	国ト個人	同　上
	(旧)ⅣAx 国ト個	17Ⅳ43	国体—支那	同　上
	(旧)ⅣAx 国ト個	3Ⅴ43	英	同　上
	(旧)ⅣAx 国ト個	20Ⅳ43	伊国民ノ個人主義	同　上
	(旧)ⅣAx 国ト個	29Ⅳ43	個人主義	同　上
	(旧)ⅣAx 国ト個	13Ⅵ43	個人主義—米	同　上
	(旧)ⅣAx 個人—農	7Ⅴ43	農ノ人格—江戸	同　上
	(旧)ⅣAx 国ト個	17Ⅶ43	Russia—個人ト国家ト	同　上
⑫	(旧)Ⅱ	22Ⅳ43	特性—上代ノ第二義的民性	Box 37, Folder 115 "Notes-Japanese ethics"
	(旧)Ⅱ	22Ⅲ43	特性—日本民族ノ生活知恵	同　上
⑬	(旧)ⅣBa 生命	2Ⅴ43	生死—自殺	同　上
	(旧)ⅣBa 生命	26Ⅳ43	自殺	同　上
⑭	(旧)ⅣBd 妥協	8Ⅳ43	理性—明治以前	Box 47, Folder 203 "Notes-Compromise and reason"
	(旧)ⅣBd 妥協	29Ⅴ43	小反省	同　上
	(旧)ⅣBd 妥協	1Ⅵ43	寛容ト言明，討論	同　上
	(旧)ⅣBd 妥協	7Ⅶ43	妥協ト民主	同　上
⑮	(旧)ⅣBr 理性	20Ⅲ43	戦時ノ恩恵	同　上
	(旧)ⅣBr 理性	21Ⅲ43	個人—法権ト理性	同　上
	(旧)ⅣBr 理性	4–5Ⅳ43	個人—法権	同　上
	(旧)ⅣBr 理性	10Ⅴ43	理性—日ト仏	同　上
	(旧)ⅣBr 理性	19–20Ⅴ43	中世神学	同　上
	(旧)ⅣBr 理性	27Ⅴ43	戦時ノ米人	同　上
	(旧)ⅣBr 理性	8Ⅳ43	理性—明治以前	同　上
	(旧)ⅣBr 理性	31Ⅴ43	理性—Rome	同　上
	(旧)ⅣBr 理性	14Ⅵ43	独ノ政心	同　上
	(旧)ⅣBr 理性	16Ⅴ43	対他ニヨル理性感化	同　上
	(旧)ⅣBr 理性	23Ⅳ43	自由	同　上
	(旧)ⅣBr 理性	1Ⅵ43	思考ト民主	同　上
	(旧)ⅣBr 理性	18Ⅴ43	理性—英，仏，米	同　上
	(旧)ⅣBr 理性	18Ⅴ43	自由国ノ経済的統制恩恵	同　上
	(旧)ⅣBr 理性	11Ⅴ43	理性—融通ト究屈	同　上
	(旧)ⅣBr 理性	11Ⅴ43	法権—日本ノ法念	同　上
	(旧)ⅣBr 理性—法権	21Ⅲ43	個人ト理性	同　上
	(旧)ⅣBr 理性—法権	4Ⅳ43	個人—法権	同　上
	(旧)ⅣBr 思考	18Ⅵ43	自由—XIX 世紀後半ノ英	同　上

(3)

番号	分類記号	日　付	タイトル	Asakawa Papers のボックスとフォルダ名
⑮	(旧)ⅣBr 思考	18Ⅵ43	独民．戦中ノ思考力	同　上
⑯	(旧)ⅣBx 反省	31Ⅴ43	反省，自超	Box 37, Folder 112 "Notes-Japan now and hereafter"
⑰	(旧)ⅣB	14Ⅳ43	国—個人心＝影響—総論	同　上
⑱	(旧)Ⅰ対他 (旧)Ⅰ対他 (旧)Ⅰ対他	17Ⅵ43 30Ⅴ43 10Ⅴ43	対他—独ノ政策 対他—日ト独 対他—英米	同　上 Box 37, Folder 115 "Notes-Japanese ethics" 同　上
⑲	(旧)ⅣA1 国	26Ⅲ43	国ト個—上代	Box 48, Folder 216 "Man and person"
⑳	(旧)ⅣA1 国	26Ⅲ43	個人—平安	同　上
㉑	(旧)ⅣA2 士道 (旧)ⅣA2 士道	Ⅵ42 23Ⅴ43	士道ト国民生命 欧士道ノ低下	同　上 同　上
㉒	(旧)Ⅴ今日 (旧)Ⅴ今日 (旧)Ⅴ今日 (旧)Ⅴ今日 (旧)Ⅴ今日	3Ⅲ43 18Ⅳ43 22Ⅴ43 23Ⅴ43 10Ⅵ43	今ノ危機 今日—軍ノ政策 民主ノ危機 軍部 Leaders 責任ノ忘失	Box 37, Folder 112 "Notes-Japan now and hereafter" 同　上 同　上 同　上 同　上
㉓	(旧)Ⅵ (旧)Ⅵ (旧)Ⅵ	12Ⅵ43 15Ⅵ43 9Ⅴ43	独ト日ト英 個人ト国 回教国	同　上 同　上 同　上

注　以上の表は，Asakawa Papers に存在する日付の入った（あるいは内容からほぼ年代が確定できる）国民性に関するノートの一覧である．ほぼすべてが1942年から43年夏頃までのものだが1947年頃のノートもある．ここからは1943年の３月頃から７月頃まで集中的に国民性についてのノートが作成されたことがわかる．なお，これ以外に，日付が書かれていないノートもかなり存在する．

国民性の研究から自身の本来の仕事に戻したことを再度述べ、その仕事について次のように説明していることからわかる。すなわち、それは一九〇七年に史料収集を始めた研究で、自分はそのために数千の文書史料や文書以外の史料を所持している。またその研究は比較史的視点に立った制度史研究で、幅広い視野からの分析、集中的な思考、抑制された想像力を要する。それは一生涯の仕事として十分すぎるもので、自分が一〇〇年生きれば完成できるようなものだと述べているからである（表2―(2)―7）。

ともあれグレッチェン宛書簡からは、朝河が一九四三年三月から六月頃の時期に、自身の本来の歴史研究を止めて日本人の国民性の研究に没頭し、日本人が書いた国民性に関する様々な著作を読み膨大なノートを取っていたことがわかる。実際、この時期の日付の入ったノート群がイェール大学の「朝河貫一文書」には存在する。それらは表3にまとめてあるが、「国家と個人」、「妥協」、「理性」などの大きな分類のもとで様々な問題が扱われている。そしてこれらでは、たんに日本人の国民性を扱うだけでなく諸外国の国民性も扱われている。またノートには何らかの著作からの抜粋のみならず、新聞の切り抜きへの注釈もある。これらのノートの日付から見るかぎり、朝河は一九四三年の前半に集中的に日本人の国民性についての研究を行っていたことがわかる。またおそらくこれらのノートは、彼がその後の書簡で日本人の国民性を論じる際などに参考資料として使っていたと考えられる。

五　一九四〇年代の歴史学概論のノート

しかし、朝河が戦争中から戦後にかけて行った研究はこれだけではない。彼はこの時期、一種の歴史学概論とでもいうべき体系的なノートを作っていたと思われる。筆者はイェール大学の「朝河貫一文書」のなかで、一九四七年三

旧	改	タイトル	
ⅣBd	d	妥協，民主	⑭
ⅣBr	f	理性，思考力；法権ノ念	⑮
	g	conviction: 良 心，責任	
	h	感触性	
	i	意思：initiative, passive(忍耐，恒久)	
ⅣBx	m	反省，超己	⑯
ⅣBz	r	結：道ノ救；改良(gVd)	⑰
Ⅰ	t	対他心：Treue 対抗，攻略ト競進，共利	⑱
	ⅢC	他国民心理	
	ⅢK	“個人主義” ノ諸型	
		結	
ⅣA1	Ⅳ	日史諸期：序	
	Ⅳa	史前，神代	
	b	上古 till 改新	⑲
	c	奈良	
ⅣA1	Ⅳd	平安，過渡	⑳
	e	武家時代	
ⅣA2	f	士道：日ト他	㉑
ⅣA4	n	農，平民	
	q	流浪，俠客	
ⅣA1	t	幕末	
ⅣA5	u	維新 to 1894	
	x	1894–1945	
Ⅴ	Ⅴa	今日：日	㉒
	b	他	
Ⅵ	d	今後 prospects: 日(cf.ⅢBr)	㉓
Ⅶ	Ⅵ	他	
Ⅶ		総括	

注(1)この分類目録は Asakawa Papers, Box 48, Folder 212 “Notes-Indices,summaries, and classification” にある.

(2)この分類目録は「分類目録(10Ⅲ’47)」とだけ書かれており，とくに全体のタイトルはない．実物はボール紙2枚の表裏にノートを貼り付け4頁にしている.

(3)「旧」は1943年頃の最初の分類と思われる.「改」は1947年3月10日段階で改めた分類.

(4)「改」で分類の見出しのある部分はすべて朝河のノートが存在したと考えてよいだろう.

(5)右側の欄外の番号は表3の国民性に関するノートの番号である．ここから国民性のノートをもとに，より大きな歴史学概論を作成しようとしたことがわかる.

表4　Asakawa Papersにある「分類目録(10Ⅲ'47)」

旧	改		タイトル	
Ⅲ	I A		史総説：史的著眼，史哲学観ノ必要	①
	I Ba		史現象ノ特徴：序(forces分析ハ下出)	
		1	tempoノ差	
		5	repetition, predicatability, ト ever-new	
		9	結	
ⅢgI	I Bb		史観problems: 序：大道アリヤ	②
	I Bc	1	人ト社会：個lifeト団life; 偉人ノ力	
		3	連続ト破断	
		5	causal ト casual (chance)	
		7	進化ノ必然laws ト vitalism	
		8	進歩；自由ト停滞退歩，統制	
Ⅲg，Ⅲ序	I Bd	1	人ト宇宙：eternal(天)ト perpetual(人世)	③
		2	人ト環境(ソノ分析ハ下出)	
	I Be	1	人ト摂理	
		3	摂理ト determinism, destiny	
		5	free will, Evil; 責任	④
		6	moral; spiritual; 感触	
		7	研究(発見，発明)ト創作	
		9	人力(理性，情意)ノ限度	
		10	人ノ一生	
Ⅲ	I Bh		汎人ト殊人	⑤
Ⅲ	I Bz		結	
Ⅲ	I C		史学及ビ史家：序	
	I Cc		諸型	
	I Cg		史学ノ方法	
	I Ch		史学ノ用意	
	I Cm		"imagination"	⑥
	I Cp		史学ト科学．哲学．芸術	⑦
	I Cs		史書ノ style ト life, person	
Ⅲ	Ⅱ		史 forces & results：序	
	ⅡA		外的：序	
Ⅲa		1	地理，天然	
		2	人種：移動，定住(cf.ⅡBt)	
	ⅡB		内的(人ト外トノ交作用)	
		a	早キ進化；征，被征．(cf.対他心ⅢBt)	
Ⅲe		c	政組織	⑧
		e	社会life	
Ⅲb		k	経済life	
Ⅲbb		m	民級(cf.農平民Ivf, n, q)	
		n	日常生活	
		p	言語	⑨
Ⅲg2ab		r	宗教；人生観(cf.生命，個人体　ⅢBb)	⑩
Ⅲd		s	文化；芸術，遊戯，娯楽	
		t	他域史ノ接触，感化(cf.ⅡA1)	
		u	法制意義	
ⅣA1,Ax	ⅢA		団ト個人：序	⑪
Ⅱ	ⅢB		日本民族心ノ特徴，理想	⑫
ⅣBa	ⅢBb		生命観，個人観(cf.'個人主義' ⅢK)	⑬

月十日の日付がある「分類目録」というボール紙に書かれた目次を発見した（表4）。それは明らかに、何らかの体系的ノート群の目次と考えられる。その目次には、各タイトルの前にアルファベットと数字の組み合わせの番号が書かれているが、すでに述べた日本人の国民性に関するノートは、この「分類目録」のなかに位置付けられている。ただし番号は一九四七年に新たなものに変更され、その前の段階の旧番号と一九四七年の段階の新番号が並んで表記されている。たとえば、一九四三年の前半に集中的に書かれた日本人の国民性に関するノートにはそれぞれ旧番号があるとともに、一九四七年には新しい体系のなかでの新しい番号が与えられている。そして全体としては、日本人の国民性論を超えて歴史学の多岐にわたるテーマが「分類目録」に書かれている。ここからは、一九四三年頃に最初、日本人の国民性論として書かれていたノートが、より大きな歴史学概論の体系の一部になり、さらに歴史学をめぐる様々な問題に関するノートが作成されていたのではないかと推定できる。

ただ実際には、「朝河貫一文書」に残っているノートは表3でまとめた一九四三年頃のものがほとんどである。しかし彼が表4のような「分類目録」を作成している以上、この目次に対応するノートがすべて存在していたのではないかと考えられる。そうしたノートは、朝河の遺稿が整理され「朝河貫一文書」が集成される際に重要ではないものとして廃棄された可能性もある。また、この「分類目録」の目次にある項目をみるとそこには、歴史の進歩、摂理、史観、人間と宇宙、人間と環境、地理、人種、政治、社会、経済、宗教、理性、生命観、日本の神代から現代までの歴史など歴史学に関するあらゆるテーマが見出される。この目次に書かれたテーマのノートが存在したとすれば、おそらく朝河にとり自身のための事典のような役割を果たしたものだったのではないだろうか。いずれにしてもこの「分類目録」からは、彼が戦争中から戦後にかけて歴史学に関わる諸問題を総合的に考察しようとしていたことが見て取れる。

おわりに

以上、朝河が行った歴史研究について概観したが、彼は一九三〇年代以降は『入来文書』で予告した『南九州の封建体制』の研究を続けていたものの、一九一〇年代から一九二〇年代のようには日本封建制についての斬新な研究を行ってはいない。朝河はイェール大学の大学院で西洋中世史を担当したこともあり、研究の関心は次第に西洋中世の封建制に向かっていた。そのことは、「フランク国王の立法権」に関する長大な論文草稿や、「封建社会の性質」草稿群のような封建制の理論的な考察を見れば明らかである。そしてとくに「封建社会の性質」草稿群からは、『入来文書』までの実証研究とは別の次元で、一九三〇年代に日欧の封建制の理論的な比較を試みようとしていたことが窺えた。朝河はこの草稿群で、ヨーロッパ中心主義的な発展段階論から封建制論を解き放ち、ヨーロッパの封建制をモデルとしない一種の社会類型としての封建制概念の構築を試みていたといえる。

その後、朝河は太平洋戦争の開戦後、日本人の国民性の研究を始めるが、それについての膨大なノートを一九四三年の前半に作成したところで集中的に研究することは止める。だが彼は、戦争中から戦後にかけて様々な歴史学の問題について継続的にノートを取り続け、日本人の国民性のノートも利用しながら、大きな歴史学概論の体系的なノートを作り上げていたであろうことが「分類目録」の存在から推定できる。ここから、彼の晩年の関心が歴史に関する多種多様な問題に拡大し、歴史学の全般的な考察に向かっていたことがわかる。

朝河は生涯の最後まで、『入来文書』で予告していた『南九州の封建体制』の仕事も継続していたが、結局これは未完成に終わった。(37) さらに戦後には、ドナルド・キーンから角田柳作の記念論文集への寄稿も依頼され、その原稿として「封建社会の性質」草稿群のなかの一つの草稿を改稿して寄稿することを考えていた。朝河は日記で、久しぶりに「封建社会の性質」草稿群の草稿を読み直し、そこに改めて自分が考えていた封建制についての様々なコンセプトを再確認できたので、それに手を入れて完成させると書いている。(38)しかしこの原稿は完成に至らず、角田柳作の記念論文集自体も刊行されなかった。

このように朝河の研究を生涯の最後までたどってみると、彼の研究の根底には一貫して日本とヨーロッパの封建制の比較があり、その延長線上の問題として戦争中には日本人の国民性の研究を行い、また戦後にかけて歴史学概論のノートを作成していたと見るのが妥当であろう。朝河は一九三〇年代以降、確かに論文を刊行しなくなったが、草稿やノートを見るかぎり彼の研究活動は最後まで日々着実に行われていたのであった。

注

(1) *The Documents of Iriki. Illustrative of the Development of the Feudal Institutions of Japan*, translated and edited by K. Asakawa, Ph.D., New Haven 1929.（翻訳、矢吹晋訳『入来文書』柏書房、二〇〇五年）。朝河の比較封建制論の特徴については、矢吹晋『日本の発見―朝河貫一と歴史学―』（花伝社、二〇〇八年）を参照。

(2) 「朝河貫一文書（Asakawa Papers）」は、朝河貫一の没後の一九四八年から五五年にかけて集成されたシリーズⅠ（書簡Box 1–4）、Ⅱ（日記Box 5–6）、Ⅲ（原稿・ノート・雑録Box 7–60）の六〇のボックスからなる朝河の遺稿集成でイェール大学スターリング図書館のManuscript and Archiveに所蔵されている。六〇ボックスのうち一四ボックスはマイクロフィルム化されており、日本では東京大学史料編纂所などが所蔵しているが、それ以外の部分はイェール大学スターリング図書館でしか閲覧できない。目録としては山岡道男他『朝河貫一資料　早稲田大学・福島県立図書館・イェール大学他所蔵』（早稲田大学アジア太平洋研究資料センター、研究資料シリーズ五、二〇一五年）があるが、「朝河貫一文書」の西洋史に関わる部分については筆者が誤りを正し、新たに詳細な目録を作成したので参照されたい。拙稿「朝河貫一の西洋中世史の研究と教育活動―イェール大学所蔵『朝河貫一文書（Asakawa Papers）』の分析から―」（『早稲田大学大学院人文科学

研究科紀要』第六三輯〈二〇一七年度〉、二〇一八年、五五九―八二頁)。

(3) 卒業論文は Asakawa Papers の Box 8, Folder 92 にある。その序文で次のようにいわれる。As the present writer has been studying the history of the institutions of some Aryan races, the question often returned to his mind what are the essential differences of European feudalism from Japanese. The problem of feudalism attracted him so much that in his private study of Medieval Europe his entire attention was paid to it. …… what are the fundamental differences of the French, the German and the English feudalism, what general conditions in legal and social development are necessary to produce feudalism such as we commonly understand by the term, what is the position of feudalism in the history of human progress, these have been and still are the questions constantly reoccurring in the writer's mind. He asked himself parallel questions concerning Japanese feudalism; especially, the joint influence on it of Chinese and Japanese civilisations, …….

(4) 卒業論文の結び（九〇頁）で、封建制が近代文明を生んだこと、そして日欧の封建制の成立から近代化への三世紀の差が明確に述べられている。Without feudalism, how the modern nation-states could have been formed? How the new incustry and liberty could have been gained? Is it not significant that feudalism was enabled both in Europe and Japan to make its appearance and to transcend itself with vigor? In this process the one was three centuries younger than the other, and brothers are now daily brought more closely together, as if they have something in the bright future.

(5) 卒業論文の二八頁で As to the question whether feudalism was possible in Japan without Chinese influence, we hesitate to give an affirmative answer.……と語っているが、朝河は卒論で日欧の封建制を比較しつつ、中国の集権制度の導入なしには日本の封建制は成立しなかったことを一貫して意識している。

(6) "The Origin of the Feudal Land Tenure in Japan," *American Historical Review*, vol. XX. no. 1, 1924, pp. 1-23.（翻訳「日本における封建的土地所有の起源」、矢吹晋訳『朝河貫一比較封建制論集』柏書房、二〇〇七年、一一八―三九頁)。なお朝河が英文で刊行した全論文は、朝河貫一『荘園研究』（日本学術振興会、一九六五年〈英文タイトル、*Land and Society in Medieval Japan*, Tokyo, 1965〉）に所収されている。

（7）"The Life of a Monastic *Shō* in Medieval Japan," *Annual Report of American Historical Association for 1916*, I, 1916, pp. 311–42.（翻訳「中世日本の寺院領の生活」『朝河貫一比較封建制論集』一四〇―七九頁）。

（8）"Some Aspects of Japanese Feudal Institutions," *The Transactions of the Asiatic Society of Japan*, Vol. XLVI, no. 1, 1918, pp. 77–102.（翻訳「日本封建制の時期区分―封建社会Ⅰ・Ⅱ・Ⅲ―」『朝河貫一比較封建制論集』八―二七頁）。

（9）前掲注（8）"Some Aspects of Japanese Feudal Institutions," pp. 78–81.（翻訳、八―一〇頁）。

（10）前掲注（8）"Some Aspects of Japanese Feudal Institutions," pp. 83–97.（翻訳、一二―二三頁）。

（11）前掲注（8）"Some Aspects of Japanese Feudal Institutions," pp. 90–94.（翻訳、一七―二〇頁）。

（12）前掲注（1）*The Documents of Iriki*, pp. 40–41.（翻訳、五一八―一九頁）。

（13）前掲注（1）*The Documents of Iriki*, pp. 57–58.（翻訳、五五〇頁）。

（14）前掲注（1）*The Documents of Iriki*, pp. 65–67, 81.（翻訳、五六三―六六、五九二―九三頁）。

（15）前掲注（1）*The Documents of Iriki*, p. 1, The following survey of local history is intended to serve as an introduction to the documents. A fuller and more systematic study of the institution of the general region is reserved for the editor's forthcoming work on the feudal régime of the whole of South Kyushu. このように『入来文書』で『南九州の封建体制』についての研究書がまもなく出版されると述べる。

（16）"The Founding of the Shogunate by Minamoto Yoritomo," *Seminarium Kondakovianum. Recuiel d'Etudes Archéologic, Histoire de l'Art. Etudes Byzantine*, VI, Praha, 1933, pp. 109–29.（翻訳「源頼朝による幕府の樹立」『朝河貫一比較封建制論集』一八〇―二一一頁）。

（17）「島津忠久の生ひ立ち―低等批評の一例―」（『史苑』一二―四、一九三八年、四一―五八頁〈『朝河貫一比較封建制論集』、三六一―四三八頁〉）。

（18）"Feudalism: Japanese," *Encyclopedia of the Social Sciences*, vol. 6, New York, 1930, pp. 214–20.（翻訳「日本封建制の定義」『朝河貫一比較封建制論集』、三四三―五〇頁）。

（19）『社会経済史学』に書いた書評は以下の三つである。「ループネル氏仏国農業史論」『社会経済史学』五―五、五八八―六二一頁・『同』五―六、七二一―四四頁、一九三五年、「ブロッシ教授の仏国田園史特徴論」『社会経済史学』五―九、一〇九四一一〇三頁、一九三五年、「ヴェーレル氏の北方ゲルマン原始農業論」『社会経済史学』七‐五、六〇四―一七頁、一九三七年。(三つとも『朝河貫一比較封建制論集』、四三九―五一一頁に所収)。

(20)『アナール誌(*Annales d'histoire économique et sociale*)』上に朝河が投稿し掲載された日本の歴史学の状況の紹介としては、次の二つがある。"Une histoire économique du Japon," t. 3, no. 11, 1931, pp. 454‐57. "La place de la religion dans l'histoire économique et sociale du Japon," t. 5. no. 20, 1933, pp. 125‐40. 前者では竹越与三郎の『日本経済史』を紹介し、後者では平泉澄の『中世における社寺と社会の関係』、細川亀市の『日本寺院経済史論』などの紹介を行っている。後者には翻訳がある。原輝史訳「朝河貫一「日本の社会経済史上における宗教の位置」をめぐって」(『早稲田商学』三五七、一九九三年、一五七―七九頁)。

(21) 朝河がイェール大学の財政難による解雇を免れ、西洋中世の封建制の授業を担当するに至る経緯については、前掲注(2)拙稿、五六一―六三頁を参照。なお、朝河が一九二三年度に担当した科目は「フランスの封建制(French Feudalism)」であったが、この科目担当の背景にはイェール大学の歴史学部で「フランスの封建制」の科目が必要であったが適任者がいなかった事情がある。つまり朝河は、空きがあった「フランスの封建制」の科目を担当することで継続雇用されることになった。このことは、一九二三年二月二十三日付のイェール大学歴史学教授チャールズ・シーモア(Charles Seymour)から朝河宛の書簡(福島県立図書館所蔵「朝河受信書簡(欧文)」E372‐2、福島県立図書館・甚野尚志編『福島県立図書館所蔵朝河貫一資料目録』〈福島県立図書館、二〇一九年〉参照)で言及されている。この書簡でシーモアは、朝河が歴史学部で必要とする「フランスの封建制」の科目を引き受けてくれたことに感謝している。

(22)『入来文書』は当初は、プリンストン大学出版から一九二一年の夏に史料の部分だけで刊行予定であった。そのことは朝河の友人ウィリアム・ブース宛の書簡に書かれている。それについては、前掲注(2)拙稿、五六二頁参照。しかし、その後「論点の要約」が付加され、最終的にはイェール大学出版から一九二九年に刊行された。なお朝河は一九二五年七月十八日の日記(Asakawa Papers, Box 5, Folder 53)で、『入来文書』の「論点の要約」の部分について、すでに作成した約七〇〇枚のカードをもとに執筆中だと語る。この同じ年に『入来文書』の日本語の部分が日本で印刷が完了している。

(23) このフランク王国史に関する研究カードは、Asakawa Papers の Box 11 から Box 25 までの一四のボックスにある。詳しい内容については、前掲注(2)拙稿の付録の表(4)「フランク王国史研究カード」を参照。

(24) Box 51, Folder 237, The Legislative Powers of the Carolingian King.

(25) この草稿群の詳細は、表1「Asakawa Papers（Box 10, Folder 100–109）にある「封建社会の性質」草稿群」を参照。

(26) 拙稿「朝河貫一と日欧比較封建制論―「朝河ペーパーズ」の「封建社会の性質」草稿群の分析―」（海老澤衷・近藤成一・甚野尚志編『朝河貫一と日欧中世史研究』吉川弘文館、二〇一七年、二―四〇頁）。

(27) Box 10, Folder 106.（翻訳「封建社会の性質―三カ条、未定稿―」『朝河貫一比較封建制論集』、三五一―五四頁）。

(28) 前掲注(27)Box 10, Folder 106.

(29) 前掲注(27)Box 10, Folder 106.

(30) Box 10, Folder 108–4, pp. 80732–80736.

(31) 前掲注(30)Box 10, Folder 108–4, p. 80728.

(32) 前掲注(30)Box 10, Folder 108–4, p. 80723.

(33) Box 10, Folder 103, pp. 80397–398. オットー・ヒンツェ、阿部謹也訳『封建制の本質と拡大』（未来社、一九六六年）参照。

(34) Box 10, Folder 103, pp. 80398–399.

(35) 朝河は一九四〇年四月にボストンで開催されたアメリカ中世学会で、中世史家カール・スティーブンソンの「封建制の起源」に関する講演へのコメントを行った。その草稿は Asakawa Papers に残されているが、そこではドイツの封建制の不完全性を強調している。Box 7, Folder 66, Comments upon Professor Stephenson's paper on "The Origin and Significance of Feudalism" at the meeting of the Medieval Academy of America in Boston, April 26, 1940.

(36) グレッチェン・ウォレンは朝河の日記や書簡の控えで G.W. というイニシャルで頻繁に登場する人物だが、朝河の一九四六年十一月十二日の日記（Asakawa Papers, Box 6, Folder 55）で正確に Gretchen Warren と書かれていて名前がわかる。バイネッケ図書館の Gretchen Warren Letters from Kan'ichi Asakawa and Related Papers には朝河の彼女宛の自筆書簡八二通がある。また同じ資料中にはそのタイプ版もあり彼女が作成したと思われる。スターリング図書館にある Asakawa Papers の Box 3 にも同一のタイプ版があり（おそらくタイプ版のカーボン複写版）、福島県立図書館には朝河の控え版（G.W. 宛）がある。書簡は Dear Friend や類似の呼びかけで始まり宛名が明記されておらず、Asakawa Papers の書簡だけでは受信者がわからないが三つの図書館の書簡を対照すればAsakawa PapersのDear Friend宛書簡がグレッチェン宛だとわかる。だがこの事実は理解されてこなかった。Dear Friend宛書簡を分析した山内晴子氏の『朝河貫一論』（早稲田大学出版部、二〇一〇年、五一六―三六頁）では誤ってラングドン・ウォーナー宛とされ、Dear Friend宛書簡を受信したウォーナーを通じ、朝河の天皇制の学説がアメリカの「日本計画」に影響を与えたとする。だが書簡の受信者がグレッチェンである以上この結論は根本的な再考を要する。また同氏は、前掲注(2)山岡他『朝河貫一資料』でもDear Friend宛書簡を「『書簡集』はG.W.宛。しかし山内『朝河貫一論』Warner宛と判読」（五三頁）とウォーナー宛と誤っている。それだけでなく「戦後構想のためのウォーナー宛長文書簡」を「朝河が出版も考えていた」と述べる箇所で（五〇四頁）、根拠として「『朝河貫一書簡集』所収のG.W.宛一九四七年四月十五日付書簡に、「私の長い手紙」を「出版の可能性も考えるかもしれません」とあること」を挙げる。だがG.W.宛書簡なので「私の長い手紙」は別のグレッチェン宛書簡のことだろう。なおこの「人違い」については、拙稿「朝河貫一とグレッチェン・ウォレン（Gretchen Warren）の文通―イェール大学バイネッケ図書館所蔵「朝河発グレッチェン宛書簡集」について―」（『WASEDA RILAS JOURNAL』NO.6、二〇一八年）で詳しく論じたので参照されたい。

(37) 朝河の一九四八年二月二十九日の日記に「自身の主たる著作の執筆を再開しなければならない」とあるが、これは『南九州の封建体制』の執筆を指すものと思われる。なお一九四六年から四八年までの日記は、Asakawa PapersのBox 6, Folder 56にある。

(38) 朝河の日記の一九四七年一月二十六日の記述で、コロンビア大学のドナルド・キーンが次のアカデミック・イヤーで退職する角田柳作の記念論文集に何か寄稿できないかと問い合わせてきたので、古い未刊行の論文を改訂して寄稿すると返事をしたとある。その後、一九四七年六月二十九日の日記では、コロンビア大学から要請された角田柳作の記念論文集への寄稿のために自身が長期にわたり書いてきた西欧と日本の封建制の比較に関するエッセーを見直していると述べている。これは「封建社会の性質」草稿群のなかの草稿のことであり、彼は放棄していた草稿を改訂しようとしていた。この問題について詳しくは、拙稿「朝河貫一の戦後の日記（一九四五―四八年）を読む」（『朝河貫一研究会ニュース』№90、二〇一七年、二―一〇頁）を参照。

朝河貫一の南九州中世史研究

近藤成一

はじめに

朝河貫一は『入来文書』の序説において、「この地域一般の制度についての包括的でより体系的な研究は、南九州全体の封建制に関する編者の次の著書に予定されている」と述べているが[1]、朝河が予告した著書は結局刊行されなかった。

朝河が『入来文書』刊行後の次の著作として『南九州の封建体制』を予定していたことについては、すでに指摘されているが、特に佐藤雄基氏はイェール大学図書館が所蔵する「朝河貫一文書」を精力的に調査された上で、『南九州の封建体制』の構想を推測させる材料の存在を指摘し、二つの問題について論じている。すなわち、第一に「『入来文書』後の朝河の比較封建制論が如何なる展開をみせようとしていたのか」という問題、第二に「何故朝河の比較封建制論が「未完」に終わったのか」という問題である[2]。

本稿は、佐藤氏の調査と研究に大きく依存しながら、若干の私見を加えて、朝河の『南九州の封建体制』の内容を推測する作業を進めようとするものである。

一　『南九州の封建体制』の構想

「朝河貫一文書」の中に、『南九州の封建体制』の構成案と序説の一部の草稿が遺されている。(3)いずれも英文で書かれている。

構成案はタイプ打ちされたものが三部ある。ここで仮にA・B・Cとしておく。AとBは同一のタイプ打ちのものであり、Cはそれとは別にタイプ打ちされたものであるが、それぞれ手書きが加えられている。Cにはタイプ打ちの段階で章ごとの頁割が打ち込まれているが、A・Bにはそれよりも細かく、章の下の項目ごとの頁割がやはりタイプ打ちの段階で打ち込まれている。またA・Bには著書全体としての頁割の構想がやはりタイプ打ちの段階で打ち込まれているが、Cにはそれがない。そのかわりにCには結論の要旨がタイプ打ちの段階で打ち込まれている。手書きの修正・追加は三部それぞれにあるが、Cでは、元来第一章の前に置いていた序説を第一章とし、第二章と第三章をあわせて第二章とする修正が手書きで行われている。

ここではまず、A・Bの末尾に見られる著書全体の頁割の構想を、拙訳で示しておこう。

(頁の分配は以前と同様。すなわち

序文、附録、三〇頁。索引、一〇頁……………………………四〇頁
注記と文献目録……………………………………………………一〇〇頁
本文………………………………………………………………………三六〇頁

(1) 封土と正義。公と私。

(2) 基本原則：ヨーロッパとの類似。相違：先祖の相違による（バーバリアンとフランク vs 中国）。封建組織において（封土と封建契約の特質。将軍の存在。ヨーロッパ（フランス）と日本の後期封建時代における対照的な発展）。

(3) 組織、管轄。

(4) 訴訟法。

(5) 刑法。

(6) 手続き。

(7) 上訴、再審。

vi 財政 pp. 10

一般：起源、諸関係。

歳入。

歳出。

国庫管理。

貨幣制度。

vii 小領主の支配 pp. 2

第 6 章 領域政府 pp. 36

1580 年頃以降の中央集権化の過程

封土と俸禄

封土と集権的に管理された所領。

統治の手段。

宗教勢力。

町と村。

附録：武士の生活。

第 7 章 封建制の衰退 pp. 4

結論 pp. 10

＊ この項目に頁が配当されていないが、第 5 章の頁合計が 45.5 頁であることから、0.5 頁が配当されるはずであったかと推察される。

各頁三二〇語。　五〇〇頁

注記が割り当てられた分量に満たない場合には、原文書を「関係文書」として収めることがありうる。）

次に、本文の構成を、三部の構成案に基づき私見により勘案して、拙訳により示す(4)（六四―六七頁）。序説を第一章とし、第二章と第三章をあわせて第二章とする修正が手書きで行われる以前のかたちを採った。なおCには「結論」の要旨がタイプで打ち込まれている。拙訳により示すと次の通りである(5)。

以下の要約：日本の封建制が妨害を受けず自然な発展を遂げたこと。庄と職という矛盾した起源から封土の完成へと徐々に進む。一般的な発展はフランスよりも約三世紀遅れる。日本の封建制においては封土は出発点ではなくむしろ頂点である。封土の完成とともに純粋封建制にとって破壊的な要素が現れる。なぜか。一貫してマナーが存在しない。その影響。将軍と天皇が存在したことの影響。ヨーロッパと日本の両方に適用できる封建制の定義。

序説の草稿は三四枚あるが、六四五年以前より一八六八年までの前近代史を五期に時期区分したうちの第三期までに相当し、「頼朝の拠点の名前により鎌倉時代（一一八六―一三三三）として知られる最初の封建時代が始まった」という文章で終わっている。

すでに佐藤雄基氏も指摘されていることであるが、ここに示された本文の構成は、『入来文書』の「論点の要約」とも共通している。『入来文書』においては、A起源、B発展、C諸関係、D体制の四項に分けて論点の要約が行われているのであるが、これを『南九州の封建体制』の構成案と比較すると、B発展が第三章「封建支配：A発展」、C諸関係が第四章「封建支配：B諸関係」、D体制が第五章「封建支配：C支配」にほぼ相当する。『入来文書』は史料集であるので、朝河は編者としての注釈・解説を最小限にとどめているのであるが、ここで抑制した自説の展開を、朝河は『南九州の封建体制』に期したものと思われる。

朝河は『入来文書』の刊行に先立つ論文において、日本の荘園が「領主と半自由農との共同により展開され経営される耕地片からなるマナー型組織」とは異なり、荘園の成立が即封建制の起源ではないことを論じている。そして、日本における封建制の展開の道筋については、武士と軍事貴族とが成立し、両者の間の「寄進」と「恩給」を起源とする土地保有が同化していくことによって封建的土地保有が成立するという推論を示した。(6)『南九州の封建体制』の構成は朝河のこのような理解を前提とするものであり、そのことがたとえば「庄は村でもマナーでもない」という記述に示されている。

『南九州の封建体制』の構成案に示されているのは、日本の封建制一般に関わる諸論点であって、南九州という特定の地域における具体的な事象として朝河が何を叙述するつもりであったかは、構成案からは明らかではない。しかし南九州の中世史について朝河が研究したノートが遺稿のうちに遺されているので、次にそれを見ることにしたい。

二　『南九州の封建体制』著述の材料

朝河は、縦二一・五糎、横一四・〇糎のルーズリーフを用いた研究資料を膨大に残しており、「朝河貫一文書」では第三七箱より第四五箱まで七七のフォルダに分けて保管されている。ただしフォルダの分割や見出しの記入などは文書を整理した人によるもので、ルーズリーフ資料の現状は朝河生前の原秩序を保存してはいないと思われる。

このルーズリーフ資料についてもすでに佐藤雄基氏が言及している。(7)佐藤氏は、第三八箱より第四五箱までに収められた“Japanese Chronicle”という見出しを付されたルーズリーフ群を、一一七九年から一八七七年まで続く島津家関連年表と、幕末から一九四五年まで続く年表の二種類の編年譜に分類し、両者の分量を比較して、約一対六で後者が圧倒的に多いことを指摘する。そして、一九三〇年代末以降の朝河の関心が、封建制研究そのものから国民性の比較研究に発展したことを論じ、『南九州の封建体制』が未完に終わった理由の一端をそこに求めている。

ルーズリーフ群の全体は『南九州の封建体制』に収まりきるものではないが、このうちの一部は、朝河が『南九州の封建体制』の著述を進めたならば必ずや利用されたであろうとは思われる。ルーズリーフ群の中で『南九州の封建体制』に関係しそうな部分というと、一一一から一八七までの番号が振られている七七のフォルダのうち、一一六番から一二七番までのフォルダに整理されている分であろう(8)。

この一二のフォルダに整理されているルーズリーフは、原則的には日本語で記述されている。その内容を検討するのには、とりあえずは次の六つのグループに分けるのが適当と思われる。

一一六番　島津国史・西藩野史
一一七番　日向島津庄
一一八番　一一七二～一三三一　比志島文書
一一九番　一一七九～一三三三　島津忠久・忠時・忠宗・貞久年譜
一二〇番　一一八七～一四一六　禰寝文書
一二一番～一二七番　一三三三～一八五二　年譜

これらのルーズリーフの作成意図は南九州の年譜資料を作成することであったと思われるが、年譜の形式が整っているのは一三三三年以降で、それ以前については、島津家の年譜、薩摩比志島家の文書の分析、大隅禰寝家の文書の分析の三本を並立させている。また、年譜作成の材料とした『島津国史』『西藩野史』や島津庄の消滅過程について検討した内容を記したものもある。

一三三三年以降の年譜は、一四一二年までと、一四一三年から一六一五年までと、一六一五年以降とで記述のスタイルを少し変えている。一三三三年から一四一二年までは、各年の記述を「紀年」と「北六州」と「南三州」の三項目に分けている。「紀年」の項目は日本全体の主要事項を記したもので、それと項目を分けて、「北六州」「南三州」それぞれの動向が記されている。一四一三年以降については「紀年」と「北六州」の項目がなくなって「南三州」の動向のみが記されることになり、一六一五年以降になると更に範囲をせばめて島津藩に関する動向のみとなる。

一三三三年以前について、島津家の年譜のほかに『比志島文書』と『禰寝文書』を分析したルーズリーフが作られているのは、かつて『入来文書』において行った入来院家の分析に加えて比志島家・禰寝家の分析を行うことにより、比較の視座から「南九州の封建体制」を論じる構想を朝河が抱いていたことを想像させる。

三 『禰寝文書』の分析

朝河が遺した膨大なルーズリーフ資料のうち、『禰寝文書』を分析した部分のこれまた一部を取り上げて、朝河の分析の一端を垣間見ることにしたい。

禰寝家は幕末に小松帯刀を出した家であるが、元来は大隅国生え抜きの豪族で、『入来文書』で取り上げられた入来院家が元来は相模国御家人渋谷氏が西遷してきたのと対照的である。『入来院家文書』(9)が渋谷氏が薩摩国入来院を拝領する直前からの史料を伝えるの(10)に対して、『禰寝文書』は鎌倉以前に遡り、禰寝家が大隅国の豪族として勃興してくる過程を物語る文書を伝えている。(11)『南九州の封建体制』を叙述するのに『禰寝文書』に着眼したのはやはり朝河の慧眼というべきであろう。むしろ『入来文書』による分析を補う史料として『禰寝文書』や『比志島文書』が存在することを認識したことが、『入来文書』とは別に『南九州の封建体制』を著述する構想を産み出したのかもしれない。

ここでは、建仁三年（一二〇三）七月三日の禰寝清重の大隅国禰寝院南俣地頭職補任に関する文書を分析したルーズリーフ七枚を取り上げる。(12)清重の地頭職補任に関して五通の文書が取り上げられている。

建仁三年七月三日　源頼家御教書(13)

（建仁三年）七月二十七日　北条時政書状案(14)

建仁三年八月　日　大隅国司庁宣(15)

建仁三年十月三日　大隅国留守所下文(16)

建仁三年十月三日　大隅正八幡宮公文所下文(17)

鎌倉幕府の将軍によって清重が地頭職に補任された後に、国衙方と本所方からそれぞれ補任の文書が発給されている。(18)このことについて朝河は、「南俣ニ此事ノ文証アルハ喜ブベシ。凡テノ公、庄、ノ地頭ニツキテモ亦同ジク本所ニ通知シテ、ソレ々々《(ママ)》ノ下文ガ本所方ヨリモ発セラレシカ。興味アル問題也」と述べている。朝河は建仁三年の清重の補任に際して本所方からも下文が発給されたことが、文治三年（一一八七）に菱刈重延が源頼朝により同所の地頭職に補任された際よりもはるかに鄭重な手続きであることを認めながら、「他人ノ衝突スル権ノ存否ニツキテハ」、(19)文治三年と同様、「不注意ナリシニ似タリ」と言う。「他人ノ衝突スル権ノ存否」とは、禰寝院南俣の知行をめぐって重延と清重が争っていたことを指す。建仁三年の補任は重延の死去を受けて清重の申請により行われたものであるが、その際に重延の後継者の存在やその後継者が所領を相続することの正統性などが頓着されていない。そのことを朝河は、「重延宛行ヲ、嗣ニ安堵セズ、訴人ノイフマ、ヲ理トシテ、〝補給〟シタリ。而モコハ、武家ニオイテ、嗣在リヤ、譲文アリヤヲ知ラザル故ナルベク、故ニ宛行教書ニハ〝論人出来之時〟ハ両方ヲ召問シテ決セントイフ」と述べている。そして、文治三年の補任も建仁三年の補任も「アマリニ軽率ノ宛行トイフベシ。之ガ為ニ久シキ両方ノ相論トナリシ也」と評している。確かに禰寝院南俣の知行をめぐる禰寝氏と菱刈・曾木氏の相論は文治三年以降延々と続き、禰寝氏の実効支配が確立して久しい延慶二年（一三〇九）に至っても曾木氏はなお同所のうちに生じた闕所地の給与を求める訴訟を起こしていた[20]。

朝河は、文治三年の補任も建仁三年の補任も「軽率ノ宛行」と断じた後、「日本ニハ missio in bannum（一年一日ナドノ間ヲ設ケテ、此間ニ諸人ノ claims ヲ召ス）ノ制ナシ。故ニ上記ノ如キ軽忽ノ付渡ノ難ガ後日ニ及ブ也」と論じる。ここに日欧訴訟法比較の視角が認められる。

missio in bannum を朝河は「一年一日ナドノ間ヲ設ケテ、此間ニ諸人ノ claims ヲ召ス」制度であると説明している。つまり訴訟が行われた時、その訴訟に対する異議申し立ての存否を確認する制度であるといえよう。朝河が日本にこの制度がないと断ずるのは、建仁三年の清重を地頭職に補任する文書が「〝論人出来之時〟ハ召決セントイヘル」のを見れば、「清重ハ対手ヲ指名セズニ訴ヘシナランカト思ハル。モシ被告ヲ立テシナラバ問状ヲ発スベキ筈也。此文ニハ被告不参ノ〝難渋〟ヲイハズ。故ニ被告ナキ也」と判断されるからである。清重の訴訟を受理した幕府法廷は、清重の訴訟に対する異議申し立ての存否を確認することなく、清重の訴訟をそのまま認めて、清重を地頭職に補任した。朝河は「直ニ訴人ニ（司法ナシニ）宛行ヘリ」といっている。

朝河はまた、禰寝院南俣をめぐる禰寝氏と菱刈・曾木氏の相論について、元久二年（一二〇五）に「重能ガ地頭職ヲ訴ヘテ、時政ヨリ有利ノ教書ヲ得タリト称シテ領ス」ことがあったが、[21]「清重、鎌ニテ陳ジシニヨリ」、建永二年（一二〇七）二月二十九日の北条義時の書下[22]が「両方之理非糺決以前者、清重法師可知行」と命じたことに注目している。朝河は、建仁三年と建永二年では原告が異なり、建仁三年には被告が存在せず、建永二年には被告が存在するという差があるけれども、判決以前に不知行の人に所領を付与した点では同じであるという。更に建仁三年と建永二年とを比較して、建永二年のほうは「原被間ノ相論未決ノ場合」であるから、建仁三年よりも「更ニ道理少キ武家処置」であるという。

鎌倉幕府訴訟法が、訴人・論人の理非の判断を行わず、訴人の訴訟のみに基づいてなんらかの決定を下すことがあったことについては、一時期盛んに議論された。笠松宏至氏は「入門」という手続きに注目して、訴人・論人に対して裁判所が第三者として理非の判断を行う裁判がむしろ例外であった可能性を示唆しようとしたし、[23]幕府が訴人の訴が正当であることを仮定する「事実者（コトジチタラバ）」という文言を用いて仮処分を行う手続きをめぐる議論もあった。[24]これらの議論の中には、このような手続きの存在を鎌倉幕府訴訟制度の未成熟と評価するものもあったが、必ずしもそれが正当な評価であるとはいえない。従者の訴訟をそのまま認めるのが主人の義務であると観念されている場合や、紛争当事者を法廷に召喚すること自体が必ずしも容易でない場合、あるいは裁判所の判決が強制力を有さず、判決の有効性が当事者の受容に依拠している場合などを前提とするならば、訴人の訴訟をそのまま認める裁許はありうる。その際に、論人が名乗り出てきた場合には訴論両当事者を召喚することを条件としているのは、むしろ合理的な仕組みと評価すべきとも思われる。禰寝院南俣をめぐる禰寝氏と菱刈・曾木氏の相論が延々と続いたのが鎌倉幕府の判決が軽率に出でた結果であるというよりも、所領をめぐる当事者の相論の根深さが当時の裁判所をしてかかる形式の判決しかなさしめえなかったと考えるべきではないか。

朝河は、訴訟に対する異議申し立ての制度が日本にはなかったというが、鎌倉後期の幕府の譲与の安堵の制度において、譲与された所領に対する安堵が申請された際には、その申請に対して異議の存否が調査されることになっていたことが知られている。(25) ただし筆者は、譲与の安堵の前提として異議の存否が調査される制度は、安堵の本来のあり方に基づくものではなく、安堵が本来のあり方から変容した結果として生まれたものと考えている。(26) 訴訟に対する異議の存否を確認する制度は日本にも認められるのであり、この制度は欧日の相違を示すというよりも、むしろ欧日の距離を越えて共通の普遍的な発想に基づくものといえよう。しかしそれは、封建社会に普遍的な法であるというよりも、むしろ封建的主従関係とは別物であり、場合によっては封建的主従関係と衝突する場合すらある、法の支配の安定のための普遍的な発想であったように思われる。

おわりに

「朝河貫一文書」の中に遺されているルーズリーフ資料のある部分は、『南九州の封建体制』著述のために作成され始めたと思われるが、作成が進められるうちに、作成の目的が当該著作のためを越えて拡大していったように思われる。そのことにより朝河の作業が当初の目的の著述に収斂せず、『南九州の封建体制』が未刊に終わったのではないか。

遺されたルーズリーフ群から、朝河が『南九州の封建体制』に何を盛り込もうとしていたかを考察するには、膨大な作業と高度の学識が必要である。このルーズリーフ群は朝河の手書きであるが、日本語で記されている。朝河の筆跡は端正ではあるが、読み取るのに一定の修練を必要とする。また、このルーズリーフ群を閲覧するには、現在のところイェール大学附属図書館に赴かなくてはならない。それがこの資料を活用するのを困難にしている。
このルーズリーフ群の中に凍結されている朝河の学識を蘇らせるためには、このルーズリーフ群を解読する根気と能力を有する者が、より容易に利用できる環境が整えられることが必要である。それを切望していることを記して、ルーズリーフ群に籠められた朝河の学識の一端を紹介することを目的とした本稿を擱筆することにしたい。

注

（1）Kan'ichi Asakawa, *The Documents of Iriki*, Yale University Press: New Haven, Oxford University Press: London-Humphrey Milford, 1929, p. 1. 英文部分の覆刻は朝河貫一著書刊行委員会編『入来文書』（日本学術振興会、一九五五年）に収録。また、東京大学史料編纂所編『入来院家文書CD-ROM版』（紀伊国屋書店、二〇〇〇年）は一九五五年版の覆刻を附録として収録。

（2）佐藤雄基「イェール大学図書館所蔵朝河貫一文書（朝河ペーパーズ）の基礎的研究」（『東京大学日本史学研究室紀要』一三、二〇〇九年、四五頁）。なお佐藤氏の以下の論考も参照。「朝河貫一の比較封建制論の再評価をめぐって」（『歴史評論』七〇八、二〇〇九年）、「（書評と紹介）マルク・ブロック『封建社会』と朝河貫一―予備的考察として―」（『東京大学日本史学研究室紀要』一四、二〇一〇年）、「朝河貫一と比較封建制論　序説―個人資料に基づく史学史研究の試み―」（『歴史評論』七三二、二〇一一年）、「朝河貫一とアンドレ・ゴンティエ―福島県立図書館所蔵往復書簡の紹介―」（新田一郎・内田力・國本裕子・五島彰人・牧野幸輝・山口道弘・渡邊剛と共著、『東京大学日本史学研究室紀要』一六、二〇一二年）、「朝河貫一と入来文書の邂逅―大正期の地域と歴史をめぐる環境―」（河西英通・浪川健治編『グローバル化のなかの日本史像―「長期の一九世紀」を生きた地域―』岩田書院、二〇一三年）、「朝河貫一とマルク・ブロックの往復書簡―戦間期における二人の比較史家―」（向井伸哉・斎藤史朗と共著、『史苑』七六―二、二〇一六年）、「『入来文書』の構想とその史学史上の位置」（海老澤衷・近藤成一・甚野尚志編『朝河貫一と日欧中世史研究』吉川弘文館、二〇一七年）、「朝河貫一とジョン・ケアリー・ホールの往復書簡の紹介」（『立教大学日本学研究所年報』一六、二〇一七年）。

（3）Kan'ichi Asakawa Papers, Box 8, Folder 86. ここで『南九州の封建体制』と訳した書名の原文は、*Feudal Régime in*

South Kyūshū である。

(4) すでに佐藤雄基氏により概要は紹介されている。前掲注(2)佐藤「『入来文書』の構想とその史学史上の位置」八八―八九頁。

(5) 以上の篇別構成、「結論の要旨」、頁割の構想の原文を章末に掲げる付録1に示す。

(6) 拙稿「朝河貫一と日本の歴史学界」(前掲注(2)海老澤他編著)。

(7) 前掲注(2)佐藤「イェール大学図書館所蔵朝河貫一文書(朝河ペーパーズ)の基礎的研究」四六頁。佐藤氏は本文では第三八箱より第四五箱までを取り上げているが、付録の目録では第三七箱収録のフォルダ一一七番についても「"Japanese Chronicle"の一部か」と注記している。ここではさらにフォルダ一一六番も加えて検討した。

(8) 一一一番から一一七番までは第三七箱、一一八番から一二五番までは第三八箱、一二六番から一三五番までは第三九箱、一三六番から一四六番までは第四〇箱、一四七番から一五五番までは第四一箱、一五六番から一六六番までは第四二箱、一六七番から一七三番までは第四三箱、一七四番から一八一番までは第四四箱、一八二番から一八七番までは第四五箱に収納されている。

(9) 朝河による編著 *The Documents of Iriki* の邦文名を『入来文書』と称するのに対して、その主要部分を成す入来院家伝来の文書を『入来院家文書』と称する。

(10) ただし、後世になって入来院家に所蔵されることになった他家の文書のうちに、鎌倉以前に遡る文書も含まれ、『入来文書』で活用されている。

(11) 『禰寝文書』の現状と伝来の事情、禰寝家が小松を称するに至る事情などについては、拙稿「禰寝文書の伝来について」(拙著『鎌倉時代政治構造の研究』校倉書房、二〇一六年)を参照されたい。イェール大学には『禰寝氏正統世録系譜』一冊が架蔵され(請求番号 EAL J1283)、朝河貫一が一九〇六―〇七年の第一次帰国の際に入手したものと思われるが、『禰寝氏正統世録系譜巻之一』と『続編小松氏正統世録系譜巻之十九』を転写したものである。『禰寝文書』の刊本には、川添昭二校訂『九州史料叢書　禰寝文書』全三冊(謄写版、九州史料刊行会、一九五八―五九年)と鹿児島県歴史資料センター黎明館編『鹿児島県史料　旧記雑録拾遺家わけ一』(鹿児島県、一九八八年)がある。以下、個々の文書については、閲覧が比較的に容易な刊本として、竹内理三編『鎌倉遺文　古文書編』全四六巻(東京堂出版、一九七一―九五年)の整理番号を記す。

(12) ルーズリーフの記述を翻刻したものを付録2に収める。
(13)『鎌倉遺文』第三巻一三六七号。
(14)『鎌倉遺文』第三巻一三六八号。
(15)『鎌倉遺文』第三巻一三七五号。
(16)『鎌倉遺文』第三巻一三八五号。
(17)『鎌倉遺文』第三巻一三八六号。
(18) 国衙方においては、国司が頼家の仰せを引用して清重を補任する国司庁宣を留守所に発給し、留守所がそれを施行する下文を発給している。本所方においても、朝河は取り上げていないが、大隅正八幡宮の本所に当たる石清水八幡宮の公文所から、清重が頼家の消息を賜ったことを根拠として地頭職に補任する下文が大隅正八幡宮公文所宛に出され（建仁三年八月日石清水八幡宮公文所下文、『鎌倉遺文』第三巻一三七六号）、大隅正八幡宮公文所がそれを施行する下文を出している。
(19) 文治三年に発給された文書の原文は残らないが、嘉禄元年八月日大隅守護名越朝時下知状（『鎌倉遺文』第五巻三四〇〇号、朝河は泰時の下知状としている）に載せられている「文治三年三月十三日故右大将殿御判下文案遠景入道施行」が重延の地頭職補任に関わる文書と考えられており、朝河もそのように考えている。
(20) 拙稿「本領安堵と当知行地安堵」（前掲注(11)拙著）参照。
(21) 朝河が根拠として挙げるのは、建永二年三月三十日石清水八幡宮公文所下文（『鎌倉遺文』第三巻一六七六号）、嘉禄元年八月日大隅守護名越朝時下知状（前掲注(19)）。
(22)『鎌倉遺文』第三巻一六〇四号。本文書は年が記されず月日のみが記されたものであるが、『禰寝氏正統世録系譜』が建永元年（一二〇六）にこれを掛けてより、諸刊本ともにこの年代比定を踏襲している。しかし朝河が「義時ノ書状ニ拠ル宮下文」（付録2参照）と述べている建永二年三月三十日石清水八幡宮寺公文所下文（前掲注(21)）には「去二月参向関東、重預奉書畢」と記されており、ここに見える「奉書」が二月二十九日義時書下を指すのであれば、その発給年は建永元年ではなく建永二年とすべきであろう。朝河は、「宮下文」が「義時ノ書状」に拠ることを記した部分では「義時ノ書状」を一二〇六年のものとしているが、清重の鎌倉における陳答により理非糾決以前の清重知行を認める義時書状が出されたことを記した部分ではこれを一二〇七年のものとしている。
(23) 笠松宏至「入門」(同『日本中世法史論』東京大学出版会、一九八五年)所収。
(24) 山本浩司「裁許状・問状から見た鎌倉幕府初期訴訟制度」(『史学雑誌』九四-四、一九八五年)。古澤直人「御成敗式目の歴史的位置」(『日本歴史』四四二、一九八五年、同『鎌倉幕府と中世国家』〈校倉書房、一九九一年〉に「鎌倉幕府の成立」と改題して収録)。工藤勝彦「鎌倉幕府初期の訴訟制度に関する考察」(『史叢』三五、一九八五年)。なお三氏の論考が相次いで発表された一九八五年よりも三〇年前に、この問題は坂本賞三氏により論じられていた。坂本賞三「司法制度から見た鎌倉幕府確立の一過程」(『史学研究』五九、一九五五年)。平山行三『和与の研究』(吉川弘文館、一九六四年、五九頁)も参照。この問題に関する卑見は、拙稿「鎌倉幕府裁許状の事書について」(前掲注(11)拙著、一六〇—一六三頁)に述べた。
(25) 『沙汰未練書』。佐藤進一・池内義資編『中世法制史料集第二巻　室町幕府法』(岩波書店、一九五七年)に附録一として収録。同書三六〇頁。本史料をもとに鎌倉幕府の安堵制度を論じたものに、笠松宏至「中世の安堵」(初出一九八六年、「安堵の機能」と改題して同『中世人との対話』〈東京大学出版会、一九九七年〉に収録)、工藤勝彦「鎌倉幕府による安堵の成立と整備」(『古文書研究』二九、一九八八年)、七海雅人「鎌倉幕府の譲与安堵」(同『鎌倉幕府御家人制の展開』吉川弘文館、二〇〇一年)などがある。なお安堵に関する古典的研究として、牧健二『日本封建制度成立史』(弘文堂書房、一九三五年)も参照。卑見は、拙稿「安堵状の形態と機能」(前掲注(11)拙著、二二三頁)に述べた。
(26) 前掲注(11)拙著、総論「鎌倉時代の政治構造と社会」二六—三一頁。

ルヲ見レバ、清重ハ対手ヲ指名セズニ訴ヘシナランカト思ハル。モシ被告ヲ立テシナラバ問状ヲ発スベキ筈也。此文ニハ被告不参ノ“難渋”ヲイハズ。故ニ被告ナキ也。廷ハ（missio in bannum ノ年日制ナキ故ニ）直ニ訴人ニ（司法ナシニ）宛行ヘリ。廷自ラ claim ヲ call スルコトナシ。

文式—’03 ノ五文ノ中、文式上注目スベキモノアリ。（ソノ他ハ新事ニアラズ）。

将軍御教書（七／三）—奉書人ノ名ナキハ脱写カ。頼家ノ袖判アリ。（“但”clause アリ）。“仰旨如此”トイヒテ“依仰執達如件”トイハズ。

留守所下文（十／三）—平凡ナレ共、前文ハ当人清重ニ宛テ（“所”）、本文ニハ百姓等ニ令ス。

正宮公文所下文（十／三）—平凡ナランモ、此時マデノ他依文ナキ故ニ珍ラシ。南俣ニ宛テ、宮寺公文所下文ヲ引キ、ソノ旨ニヨリ沙汰セヨトイフ。末語ハ勿違失トイフコト、庁宣、留守所下文ノ如ク官明式也。

校訂注

1）「　」内は行間に追記されている。

2）“1219” は “1229” の誤りと思われる。寛喜元年 11 月 11 日大隅守護名越朝執事奉書（『鎌倉遺文』第 6 巻 3893 号）に相当する。

3）「　」内は追記と思われる。

hfr ト—地頭補任安堵ノ鄭重ノ手続。cf 地頭。
従務：出家—御家人ノ出家ヲ“入道”“法師”“沙弥”トイフ。法名アリ（行西）。勿論、俗務ヲ棄テズ。（入道ハ普クシテ士モ、若党、中間、作人モ之アリ。女ガ後家ノ尼タルモノ多シ）。入道ト、真ノ出家トノ別アルベシ。サレ共出家入道シテ、職ヲ辞スルモノハ、必シモ真ノ出家ナラザルベク、俗務ヲ棄テシコトガ他入道ト異ナルノミナルベシ。
是レ入道タルコトガ従士ノ任意ニシテ、許可ヲ要セザル所以ナラン。遁世ハ lur ノ罰スベキ所也。lur 務ヲ去レバ也。
fief：内容—地頭職、郡司職、
　宛行、安堵ノ legality—手続ハ上見ノ如ク、1187 ヨリハ遥ニ鄭重ナレ共、他人ノ衝突スル権ノ在否ニツキテハ、1187 ノ如ク不注意ナリシニ似タリ。清重ガ地頭職ヲ相伝也、之ヲ宛行ハレ重延ガ死シタレバ還補セラルベシト訴ヘシニヨリ、1187 重延宛行ヲ、嗣ニ安堵セズ、訴人ノイフマヽヲ理トシテ、“補給”シタリ。而モコハ、武家ニオイテ、嗣在リヤ、譲文アリヤヲ知ラザル故ナルベク、故ニ宛行教書ニハ“論人出来之時”ハ両方ヲ召問シテ決セントイフ。（cf 地権）。1187 モ、1203 モ、アマリニ軽卆ノ宛行トイフベシ。之ガ為ニ久シキ両方ノ相論トナリシ也。（cf 〈(07) 二／廿九〉）
地権—日本ニハ missio in bannum（一年一日ナドノ間ヲ設ケテ、此間ニ諸人ノ claims ヲ召ス）ノ制ナシ。故ニ上記ノ如キ軽忽ノ付渡ノ難ガ後日ニ及ブ也。之ト比スベキハ、正シク此件ニツキテ起リシ相論ノ初段 '05–'07 ノ相論ニ対スル武家下知也。'05 ニ、重能ガ地頭職ヲ訴ヘテ、時政ヨリ有利ノ教書ヲ得タリト称シテ領ス（〈1207 三／三十〉〈'25 八／○〉）。清重ノ得シ '03 宛行状ヲ、彼ハ謀書也トイヒシ也。清重、鎌ニテ陳ジシニヨリ〈(07) 二／廿九〉義時書状ハ、“両方之理非糺決以前者、清重法師可知行”トス。
サレバ、'03 ト '07 トハ原告異レ共、又 '03 ニハ被告ナク、'07 ニハ之アルノ差アレ共、jus 決定以前ニ不知行ノ人ニ領ヲ付スルコトハ相同ジ。何レカトイヘバ、'07 ハ '03 ヨリモ更ニ道理少キ武家処置也。何トナレバ、'07 ニハ原被間ノ相論未決ノ場合ニシテ、03 ノ如ク被告ナク、只国人ノ言ニヨリテ処分シヽニアラガレル也。
二度共ニ、難終決ヲ条件トシテ付ス。只、miss. in bn ノ如キ便法ナキガ故ニ、此 sample ニ係ラズシテ、軽挙ニ出デ、後難ヲ遺ス也。庄家ガ用ヒシ方法ハ更ニ有理也（cf1203 十一／十前地頭）。
忠久—〈(03) 七／廿七〉時政ガ忠久ヘノ書状ハ、彼ノ守護タル資格ニヨルベシ。前ニ 1189 征奥後ニ康友下国ノ時ノ遠景ヘノ書ト同旨也〈《(ママ)》　〉。遠景ハ九州御家人奉行、即、守護也キ。而シテコハ、忠久ガ守護職ヲ収公サルヽ一ヶ月余前ノミ。（cf 〈03 十一／十〉
law 司法—'03 頃、清重ハ多分訴（“申”）ヘシ也。訴旨は同年及後年ノ文（cf 上ノ notes）ヨリ推セバ、多分下ノ如シ：—“余ハ地頭職相伝ナルヲ、重延ガ 1187 三／十三御下文ニヨリテ補任サレタリ。彼今ハ死シタレバ返付セラレヨ”トイフナラン。嗣アリテ当知行也シヤ不明也。サレ共、〈03 七／三〉宛行教書ニ“論人出来之時”ハ召決セントイヘ共、目代ガ都テ目ヨリ重キカ、奇也。

而シテ在庁ハ凡テ皆、世襲 hfr 化ノ職ナルベキコトハ隅、薩ノ図田ヨリ推スベシ。

任用ナラザル諸職ノ中、諸司検校、税所、惣検校等ハ隅ニ常ニ見レ共、他国ニハ常在ナラズ。

郡司ハ（祢寝）ldr 職、hfr 化ニシテ、相伝也。

百姓―此語ヲ公民 The free ノ義ニテ〈03 十／三〉ニ猶用フ。〈17 十一／〇〉留守所下文ニハ見ヘズ）。

半輪領：

諸性―正宮半輪ハ、未ダ全然、公領ノ性ヲ失ハズシテ、国ト社家トニ両属ナルコトヲ、武家モ亦認識スル故ニ、'03、'17、等ニハ両方ニ補任、安堵ヲ通知シナラン。国ト社（宮寺ト正宮）トハ、各別々ニ此旨ヲ下文ス。双方ニ所属アルコトハ、此後ノ祢寝文書ニ証多ク、'03 其他ノ庄家方ノ下文ニモ、之ヲ明言ス。（但シ、庄家下文ニハ、庄方ノ収入ノミヲ語ル）。サレ共、両属ナガラニ、半輪ハ、主トシテ社家ノ利害多キニ傾クベキカ。社家下文ハ '03、〈07 五／十七〉〈24 六／〇〉〈25 九／〇〉アレ共、国方ハ、'03、〈17 十／〇　十一／〇〉アルノミ。コノ差ハ、文書ノ失セタルモアルニヨリ為。（cf〈03 十一／十〉）。

両属ナル間ハ、半輪ノ本所権ハ両属ナルカ、ハタ公権一方カ。ソノ変遷如何。コハ後年ノ文書ヲ参考スベシ。

社寺：本末―明ニ石清水ハ本家ニシテ、正宮ハ之ガ下文ヲ得テ執行ス。〈'07 五／十七〉正宮ハ宮寺ヲ“本家”トイフ。

本来ノ支配組織―領ニ関シテ、石清水ハ宮寺ガ支配シ、ソノ長吏ノ仰ニヨリテ、宮寺公文所ヨリ正宮公文所ニ下文ス。宮寺公文所ニハ、公文（俗）、少別当二人（僧）アリ〈07 三／三十〉。又ハ左衛門尉（俗）、権寺主大法師、少別当大法師、法橋上人、法眼和尚アリ〈24 六／〇〉。〈25 九／〇〉ニハ公文、左衛門尉ノ二人ガ俗ニシテ、権寺主、少別当、法眼ハ '24 ト同位。

正宮ニモ公文所アリテ、〈03 十／三〉ニハ権政所、御供所検校、政所検校、権執印ノ四（皆俗人）。〈07 五／十七〉ニハ上ノ四ノ外ニ田所検校、御前検校アリテ、此二人ハ僧也。合六人。

正宮ニハ別当ナシ。

hfr 行政：社寺半輪―cf 社寺

地頭―'03“補給”トイフ。相伝ナルヲ中絶シテ還補サレキトイフ。半輪ノ地頭ハ年貢所務ノ責アルコト、社方ノ下文ニ見ユ。国ニ対シテモ然ルベシ。

地頭補任、安堵ノ手続―cf 半輪領ニ諸性。

（南俣ニ此事ノ文証アルハ喜ブベシ。凡テノ公、庄、ノ地頭ニツキテモ亦同ジク本所ニ通知シテ、ソレ々々《(ママ)》ノ下文ガ本所方ヨリモ発セラレシカ。興味アル問題也）。1187（地頭職カ）ニハ、カヽル手続見ヘズ。

前ノ家ノ相伝ヲイハズ)。

〈1221 三／廿三〉清重ガ清綱ヘノ譲文ニハ院司地頭職ハ余、“先祖重代？領掌之地也、而近来為横人ㇾ成妨、暫中絶之間、言上子細於将軍家之日、任証文等道理、如本還補畢”トイフ、(コハ院司ガ相伝ナルコトカ、ハタ地頭職モ亦相伝ナルコトカ、不明也。「且ツ還補トハ'03 ノコトカ、06、17 ノ安堵カ不明也。」[3])

[以上諸文ノ中、地頭職ヲ清重ガ 1203 ニ已ニ相伝也トイヒシコトガ〈03 十／三〉〈07 三／三十〉ニ見ユレ共、ソハ共ニ宮寺ノ文ニシテ、直接ニ武家ノ語ヲ引用スルニアラズ。武家ノ '03 七／三ニ此句ナシ。'07 寺下文ハ多分〈〈06〉二／廿九〉ノ義時ノ書状ニ拠ル宮寺下文ナレ共、書状ニハ相伝云々ノ句ナシ。故ニ確ナラズ。〈'17 八／廿二〉ハ将軍下文ナレ共、ソノ累祖相伝文書”トイフハ清重以後ノ相伝ヲ指シ為ル故ニ、清重已ニ地頭職ヲ相伝スルヲ菱刈氏ニ取ラレタルコトハ不明也。之ニ反シテ、郡司職ハ、前ヨリ相伝、モシクハ少供 1203 地頭ニ補セラレシ時ニ已ニ郡司ナリシコトハ〈'03 七／廿七〉〈03 十／三〉ヨリ推スベシ。

[〈'25 八／〇〉ニ見ユル 1187 三／十三頼朝下文ハ必ズ〈図田〉ニイフ重延ノ得シ下文ニシテ、遠景ガ之ヲ施行シナラン。而モ '17、'25、共ニ、下文ハ正文ナラズシテ案文也。〈'17 八／廿二〉将軍政所下文ニハ、問注勘状ニ“重能則雖帯故大将家御下文案、相伝之条手継不詳”トイフヲ引ク。コハ下文ヲ認メテモ、重延ヨリ重能ガ手継シ証ナシトイフカ。不明也]。

ldr 行政—大介ノ庁宣ヲ留守所ニ下シ、後者ハ百姓ニ下文ス。留守所ヲ又、在庁官人トイフ〈03 八／〇〉。

在庁官人‥任用ト否トヲ別ツ〈03 十／三〉〈'17 十一／〇〉。任用ガ後ニ署スルハ、ソノ重キ故カ。任用ハ目一人、権大掾二人、目代一人也。任用トイハザルハ大判官代、諸司検校、田所々々、税所々々、総検校ノ五也。('17 ニハ総々々ヲ省リ)。

〈隅図田〉ノ二別ハ、ヤヽ之ト異也。ソノ末文ハ二个アリテ、乙文ハ守護所ノ牒ニヨリ言上ス、署者ハ権大掾一人、権介十三、合シテ十四人也。1197 壬七／〇付也。甲文ハ六／〇付ニシテ、御教書ノ旨ニヨリテ註進スト称ス。大判官代、諸司検校、田所、税所、目代ノ五人也。日付ヨリ推セバ調査ノ実務ハ乙十四人ガ拝シテ、之ヲ甲五人ガ命令シ、之ヲ甲五人ガ受理シテ武家ニ註進スルニ似タリ。而シテ、乙ト甲トハ目代ガ乙群ニアラズシテ甲群ニ在ルコトノ外ハ、乙ハ '03、'17 ノ任用ニ当リ、甲ハ任用ナラサルモノニ当ルニ似タリ。果シテ然ラバ、任用ハ、他ヨリハ低キガ如ク見ヘ、只ソハ、個々員ノ高低ヨリモ、群トシテ任用ガ低キ如ク見ユ(目代ガ '03、'17 ニハ任用ノ中ナレ共、'97 ニハ他群ニ在ルヲ見ルベシ)。恐ラクハ、二ノ別ハ高低ヨリモ、任用トハ在庁衙ノ core ヲ成シテ、実務ヲ汎ク行フモノニシテ、他国ハ主トシテ特務ノ職ニシテ、任用ノ如ク通常ノ事務ニ与カ《(ママ)》ザルモノナラン。

而シテ在庁ノ前座タルモノハ何レナリヤ。署ノ順序ヨリイヘバ目代カ然ル如ク見ユレ

付録2　Japanese Chronicles 1187-1416　禰寝文書　1203七／十、地頭職

1203七／三〉頼家御教書（頼家袖判）—南俣地頭職‥“重延知行之処、死去之由［清重］申之。然者”、清重法師ニ補給ス。“但、論人出来之時者、召問両方、可有左右也”。

（“論人”トイフハ被告ノ義ナラバ、“申”ハ訴ナルベク、訴ハ誰ガ現領セルコトナルベシ。コノ訴ノ事情ハ下ヲ見ヨ：〈03十／三〉〈'21三／廿三〉〈25八／〇〉等。

（03）七／廿七〉時政to忠久—“祢寝郡司入道”、下文ヲ賜ハリテ下向ス。ソノ旨ヲ存ゼヨ。「〈他家古城主来由記〉（系）ニハ、頼家ヨリ大祢寝、小祢寝、佐多、田代、辺津賀ノ五処ヲ安堵サレタリトイフ。ソハ疑フベシ。祢寝ハ南北俣トイフ。大小トイフハ後代ナランカ」[1)]

（忠久ハ九／四マデハ守護。地頭也）

'03八／〇〉庁宣　留守所—頼家ノ仰如此‥沙弥行西ノ地頭職。……

'03十／三〉留守所下文to“南俣郡司沙弥行西所”—頼家仰ト、庁宣トニヨリ“当郡地頭職”タレ。庁宣如此。（ソノ文ニ御教書ヲ引ケリ）。百姓等承知シテ、違失セザレ、署スル在庁五人（大判官代、諸司検校、田所検校、税所検校、惣検校）、任用四人（目、権大掾、同、目代）。

（任用ノ職員ハ諸国通常ノ在庁職名也。他ノ五職ハ稀也）。（cf〈'17十一／〇〉）

03十／三〉正宮公文所下　南俣（御使中原）—八月京都下文ハ今月三日来ル。曰、“寺家［神宮寺］公文所、下、正宮公文所”。清重法師ヲ“南俣院地頭職”タラシメヨ。此職相伝ト訴ヘテ将軍消息ヲ賜ヘリ。“有限年貢物等”ハ怠ラズ進済シテ、社家ヲ忽ニスベカラズト長吏ノ仰ニヨリ下知ス。此下文ニヨリテ沙汰セヨ。（前書ニハ“南俣郡司地頭職”トイフ）。

［以上諸文ガ職ノ地域ニ関スル語ハ不注意多シ。七／三ニハ南俣地頭トイヒ、七／廿七ハ祢寝郡司トイヒ、八／〇ハ南俣地頭トイヒ、十／三ハ南俣郡司、当郡地頭トシ、十／三ハ南俣郡司地頭トス］。

（此後ノ文書ニ見ユル清重地頭職由来ノ語句ヨリ、上ノ諸文ノ不備ヲ補フベシ）—

〈1225八／〇〉泰時下知ニ曾木重能、対、清綱ノ訴訟ニツキテ、訴人副進文書ノ中ニ1187三／十三頼朝判ノ下文案、遠景ノ施行状ヲイフ。（重能ハ重延ノ後也。清綱は清重ノ子也）。

〈1207三／三十〉（宮寺）公文所下文ニイフ、1203将軍成敗ハ、清重ガ“依申相伝之由”（地頭職）トイフ。

〈1217八／廿二〉将軍政所下文ニハ清忠（清重ノ子）ハ“帯累祖相伝文書”トイフ（地頭職）。

〈1219十一／十一〉[2)] 御教書ニハ、清綱（清忠弟）ハ地頭職ヲ“帯代々御下文等、令知行来”トイフ。（コハ清重、清忠ノトキニ、次々ノ下文アリシコトヲイフノミニシテ、清重以

26) “Territorial” は、A・B では手書きで加えられ、C ではタイプされている。
27) 以下 7 行は、A・B にはない。
28) Conclusion の要旨を示した以上の文章は、A・B にはない。
29) 以下の記述は、C にはない。

Preface, appendics, 30 p.: Index, 10p …………	40 p.
Notes and bibliography …………	100 p.
Text …………	360 p.
	500 p.

320 words in each page.

If notes do not occupy all of the allotted space, original documents may be appended as "pièces justificatives.")

校訂注

1) この標題はA・Bにはなく、Cにのみある。

2) "Introduction"はCでは"Historical Introduction"とタイプされ、手書きで"Chap. I"が追加されている。

3) Cでは手書きで"67"と訂正されている。

4) 以下2行はCにはない。

5) Chapterの下位の頁割はCにはない。A・Bでは、用紙ないしは章の冒頭に記す場合に"pp."が付せられている。

6) 5つに区分された時期それぞれの始終を示す西暦は、Aにはなく、Bには手書きで加えられ、Cではタイプされている。

7) "predial"はA・Bにはない。

8) Bに手書きで加えられた記述による。Cでは"c.800"とタイプされている。

9) "territorial"はA・Bにはない。

10) この行はCにはない。

11) "Ⅰ"はCでは手書きで"Ⅱ"に修正されている。

12) "Predial"は、A・Bにはない。

13) この行は、A・Bでは2行前に書かれ、手書きの矢印でこの位置に移すことが指示されている。

14) Cでは"Chapter Ⅱ. Feudal Rule: Introduction"とタイプしたものを手書きで抹消している。

15) Cでは以下のように書き換えられている。"A brief account of the Shimadzu, the Itō, and other families of feudal lords in South Kyūshū"

16) Cでは、"due"の前に手書きで"powers"と書き加えられている。

17) "progress"は、Cでは"growth"に換えられている。

18) "pp. 78 1/2"は、Cでは"pp. 78"とタイプされている。

19) "ward"は、Cでは"wardship"に換えられている。

20) "Peasants' Status"は、Cでは"Status"に換えられている。

21) "Peasants' Status"は、Cでは"Status"に換えられている。

22) "pp. 45 1/2"は、Cでは"pp. 45"とタイプされている。

23) A・B・Cともにⅲが欠番になっている。

24) "barbarian"は、Cでは"Germanic"に換えられている。

25) "Europe (France)"は、Cでは単に"France"と記されている。

(6) Procedure.

(7) Appeal, revision.

vi. Financial pp. 10

General: — origins, relations.

Revenue.

Expeditures.

Fiscal administrations.

Coinage.

vii. Rule of small lords. 2

Chapter VI. Territorial[26] Government pp. 36

Progress of centralization after c. 1580[27]

Fiefs and stipends

Fiefs and centrally administered demesnes.

Governmental methods.

Religious institutions.

Towns and villages.

Appendix: warriors' life.

Chapter VII. Fall of the Feudal Régime pp. 4

Conclusion. pp. 10

Summary of the natural, unobstructed development of Japanese feudal institutions, from their gradual and incoherent origins to the perfection of the fief out of shō and shiki; the general evolution is about three centuries behind the French; the fief not the starting point of Japanese feudalism, but rather its culmination; with the completion of the fief, elements subversive to pure feudalism arise, and why. The absence of the manor throughout, and its effects. Effects of the presence of the shōgun and of the emperor. A definition of Feudalism applicable both to Europe and to Japan.[28]

(These sections still unrevised)[29]

(Apportionment of pages is the same as before, namely: —

doctrine, (a) Lord's rule; (b) self-government of the mura (peasant community).

(4) the mura as an entity.

viii. Lord and cities: — 8

Economic life.

Origin of cities.

Growth of cities and industries.

Common towns and townsmen.

Privileged cities, organizations, and burghers.

Chapter V. Feudal Rule: C. Rule. pp. 45 1/2[22]

General: lord's capacities as ruler; characteristics due to his partly private origin.

i. Military 5

(1) Warriors and equipment; (2) organization and mobilization; (3) warfare; (4) after the war.

ii. Legislative 4

General: sources and nature of powers.

Fundamental principles.

Organs; deliberations.

Execution; emendation.

iv.[23] Administrative 4

General.

Central.

Local.

v. Judicial. 20

(1) Fief and justice; public and private.

(2) Fundamental principles: —

Similarity with Europe. Differences: due to difference in antecedents (barbarian[24] and Frankish vs. Chinese); in feudal organization (peculiarity of the fief, of feudal contract, the presence of the shōgun; opposite developments in the later feudal ages of Europe (France)[25] and Japan).

(3) Organization, competence.

(4) Rules of judicature.

(5) Penal law.

Exploitation. — Are there dues from the fief?

Succession : — (1) personal relation vs. heredity: re-investiture; relief; ward[19]; adoption.

(2) Indivisibility vs. father's rights: parage; wills; evolution of primogeniture; cohesion of the family.

(3) Son vs. daughter: devise to daughters; dower and dos de la femme; marriage, widow's re-marriage; evolution of the law of masculinity.

Alienation.

Sub-infeudation.

Conclusion.

(c) General (mutual) rights of lord and vassal : —

(1) material; (2) military; (3) judicial; (4) civil; (5) women, proxies; (6) sanction, disavowal.

Conclusion——why the contractual element is weak; what effects?

ii. Lord and lord : — 5

General; diplomacy; judicial relations; private war; remedies; the shōgun's influence.

iii. Lord and shōgun. 5

iv. Lord and the imperial government and civil nobility. 3

v. Lord and the lord of the shō. 10

vi. Lord and religious institutions : — pp. 15

General.

(1) History of religious organization.

(2) Great religious institutions: financial, military, judicial powers.

(3) Lord and religious institutions: lord's religious acts as connecting links; relations as regard organization, institutions, priests and monks, properties, military forces; judicial relations; etc.

vii. Lord and the peasantry : — 12

(1) Evolution of peasant classes.

(2) Peasants' status[20] in private law : — person, property; the unfree; peasants become practical landowners, as lord becomes a territorial ruler.

(3) Peasants' status[21] in public law : — Chinese political

付録1 『南九州の封建体制』編別構成原文

FEUDAL RÉGIME IN SOUTH KYŪSHŪ[1)]

Introduction[2)] pp. 55[3)]

General remarks[4)] pp. 5[5)]

Territorial units and social classes of : —

1.The patriarchal period (to 645)[6)] 8

2.The period of civil bureaucracy (645–c.701) 8

3.The period of predial[7)] exploitation (c.701[8)] –c.1185) 10

4.The period of feudal rule (c.1185–1600) 14

5.The period of territorial[9)] government (1600–1868) 8

Concluding remarks[10)] 2

Chapter I[11)]. Predial[12)] Exploitation pp. 35

General remarks pp. 3

Land of the shō:

(1) as a whole : —origin, growth, kinds; definition of the mature shō. 5

(2) internal condition : —nature of agriculture; plots and holdings, tenures, rights in land; peasant community; contents of shō. 5

People of the shō : —peasants, unfree, religious people, relation to the lord 6

Exploitation of the shō : —the lord, agents; taxation; jurisdiction. 7

The shiki 3

The shō was neither a village nor a manor.[13)] 3

Private possession of public districts and offices. 3

Chapter Ⅱ. Feudal Rule[14)] pp. 12

A brief account of South Kyūshū and history of the Shimadzu, the Itō, and other families of feudal lords.[15)]

Chapter Ⅲ. Feudal Rule: A. Developments pp. 84

General remarks pp. 1

ⅰ. Rise of the warrior 15

第Ⅱ部　近代の大学と国際交流

ウィリアム・J・タッカーの大学改革と朝河貫一の役割
――ダートマス大学から世界へ――

増井由紀美

はじめに

イェール大学図書館所蔵「朝河貫一文書（Asakawa Papers）」に墨字で「エール大學日本學生名簿[1]」（以下「名簿」）と書かれた史料が収められている。まず一八七〇年から一九一五年までの日本人留学生の数を専門分野別に整理した表があり、留学生の個人情報が続く。名簿は一八七〇年から一九三七年までに在籍した日本人留学生（主に大学院の氏名、出身地、イェール在校年、専攻、学位授与年、住所、および特筆情報が書き込まれているが、その他、訪問者の氏名や訪問年月日、「エール日本人会（Yale Japanese Club）」の会則（英語・日本語）や役員氏名が記録された文書も含まれる。様々な筆跡を残すこの名簿は、項目に変化を加えながら大切に受け継がれていたことを物語る。“LIST of OFFICERS and MEMBERS 1907–1908”と表題がタイプされた資料は、一一名の役員のサインとともに一九〇八年二月十一日の日付が認められる。朝河貫一がイェール大学講師に就任してから約五ヵ月後である。学位取得後、或は志半ばであっても、留学や研究期間が終われば多くが帰国したと思われるが、人生の大半をイェール大学で過ごした朝河が、この書類を保管していたのは想像に難くない。

さて、本稿で焦点を絞るのは、イェール大学ではなく、最初の留学先であったダートマス大学の恩師ウィリアム・ジュウェット・タッカー（William Jewett Tucker, 1839–1926）と朝河の関係である。「名簿」はダートマス大学のものではないが、一九世紀末から二〇世紀にかけての日本人留学生の状況が鮮明に表れる原史料として意味をもつ。特に、専門分野別に整理された表は、時代と学問の関係、及び日本人留学生の関心分野の傾向を示す。

イェール大学への日本人留学生は、一八七〇年、法学部が最初である。そして、一九一四年までに総数一八四名が学んでいる。一八九七年入学までは法学専攻の留学生が多かったが、一八九〇年代半ばには神学部への入学者が増え、二〇世紀に入ると哲学への志向もみられる。だが、特筆すべきは経済学の人気である。世紀転換期の一〇年余りの間に四六人が経済学を専攻としている。表の一八九九年の歴史学専攻の欄に書き込まれた数字「1」は朝河貫一のことだが、同年の入学者は、経済学が二名、法学が一名、神学が二名、哲学が一名、化学が一名、の計八名であったことがわかる。またこの表は、朝河が日本人で最初の歴史学専攻の大学院生であったことを示す。

朝河貫一は、一八九五年七月に東京専門学校（現早稲田大学）文学科を第三期生として卒業し、その半年後の一八九六年一月にダートマス大学の「クラス・オブ・ナインティナイン」（一八九九年卒組）に加わる。近代文学の先鋒であった坪内逍遥及び西洋哲学者大西祝に指導を受け、東京専門学校を首席で卒業した朝河は、アメリカでも頭角を現し、研究者への道が開かれていく。ダートマス最終年に、ウィリアム・J・タッカーに、大学院進学を勧められるのである。朝河はそれに応えて、研究により世界に資する人物になろうと決意する。

朝河が自らの思想を体系化していく時期は、日本もアメリカも近代化の只中にあった。「名簿」が示すように、志

表　1870年から1915年までのイェール大学の日本人留学生数

Year	Ec	SS	PS	LL	Me	Th	Ph	En	Ln	Ht	FA	Ma	Ch	Eg	Mn	Fo	Bi	Mc	Unknown & Others	Total	
1870																					
70–1				1																1	1
71–2																					
72–3											1			1						2	3
73–4														S1					1	2	5
74–5																			A1　1	2	7
75–6				1																1	8
76–7																					
77–8				2								1							A1	4	12
78–9																			S1	1	13
79–0																			S1	1	14
80–1																					
81–2																					
82–3					1															1	15
83–4																					
84–5						1														1	16
85–6				1	1															2	18
86–7				2																2	20
87–8				3																3	23
88–9				1															2	3	26
89–0				4		1	1												S1	7	33
90–1							1													1	34
91–2				4																4	38
92–3				1															3	4	42
93–4				2		1													2	5	47
94–5						4								1						5	52
95–6				1																1	53
96–7				2		2	1													5	58
97–8	1			3		1		1			1			1				1	1	10	68
98–9	1			1			3													5	73
99–0	2			1		2	1			1			1							8	81
00–1	1	1				1														3	84
01–2	5	1		1		2	5			1										15	99
02–3	5						2							1		1				9	108
03–4	8						3	1											A1	13	121
04–5	4					1	1	1						1						8	129
05–6	8						1	1		1										12	141
06–7	2						1	1		2									S1	8	149
07–8	3					2	3	3												8	157
08–9	2		1			3	1	1											1 natural science	8	165
09–0	2									1									A1	4	169
10–1	2			1															A1	4	173
11–2						1					1								1	3	176
12–3				1												1			1	3	179
13–4						2														2	181
14–5																				3	184

＊　Prepared by the Members of 1907

Ec=Economics(経済学), SS=Social Science(社会科学), PS=Political Science(政治学), LL= Law(法学), Me=Medicine(医学), Th=Theology(神学), Ph=Philosophy(哲学), En=English(英文学), Ln=Languages(外国語), Ht=History(歴史), FA=Fine Arts(美術), Ma=Mathematics(数学), Ch=Chemistry(化学), Eg=Engineering(工学), Mn=Mining(鉱山学), Fo=Forestry(森林学), Bi=Biology(生物学), Mc=Music(音楽), A=Academic undergraduate(文系教養学部生), S=Sheffield undergraduate(理系専門学部生)

出典　「エール大學日本學生名簿」, Asakawa Papers, Box 60, Folder 296, Manuscript & Archives, Yale University.「1907年会員作成」とある通り，朝河がイェール大学に就任した年に作られた手書きの表である．オリジナルには1915年から1922年までの欄があるが，数の記入が無いのでここでは省略した．日本語訳は筆者による．

高く太平洋を渡った若者の数は少なくなかった。この急激に変化する時代を朝河はどのように捉え、対処し、自らの思想形成につなげていったのか、タッカーとの関係に焦点を絞りながらみていくことにする。朝河がタッカーの中に見出した「近代性（modern mind）」とは何であったのか。また朝河が渡米以前から宿していた「近代性」はどういうものであったのか。さらに、朝河が新天地でタッカーから引き継いだ思想が彼の行動の中でどのように活かされていったのか「朝河文書」及び、タッカーの著書を主な資料として考察を試みたい。

一　タッカーの近代性

ウィリアム・J・タッカーはダートマス大学の第九代学長であり、一八九三年から一九〇九年までの一六年の間に、大学の近代化を成し遂げた功労者として同大学史に名を残している。朝河は一八九六年一月から九九年六月まで学部生としてダートマスに学び、一九〇二年九月から〇六年一月まで同大学で専任講師として日本及びアジア関連の科目を教えた。アメリカ留学の、そして教育者及び研究者としての人生の始まりにタッカーの存在があった。

1　新しい理念の大学――「冒険心」――

ダートマス大学の設立は一七六九年で、その歴史は植民地時代にまで遡る。アメリカの大学を古い順に並べれば、ハーバード大学（一六三六＝創立年）、ウィリアム＆メリー大学（一六九三）、イェール大学（一七〇一）、ペンシルヴァニア大学（一七四〇）、プリンストン大学（一七四六）、コロンビア大学（一七五四）、ブラウン大学（一七六四）、ラトガース大学（一七六六）、ダートマス大学（一七六九）、となる。ダートマス大学が他と異なるのは、大学設立の目的がネイティブ・アメリカンの高等教育機関であった点である。実際には入植者の子弟のための大学として発展していくが、ネイティブ・アメリカンの高等教育の必要性を説き、計画実現のために大西洋を渡ったエレザー・ウィーロック(Eleasar Wheelock, 1711–79)初代学長の思想は斬新であった。また創立の歴史が語られる時、初代学長と共に功労者として後世に語り継がれているのがモヘガン部族出身のサムソン・オッカム(Samson Occom, 1723–92)である。向学心にあふれたこの青年がウィーロック牧師の主催する学校の門戸を叩いたのが二人の出会いの始まりであった。

タッカーは、創立の理念が大学の根幹に存在することを常に意識していた。学長職を辞して一〇年後の一九一九年、自伝『我らの時代(*My Generation*)』を出版するが、この中で、ダートマス大学の始まりを「冒険心」を共有した同時代人の機をつかんだ活動と讃えている。ウィーロックは愛弟子のオッカムと共にイギリスに渡り、新しい理念に基づく大学を建設するために精力的な募金活動を行う。キリスト教会やダートマス卿をはじめとした有力者、そして数多くの賛同者からの寄付金で「冒険」に着手することは可能となった。タッカーは、大学の式典になると初代学長とネイティブ・アメリカンの青年の話をしたという。オッカムはウィーロックにとって「理想の体現」であり、その「理想」により「目的」が示され、ウィーロックの「情熱」がかきたてられ、自らの「任務」を果たすことに成功したと評しているが、改革者として母校の近代化を成し遂げたタッカー自らの経験と重なる。(2)

2　進歩主義の背景

一八五七年から六一年までタッカーはダートマスに学び、その後アンドーヴァー神学校に進学する。卒業後は、都市化が進みつつあったマンチェスター(ニューハンプシャー州)で牧師職に就き、続いてニューヨークの教会の牧師になる。一八七九年には再びアンドーヴァー神学校に戻り教職に就くが、社会改良者としての側面も開花させる。急激な都市化の中で貧民街が生まれ、セツルメント運動が各都市で始まっていたが、ボストンでそれに着手したのはタッカーであった。タッカーはセツルメントハウス「サウスエンドハウス（The South End House）」を運営する。もうひとつ、近代性の特徴である進歩主義者的な側面をタッカーに見ることができるのが、アンドーヴァー神学論争である。タッカーは自由主義的神学の立場に立つ四人の神学者と共に『アンドーヴァー・レビュー（*Andover Review*）』を編集していたが、その内容が、正統派教義から逸脱しているとの批判が起こる。進化論を認め、聖書批判を行い、イエス・キリストの人間性を強調する論調が問題視されたのである。裁判にまで持ち込まれ、論争は長期に及んだ。最終的には、タッカーらの主張は認められるところとなり終結するが、(3) 興味深いのは、タッカーの名前がダートマス大学第九代学長候補としてあがった時、神学論争はまだ決着していなかったという点である。理事会も進歩的な考え方を受け入れていたのであろう。タッカーは、新しい時代に必要な改革を委ねる最適任者とみなされた。

3　改革と拡張

タッカーは期待に応え、ダートマスはニューイングランドの小さな大学から全国規模へとその知名度を広げる。また教育の中味に関しては、アンドーヴァーでみせた進歩主義的な行動力が示す通り、抜本的な改革に着手した。カリキュラムを大幅に変え、卒業生や資産家からの寄付金集めを精力的に行い、学生数の増加に伴って校舎だけでなく、寮、展望台、運動ジムなどの設備を整えた。(4)

タッカー自身、自らの仕事を「近代化（modernizing process）」と呼び、「再建と拡張の時代（era of reconstruction and expansion）」との説明を加えている。南北戦争前にニューイングランドで生まれ、戦中、戦後のアメリカの東部自由主義の影響を受けたタッカーならではの言葉の選択である。アメリカ史では、奴隷制度を廃止し新しい体制を作り上げていった時代を「南部再建（Reconstruction）」、東部一三州で始まった国が西へ西へと広がっていった一九世紀を「西部開拓（Westward Expansion）」の時代と呼ぶ。歴史的なアメリカの大学としてアメリカ合衆国の発展史と共にあるという自負と希望が読み取れる表現である。

大学の近代化は、①カリキュラム編成と設備投資、②学科別教員編成、③変化に適応させるための学生指導、の三点から着手される。[5]では、何故この時代に、このような急速な変化が必要になったのであろうか。タッカーはそのひとつの理由として、教育面では高等学校の増加をあげる。一八八〇年に八〇〇校だったものが一八九〇年には二五〇〇校に、一九〇〇年には六〇〇〇校以上になったということである。[6]

タッカーが学長に就任する前には、二〇〇名を収容するために四棟の学生寮しかなかったが、学生数の増加に伴い新しい寮の確保が必須となり、次のようなスピードでその需要を満たしていく。一八九四年 Sanboun House（五〇＝収容人数）、一八九六年 Crosby House（四五）、一八九七年 Richardson（五〇）、一八九九年 Hubbard House（二〇）、一九〇〇年 Fayerweather（八五）、一九〇一年 College Hall（四〇）、一九〇一年 Elm House（一〇）、一九〇五年 Wheeler（九八）、一九〇六年 Hubbard No. 2（四八）、一九〇七年 Fayerweather North and South（一〇〇）、一九〇七年 Massachusetts（九九）、一九〇八年 New Hampshire（一〇七）。こうしてタッカーの時代に寮は一二棟増え、七六二名分の部屋が確保された。これらの建設には、卒業生の寄付金に依るところが大きかったわけだが、タッカーは建物がセントラルヒーティングの機能を持ち電気配線が完備されている点を誇りにしていたのだろう。アメリカの学生寮では最初であった、と特記している。[7]

カリキュラムも大幅に変える必要があった。改革前の開講科目は重要度の高い順に、ギリシャ語、ラテン語から並んでいた。ヘブライ語及びサンスクリット語も必修科目としてあり、神学は六科目で全て必修だった。歴史ではギリシャ史が必修で、中世史や近代史は選択になっていた。政治学は六科目から二科目の選択で、数学は五科目が必修で三科目が選択だった。物理学、化学、地質学、生物学、天文学は最後に置かれ、四から八科目が開講されていた。担当教員数は十分とはいえなかった。例えばひとりの教員がフランス語とドイツ語の科目を全て受け持つという状態だったのである。(8)

新カリキュラムには社会学、文化人類学、経済学、動物学が加えられ、それぞれに複数の科目が開講された。大学全体の予算は理系に多くまわるのが一般的だったが、人文系学問の強化のために、教員の採用を含めかなりの資金を投入した。中でも大きな改革は、担当科目ごとの教員の配置である。教員は、「言語・文学」「数学・自然科学」「歴史学・社会学・政治学」と三つの学類に分けられた。教員数は一九名から四四名に、科目数もほぼ二倍に増えた。(9)そして一八九八年の暮れには、タッカーの計画の中に朝河貫一が新任講師として入っていたのである。「朝河文書」に残された同年十二月十四日付けのタッカーによるイェール大学宛推薦状がその契機となる。本書状の内容に関しては後で扱うことにし、朝河が事情を丁寧に説明している資料として、大西祝宛の手紙の控えが残されているので、まずここに紹介したい。「此際タッカー氏欧州より帰朝すると同時ニ先日私ニ相談せられ候には、同氏は近年頻りニ進歩しつゝある当校を益々改良して当国第一流の大学となさんとの見込を抱かれ、従ひて学科をも改良増加いたすべく、私もし当校の教授となる心あらば、史科の中ニ東西洋の歴史の関係を研究する一科を設け可申、もし承諾候ならば今後数年間私ニ学費を給して最良の場処ニて学ばしむべしと申され候(10)」と朝河の自負がにじむ。

学生数の増加も著しかった。タッカーが就任した最初一八九三—九四年の学生数は四九三名だったが、最終年となる一九〇八—〇九年は、一一三四名と二倍以上に膨らんだ。その出身地を地域で分ければ、ニューイングランドが四二七名、東海岸中部が三四名、中西部が二一名、ミシシッピ河以西が一一名という数字であったものが、一五年後には、それぞれ、八三九名、一四九名、九八名、四八名となり、タッカーはこれをダートマスが全国区の大学になり始めたことを示す数だと分析した。(11)

二　朝河貫一の近代性

繰り返すが、一八九二年二月、タッカーはダートマス大学の理事会から次期学長になってもらえないかとの依頼を受けた。アンドーヴァー神学論争の当事者であったことから、その実現は危ぶまれもしたが、理事会の強い希望で、翌年、第九代学長に就任する。タッカーは自伝の中で、これを「人生の最も大きな転機」(12)としているが、同時期、朝河にも大きな転機が訪れようとしていた。一八九二年三月、朝河は安積中学を首席で卒業する。同年十一月、東京専門学校へ入学し、それと同時に、郷里の友人の紹介で横井時雄牧師の本郷教会に通い始める。朝河の信仰の証しとなった「基督教に関する一卑見」は大西祝の推薦で横井監修の『六合雑誌』（一八九三年五月・六月）に掲載された。大西も横井も、早い時期から朝河の才能に気付いていた。苦学生である朝河に横井は編集業務や翻訳などの仕事を与え、ついには朝河にアメリカ留学を勧め、友人のタッカーに依頼してそれを可能ならしめたのである。

朝河がその頃どのような思想を持っていたか読み解く資料は数多あるが、ここでは福島の友人高橋春吉宛の手紙を紹介したい。一八九三年二月九日付けの手紙には「人生最大の快事は理想の天地を作るにあり。人は理想の動物也。理想と共に進化し行く生物也(13)」とある。これは前述のタッカーによるウィーロック評、つまり「理想（idea）」と「情熱（passion）」で「仕事（task）」を成就させたダートマス大学創立者の解説と類似する。ここに、タッカーの価値観と若き朝河の思想の一致をみる。

朝河は、ダートマスに入学するやタッカーにとっては特別な学生になった。タッカーの目には、他の学生に比べると四歳程年長の日本からの留学生は、学問的にも人間的にも成熟した青年にうつっていたと思われる。これを証明するのは、朝河のイェール大学大学院申請時にタッカーが書いた推薦状である。日付は一八九八年十二月十四日となっている。タッカーは、「同志社大学の横井学長からの推薦を受けてダートマス大学で三年間の学びを終えようとしている朝河君は、すでに東京の早稲田大学を卒業しており、ダートマス大学での学業は補足にすぎないことを、まず申し上げておきます[14]」と、日本での大学教育に敬意を払い、朝河の学力を讃える。これを導入文として、朝河が奨学金を得るにふさわしい知力と勤勉さを持ち供えた候補者であると主張するわけだが、的確な言葉の選択により、朝河の有能さが明瞭になる。続いて「朝河君は、まれにみる知性とずばぬけた才能で難問を解決してみせてくれた[15]」とあるが、ここから読み取れる卓越性は早稲田時代、さらに遡れば安積中学時代を彷彿させる優等生朝河の資質を示す。タッカーは、さらに「洞察力（insight）」、「勤勉さ（industry）」、「学識（attainments）」という文言で、朝河がイェール大学大学院のレベルにふさわしい能力の持ち主であることを強調する。また推薦状では、朝河は将来日本の大学で歴史の教職に就く意向があると言及されているが、朝河本人には学位取得後はダートマス大学で東アジア関連の講師として赴任してもらいたい由を伝えていたというのが内実であった。そして、イェール大学から博士号を授与された一九〇二年の秋、朝河はダートマス大学で初めての東アジア事情担当の専任講師に就任し、タッカーによる大学改革を助けることになる。

三　朝河のタッカー論――師と弟子と――

一九一四年六月二十二日夜から二泊三日で、一八九九年卒組の一五周年同窓会記念行事が催された。朝河は二十二日一〇時一三分発の列車でニューヘイブンを出発し、夕方五時過ぎにハノーバーに到着。ハノーバー・インで懐かしい同窓生たち「クラス・オブ・ナインティーナイン」と歓談する。晩餐は九時半スタートで、スピーチが始まった時にはすでに一一時を回っていた。この日の日記には自分を含めスピーチした一一名の名前と、「つまらなかった」「良かった」「まあまあの出来だった」などのコメントも添えられている。[16]同窓会は卒業祝賀祭の一環として開催され、ハノーバーの町は賑わう。朝河も滞在を延ばし、かつての仲間と旧交を温めた。もちろんそれを知っているタッカー夫妻は朝河を自宅に招待する。

二十六日の一〇時半頃、タッカー邸を訪ねると、夫人が目に涙を浮かべて迎えてくれた。朝河は長居するつもりはなかったが、タッカー氏がなかなか帰してくれない。朝河のスピーチに感動したと、夫人からも聞かされていたが、本人に直接褒められると、やはり嬉しい。第一次世界大戦が迫る緊張の時期、話題は世界情勢にも及んだのであろう。日記には「平和等について語り続けた」と書き記している。[17]

1　朝河が引き継いだ理念――知性・良心・愛――

朝河のスピーチは評判が良かったのであろう。翌年「ウィリアム・ジュウェット・タッカー（William Jewett Tucker）」と題して、『ダートマス大学同窓会誌（*Dartmouth Alumni Magazine*）』三月号[18]に掲載された。先にタッカーによる朝河評について言及したが、このスピーチ原稿からは朝河がタッカーとどのように関わってきたか、さらに、恩師の理念をどのように引き継いでいたかが読み取れる。

朝河はタッカーの著書『個人力（*Personal Power*）』[19]を読み返しながら、師の言葉に感銘を受けていた若い頃を思い出す。そして、人間的及び知的成長への恩恵を覚える。本書はタッカーが学長職を辞した翌年の一九一〇年に出版された、いわば講演集である。牧師として説教壇に一三年、教員として同じく一三年間神学校の教壇に立った。タッカーの講義は神学校の外でも知られていた。この進歩主義的指導者の講義を受けようと同神学校に入学したひとりに、日本人では社会主義者片山潜がいる。[20]

ダートマス大学の学長になってからも、タッカーへの講演依頼が止むことはなく、最初の七年で少なくとも一八九回の講演を学外で行ったという調査がある。[21]『個人力』にも巻末に一部が収められているが、本書の中心を成しているのは、ダートマス大学ローリング・チャペルの日曜夕拝で行った一二の「説教」である。これは牧師による一般的な説教とは違い、気さくな、学生への語りかけの類いであった。タッカーは、後にこれを読み返しながら、他の講演集と同様、一冊にまとめても良いだろうと判断した。タッカーは、「本書はここ一〇年間の卒業生にとっては「あとがき」のようなものに、在校生にとっては新しいメッセージになればと思う」[22]と前書きに記しているが、朝河はこれを読みながらローリング・チャペルで聞いたタッカーのよく通る声を思い出していた。そして、「いくら知性があっても良心と愛がなければ世界に感動をあたえることはできない」[23]とか「重力がわかるなら心のあり様もわかるはずだ」[24]といった文を、著書から引用する。朝河は、タッカーの社会改良主義者としての側面を尊敬していた。そして、社会的責任についての考え方はタッカーに影響を受けたと認めている。タッカーは、そういう個人を育てるのが大学教育の役割だと考えていた。そして「個人力（personal power）」という造語で表したのである。朝河は、タッカーが

「心の成長（moral maturity）」「行動力（going out of self into men's lives）」「犠牲心（sacrifice）」「与える力（art of giving）」「我慢する力（be patient with yourselves）」といった表現で、学生たちに人生の指針を示していたことを思い出し、卒業してから一五年が過ぎた今も師であり続けるゆえんだと再確認する。

2　理性と情熱

この時、朝河は四十歳、タッカーは七十五歳であったが、スピーチの中で朝河はタッカーが神学生の頃に読んだイギリス出身の神学者フレデリック・W・ロバートソン（Frederick W. Robertson, 1816–53）との知的関係性に言及する。タッカーは自伝の中で、自分が学んでいた時のアンドーヴァー神学校には、高度な神学、熱心な知的生活、国内及び海外で奉仕する精神は存在していたが、キリスト教信仰の神髄にせまるような取り組みはなく、物足りなさを感じていた。そういった時に、*Life and Letters of Frederick W. Robertson* が出版され、知性は個人の知的体験により得られるものであることを知ったと説明している。ドクマティックな風習や考え方から全く自由な、孤高の宗教活動家からの影響を公言するわけであるが、加えて、抽象的な教義に終始するのではなく、熱心な宗教的情熱の人であり、その情熱は理性的な訓練に裏打ちされたものであったと読み解く。そしてここに朝河はタッカーとの類似性を見出すわけである。朝河はタッカーに教えられた習慣として「反省（reflection）」をあげ、理性、自由、探究心、責任ある思想や行動から得られる喜びがこれに付随してもたらされることを再確認する。[25]

実際は、この同窓会の二週間程前の六月十日、朝河の元にタッカーからロバートソンの二巻本が手紙を添えて届けられていた。手紙は夫人の代筆であったが、タッカーのロバートソン論が細かく記されていた。これを朝河は「大切な手紙である（precious for me）」と日記に綴ったが、[26] 卒業一五周年同窓会のスピーチに始まる朝河のタッカー論は、タッカーにとっても忘れられないものとなった。タッカーは自伝『我らの時代』に、次のように記している。「非常に嬉しく思ったのは、朝河博士の鋭い洞察力である。『私たちがタッカー博士に啓発されていた時、博士も、ご自身の教育者としての働きそのものから刺激を得ていたことに気付いていたと言える人がここに何人いるでしょう。（中略）先生と私たちは、「ギブ―アンド―テイク」の関係にありました。つまり、先生は想像以上のものを与えて下さり、私たちが先生から与えられる以上のものを得ておられたのだと思います』(27)」タッカーは、毎週日曜日、ローリング・チャペルで夕拝を授けていたが、それは学生たちに大学生としてのあり方を考えさせる時間となっていた。タッカーは朝河のこのスピーチに、よくぞこちらの目的を理解してくれていた、と感動したかもしれない。

朝河がタッカーの思想に傾倒するのは理解し難いことではない。朝河自身、タッカーと同様、信念を通す行動の人なのである。日露戦争前後の朝河の活躍については、当時の新聞記事や関連出版物により明白だが、ポーツマス会議をめぐる朝河の働きに関しては、未だ解明されてない点がある。次の章ではタッカーから朝河への書簡（拙訳）を示しながら、朝河の行動と目的を明らかにしたい。これら史料もまた、本研究の論拠となると考えるからである。

四　朝河とタッカーの共同作業――ポーツマス会議ウォッチャー――

タッカーは、知性と良心と愛を持った社会に資する人材の育成を学部教育の目的と考えていた。朝河がその機会が与えられたと強く意識したのは日露戦争の時である。朝河は元旦に、一年を振り返り、反省の時を持っていた。これはイェール大学大学院二年目、大晦日の礼拝で牧師の説教に刺激を受けて始めた習慣であったと、翌日、一九〇〇年一月一日に記した。「朝河文書」には他に、一九〇一年、一九〇二年、一九〇四年、一九〇五年のものが残されているが、一九〇五年のものに前年の自己評価が記されている。そしてここに、タッカーの教育理念との類似性が読み取れるのである。

一九〇四年二月八日、日露戦争が勃発し、翌年の元旦、朝河は「私は自国に対して、そして情報を求める世界に対して自らの働きを成すことができた」[28]と書き記す。東アジア事情の専門家としての活動範囲は広がり、ダートマス大学での公演を皮切りに、数ヵ月で二〇以上の講演を行った。五月には学術雑誌『イェール・レヴュー（*Yale Review*）』に日露問題の争点についての依頼論文“Some of the Issues of the Russo-Japanese Conflict”を発表。続いて“Some of the Events Leading up to the War in the East”を発表。これを元に *The Russo-Japanese Conflict: its Causes and Issues* がホートン・ミフリン社から十一月三十日に出版される。これはタッカーからの助言により可能になったが[29]、同出版社はタッカーの自伝『我らの時代』及び『個人力』を出したところでもある。朝河は講演や出版を通して、自らが知的に成長したと自覚できた。偏狭な愛国者になることなく、訓練された研究者の姿勢を貫き通すことができた。朝河はこの体験を「知的よみがえり」と呼ぶ。そして「人間の理想であり義務である」と考える。朝河は日本人として日本に利する発言をするのであろうという期待に沿う事は避けた。「不偏不党」の精神で行動し続けることができたが、これは理想的な世界へ向けての積極的行為であるという自負を持つ[30]。師の教えと自らの理念が合致した知的体験の時であった。世界に資する人物になるためにダートマスに留学し、イェール大学でさらに研究を続け、アメリカに留まった朝河であるが、最初の自信はこの時にもたらされたといえよう。

1　タッカーの手紙——「君の計画」——

「朝河文書」の中に、ポーツマス会議がはじまってから五日目の八月十四日、タッカー学長から朝河の元に送られてきた手紙が残されている。朝河がどのような経緯でポーツマス会議の現地取材が可能になったかが読み取れる重要な史料であるので、ここに全文を紹介したい。手紙はタッカーの別荘がある、メイン州のヨークハーバーで書かれたものである。

親愛なる朝河博士、

君の計画は賞賛に値する。支払いは五〇ドル及び一週間分の諸経費と考えているが、モリソン博士[31]のような人にはもっと支払われるべきだというなら、君にも、もっと多く支払っても良い。君は人々をしっかりと観察するためにポーツマスに行くべきだと思う。勿論、ヨークハーバーに先に立ち寄りたまえ。私たちの別荘には空き部屋があるから、そこを使えば良いし、ヨークハーバーからポーツマスまでは列車だとわずか二〇分、トローリーでも一時間だ。私も今週はずっとここにいるつもりにしている。週日に来られるだろうか。ここが便利だと思ったら、何日でも好きなだけ滞在したまえ。ボストン発ヨーク行きの列車の時刻表を送るが、列車によってはポーツマスで乗り換える必要がある。午後の列車だとその必要はなかったように思う。念のため、停車駅はヨークハーバーだということを忘れないように。駅まで迎えに行く。

敬具、W・J・タッカー[32]

ここで注目したいのは次の三点である。まず「君の計画」という最初の文言であるが、ポーツマス行きを思いついたのは朝河であったということがみえてくる。次に「支払い」に関してだが出資するのはタッカー側で、受け手は朝河である。そして最後に、その計画は実際にポーツマスに行くことによって実行されるべきだという助言を与えたのはタッカーであったという点である。そしてタッカーは朝河が日露両国の代表と直接会えるように、紹介状を準備する。

2　タッカーの手紙――「紹介状」――

秘密会議と呼ばれた第七回本会議の前日、『コリアーズ誌』に「ルーズベルト大統領がついに日露の代表団が平和に向けての交渉に入ることを可能にした」(33)という一文が掲載されるより二日前の八月十七日、タッカーは、ダートマス大学学長室から出される公式便箋に次の内容の紹介状を書く。

簡単ではありますがここに、朝河博士(Dr. K. Asakawa)を紹介できることを嬉しく思います。博士はダートマス大学で極東学科の責任者を務めており、最新の『日露衝突(*The Russo-Japanese Conflict*)』の著者として知られています。博士が、今ポーツマスに来ておられる彼の母国、及び相手国の代表らと実際に会えることは本大学での授業、及び歴史研究に大きく貢献すると考えます。

ダートマス大学学長　ウィリアム・J・タッカー(34)

この紹介状には宛名がない。つまり、誰か特定の人に宛てて書かれたものではなく、朝河が代表団のメンバーに直接話を聞くための身分証明に用いる公式書類として準備されたと考えられる。朝河は日本政府側に属しているわけでもなく、また新聞記者でもない。タッカー学長との連携で、ダートマス大学の極東問題の専門家が教育及び研究のためにポーツマス会議の現場に赴き取材するという正当の仕事を作ったのである。ダートマス大学はニューハンプシャー州にあり、軍港を有すポーツマスも同州にある。大学の役割は、学生の教育だけではなく、コミュニティーへの貢献にも力を入れていた。タッカーは朝河の入学する二年前の一八九三年から一六年間学長職にあったが、大学及びこの地域社会が培ってきた伝統が、全国に、そして国際社会に資するものとなるべきだという信念を持っていた。信頼する友、横井時雄の推薦であるという理由で引き受けた日本の青年が、ダートマス大学及びイェール大学というニューイングランドの伝統的な大学で教育を受け、偏狭になりがちな愛国心を誇示するのではなく、正義に訴える方法を身につけて、世界に貢献しようとしているのである。タッカーは、朝河の提案に共鳴し、宿舎を提供するだけでなく、大学からの財政的支援を約束し、通行手形、或はパスポートにあたる、紹介状を準備した。こうして朝河は、ポーツマス会議のひとつの舞台となったウェントワースホテルで各国から派遣されてきたジャーナリストに混じり、歴史の証人となるべく取材に奔走するのであった。さらに付け加えるなら、この取材では、ホテルでの交渉の成り行きを追うに留まらず、外に出てアメリカ市民の意見も収集していた。これは同時期、ポーツマスに視察に来ていたクラーク大学の日本人留学生、久方俊康宛手紙の下書きに記された「主として市民と語り、記者とは少なく語り」[35]という文言にもみいだせるが、交渉の落ち着くところと世論との距離をはかっていたと考えられよう。

3 タッカーの手紙――「伝言」――

では、朝河は何日間、現地での取材を行ったのであろうか。タッカーの招待を受け、ヨークハーバーの別荘からポーツマスまで通ったのだろうか。それとも日本人記者が「朝河のホテル滞在費が、さる向きから出ているのであろう」[36]と揶揄した発言から推測して、同ホテルに宿泊していたのであろうか。阿部善雄は「このとき朝河は、八月中旬にハノーバーのダートマス大学からポーツマスにきて、両国全権委員らが宿泊していたウェントワースホテルに二週間滞在していた」[37]と記しているが、これを裏付ける史料は未見である。ただ、講和会議落着の翌日は、ニューヘイブン近郊のウッディークレスト（Woody Crest）に滞在していたことは証明できる。ここで紹介する史料は、ヨークハーバーに滞在中のタッカー学長からの手紙で、ポーツマス会議の後、『コリアーズ誌（Collier's）』に朝河によるポーツマス平和条約締結を総括した記事が掲載されることになった経緯を示すものである。

親愛なる朝河君、

たった今電話で受けた君への伝言を同封します。ルールにはウッディークレストにいる君へ電報を打つようにと伝えました。条約締結について考えれば考える程、日本の名誉と英知を覚えます。君と今ここで、この状況について語り合いたいものです。（後略）

敬具　W・J・タッカー(38)

そして、この同封された「伝言」は次の内容であった。

日本側の視点から「講和条約の意義」について、一〇〇〇語の記事を『コリアーズ誌』に書いていただけないだろうか。原稿は遅くとも土曜日には欲しい。支払いは希望に応じる。ウェントワースホテルのルールまで電話されたし。

A・B・ルール(39)

朝河はこの依頼を引き受け、同誌の九月十六日号に署名記事が掲載される。タッカーとの共同作業は、見事に結実したといえよう。

4　朝河のこだわり――あくまで第三者の立場で――

『コリアーズ誌』九月十六日号は、「平和条約（TREATY OF PEACE）」の巻物を手にした天女像のイラストが表紙を飾っている。つまり、日露戦争及び講和条約を総括した特集号であることがわかる。まずは、同誌特派員としてセント・ペテルスブルグに派遣されていたJ・C・オローギン（J. C. O'Laughin）による特大記事「ポーツマスでの仲裁」が二頁にわたって掲載されている。地図やイラスト、写真といった視覚情報をふんだんに用いることを特徴としていた本誌は、その特徴を発揮して、見開きで戦地を示す地図を掲載し、一年半に及んだ戦争を振り返る。そしてそれに続き、「平和条約が意味するもの」と題し、「日本にとって」を朝河が、「ロシアにとって」の部分をボリス・スヴォリンというペテルスブルグからの特派員が担当して、同じページに二人の論考を掲載させるという紙面作りである。また、この二人の名前が副題とともにゴシックで強調された目次をみると、原稿依頼の際に朝河に伝えられた「支払いは希望に応じる」という条件が暗示するように、コリアーズ社が力を入れた特別企画であったことが窺える。

では、ここで、後に問題をひき起すことになる、朝河を紹介する文章をみていこう。名前の後に称号「博士（Ph.D.）」が付けられ「ダートマス大学東アジアの歴史及び文明担当講師」の肩書きが入る。そして「朝河氏は講和交渉の間ポーツマスに滞在し日本の代表団と緊密に接触していた。全権使節団のメンバーを除いては、日本の姿勢に関して彼以上に説得力のある内容を提供できる者はおそらくいないであろう[40]」との説明が加えられている。

コリアーズ社が、情報源が直接的な取材によるものであることを強調したかったのか、或は朝河に日本側の代表者として語らせたかったのか、「日本の代表団と緊密に接触して」という文言を入れたのである。これを読んだ朝河は、早速苦情の手紙をルールに送る。朝河としては、あくまで第三者としてこの会議の経緯を観察していたのである。日本政府側に立つことなく、歴史家としての知識と客観性を持ってその見解を述べているという自負がある。「緊密に接触して」という言葉がはらむ「癒着」あるいは「偏り」は、誤解を招くと考えたのであった。ルールから届いた一九〇五年十月三十一日付け手紙は「貴殿の立場及び私どもが前書きに用いた「接触して（in touch with）」という言葉の持つ一般的な意味合いについて考えていますが、誇張でもなければ不正確でもないように思います[41]」で始まるが、その内容は、迷惑がかかるようなことにでもなればいっさいの責任を負う、と朝河の言い分に譲歩している。

おわりに

朝河の伝記を書いた阿部善雄はそのタイトルで彼を「最後の『日本人』」と呼んだ。文脈からかぎ括弧付きの「日本人」を「サムライ」と解すのは不自然ではないが、筆者はこれをもじって「最初の国際人（cosmopolitan）」と呼んできた。古い日本を継承する者というより、新時代を作る人と捉える方がしっくりくる。日露戦争の時代にアメリカで広く読まれた『日露衝突』や、その後帝国主義的なアジア政策へと傾いていく日本に警鐘を鳴らした『日本の禍機』、封建制度の研究に比較封建制という新たな学問領域を開いた『入来文書』などの代表著書により、視座を世界に置いた歴史家としての評価から、こう呼ぶのがふさわしいと思ってきた。「国際人」とは、自己を人類のひとりとみなし、日本を、世界を構成する一員として、相対的に各国事情を捉える能力を供えている者である。本稿において、朝河が渡米前から持っていた資質がタッカーとの出会いにより洗練されていったことが、ある程度証明されたと思う。朝河は、学問に真摯に取り組みながらバランスある視点を摑む能力を身につけ、一国主義に陥ることなく世界の正義にかなった働きを成した。朝河のこの姿勢に、新しい時代を作る者、つまり近代的な思想家の特徴が含まれている。タッカーは、自分よりも一〇〇年以上前に生きたウィーロック学長の「冒険心」に変化を生み出す原動力を感じ取った。また、イギリス出身の神学者、父親世代のフレデリック・W・ロバートソンには、書物により解放された学問への道を教示された。改革を求め変化を生み出す者は先人の経験に学ぶ。朝河をこの思想的系譜の中に位置付けることは可能であろう。

注

(1) Asakawa Papers, Series III, Box 60, Folder 296, Manuscripts and Archives, Yale University. 増井由紀美「朝河貫一自覚ある『国際人』―明治末から大正にかけてイェール大学に見る日本人研究者事情―」（『敬愛大学国際研究』一七、二〇〇六年に初出）。日本人留学生表、名簿、「エール日本人会」会則などについて解説している。

(2) William Jewett Tucker, *My Generation*, Houghton Mifflin Company, 1919, pp. 271–96.

(3) 前掲注(2)Tucker, *My Generation*, pp. 185–221.

(4) 前掲注(2)Tucker, *My Generation*, pp. 249–413.

(5) 前掲注(2)Tucker, *My Generation*, p. 229.

(6) 前掲注(2)Tucker, *My Generation*, p. 299.

(7) 前掲注(2)Tucker, *My Generation*, pp. 307–08.

(8) Robert French Leavens, Arthur Hardy Lord, *Dr. Tucker's Dartmouth*, Dartmouth Publications, 1965, p. 27.

(9) 前掲注(8)Leavens, Lord, *Dr. Tucker's Dartmouth*, p. 70.

(10) 朝河貫一、大西祝への手紙（一八九九年五月二十九日、朝河貫一書簡編集委員会編『朝河貫一書簡集』早稲田大学出版部、一九九〇年、一二四―一二五頁）。

(11) 前掲注(2)Tucker, *My Generation*, pp. 317–18.

(12) 前掲注(2)Tucker, *My Generation*, p. 223. アンドーヴァーからダートマスへの移行期について書かれた第三章は、"The year 1892 was the most personal year in my professional life." の一文で始まる。

(13) 朝河貫一、高橋春吉への手紙（一八九三年二月九日、『朝河貫一書簡集』九五頁）。

(14) William J. Tucker, Letter to Kan'ichi Asakawa, December 14, 1898, Asakawa Papers, Group 40, Series I, Box 1, Folder 1. "Mr. Kanichi Asakawa, of Fukushima, Japan, came to Dartmouth College three years ago under the advice of President Yokoi, now of the Doshisha. He was already a graduate of Waseda College, Tokio. His work at Dartmouth has been supplementary to that which he took in Japan."

(15) 前掲注(14)。"Mr. Asakawa has shown such rare power of mind, and such unusual facility in mastering difficult

subjects.”

(16) 朝河手稿日記（一九一四年六月二二日）Asakawa Papers, Group 40, Series Ⅱ, Box 5, Folder 48.

(17) 朝河手稿日記（一九一四年六月二六日）Asakawa Papers, Group 40, Series Ⅱ, Box 5, Folder 48.

(18) Kan'ichi Asakawa, “William Jewett Tucker,” *Dartmouth Alumni Magazine*, March, 1915. http://archive, dartmouthalumnimagazine.com/article/1915030103/ (Accessed July 3, 2018).

(19) William Jewett Tucker, *Personal Power: Counsels to College Men*, Houghton Mifflin Company, 1910.

(20) 増井由紀美「一〇〇年前にアメリカへ渡った青年たち―朝河貫一、片山潜、内村鑑三―」（井出孫六他『朝河貫一―人・学問・思想―』北樹出版、一九九五年、三九―四〇頁）。片山潜はタッカー教授の講義を受けようとアンドーヴァーに入学するが、タッカーはダートマス大学学長になり、片山はイェール大学神学校へと転校する。片山が関心を持ったのは、タッカーの発案で開講された「社会経済学」の講義だったと思われる。これは当時の神学校の科目としては斬新であった。タッカーは、変化をみせる社会の中で教会も変わらなければならないと考えていたことが、自伝に読み取れる。

(21) 前掲注(8)Leavens, Lord, *Dr. Tucker's Dartmouth*, p. 116.

(22) 前掲注(19)Tucker, *Personal Power*, Preface, Ⅷ. “The volume itself may be simply an afterword to graduates of the last decade here or elsewhere; it may also be a new word to some among the undergraduates of to-day.”

(23) 前掲注(19)Tucker, *Personal Power*, “Do not expect that you will make any lasting or any very strong impression on without the use of an equal amount of conscience and heart,” p. 173.

(24) 前掲注(19)Tucker, *Personal Power*, “Accept the moral law as you accept the law of gravitation,” p. 173.

(25) 前掲注(19)Tucker, *Personal Power*, pp. 175–76.

(26) 朝河手稿日記（一九一四年六月十一日）Asakawa Papers, Group 40, Series Ⅱ, Box 5, Folder 48.

(27) 前掲注(2)Tucker, *My Generation*, p. 347. “Dr. Asakawa's fine discernment: ‘How many of us realized that while we were being stimulated by Dr. Tucker, he himself was drawing inspiration from his work for us? …… So there was give-and-take between him and us: no doubt he gave us more than we ever knew, and took from us more than we were able to take from him.’”

（28）朝河手稿日記（一九〇五年一月一日）Asakawa Papers, Group 40, Series II, Box 5, Folder 45. "It is striking that I have been blessed with abundant opportunities for the 'growth of both forms of service.' …… I might render service both to my country and to the inquiring world."
（29）朝河貫一「自戒」（一九〇五年一月一日、『朝河貫一書簡集』七五〇―五四頁）。
（30）前掲注(29)。
（31）George Ernest Morrison（1862–1920）. タイムズ社からポーツマスに派遣されていたジャーナリスト。
（32）William J. Tucker, Letter to Asakawa, Aug. 14, 1905, Asakawa Papers, Group 40, Series I, Box 1, Folder 10.
（33）"What the World is Doing," *Collier's*, August 19, 1905, p.9. "President Roosevelt has at last succeeded in bringing the representatives of Russia and of Japan together to talk peace."
（34）William J. Tucker, Letter to Asakawa, Aug. 17, 1905, Asakawa Papers, Group 40, Series I, Box 1, Folder 10.
（35）朝河貫一、久万俊泰宛書簡（案）（『朝河貫一書簡集』一五六頁）。
（36）阿部善雄『最後の「日本人」』岩波現代文庫、二〇〇四年、五八頁。
（37）前掲注(36)阿部文献、五四頁。
（38）William J. Tucker, Letter to Asakawa, Aug. 30, 1905, Asakawa Papers, Group 40, Series I, Box 1, Folder 10.
（39）William J. Tucker, Message from A. B. Ruhl for Asakawa, Aug. 30, 1905, Asakawa Papers, Group 40, Series I, Box 1, Folder 10. Arthur Ruhl からの伝言をタッカーが朝河に伝えた。
（40）"What the Treaty of Peace Means," *Collier's*, September 16, 1905, p. 16.
（41）Arthur B. Ruhl, Letter to Asakawa, October 31, 1905, Asakawa Papers, Group 40, Series I, Box 1, Folder 10.

朝河貫一と日本図書館協会
――アメリカから近代日本の図書館界を支援した足跡をたどって――

松谷有美子

はじめに

朝河貫一の活動は、Professor of History, Curator, Peace Advocate という三つの言葉で特徴づけられる[1]。本稿は、その中でもCurator としての側面に注目する。

朝河は、一九〇七年にイェール大学で教え始めるが、同時期にイェール大学図書館（Yale University Library）の日本・中国コレクション（後に東アジア図書館と改称）の初代部長（Curator）となり、以降四〇年にわたって図書館の発展に努めた。そのイェール大学で教える直前（一九〇六年二月―一九〇七年八月）、日本に一時帰国した朝河は、イェール大学図書館と米国議会図書館（Library of Congress）のために日本資料を収集した（第一回日本帰国）。この収集は、アメリカにおける日本資料を備えた図書館の必要性を申し出た朝河が、日本での資料収集を提案し、両図書館の委託を受けて実現したものであった。日本資料を所蔵する図書館が珍しかった当時のアメリカにおいて、朝河の収集は、両図書館にとって初めての計画的かつ組織的な日本資料の収集となった。二〇一七年は、朝河が両図書館のために日本資料を収集して、また、イェール大学図書館の東アジア図書館長になって一一〇年の節目の年であった。

筆者は、これまで朝河の第一回日本帰国における資料収集活動および、収集資料について研究してきた。(2) 本稿では、朝河の収集活動と収集資料から視点を変え、収集の周辺事情を探ることによって、朝河の図書館人としての一端を明らかにする。特に、朝河と日本図書館協会の関わりは、朝河の図書館活動を考えるうえで、避けて通ることはできない。具体的には、朝河が収集の協力を仰ぐために日本国内でどのような人々と出会い、その人々とどのような関係を築いたのかを探る。収集活動を取り巻く人々を明らかにすることによって、現在イェール大学図書館と米国議会図書館に所蔵されている日本資料の意義も改めて浮き彫りになると考える。さらに、日本図書館協会との交流をきっかけに、明治後期から大正期の日本の図書館界に朝河が果たした役割を考察することによって、図書館人としての朝河の人物像を明らかにする。

一 日本の近代図書館の黎明期に居合わせた朝河

1 日本図書館協会

本題に入る前に、明治後期の日本の図書館界の状況を日本図書館協会を中心に整理する。

本稿で取り上げる日本図書館協会（Japan Library Association: JLA）は、一八九二年（明治二十五）三月、二五名の図書館人によって「日本文庫協会」として結成された。図書館協会としては、アメリカ（一八七六年）、イギリス（一八七七年）に次いで世界で三番目の設立であった。(3) 日本文庫協会は、一九〇〇年には会長制をとり、帝国図書館長であった田中稲城が初代会長に就任し、会の体制を強化した。一九〇六年に会費の徴収と会則の本格的規定が始まり、それまでは個人の集まりにすぎなかったが、全国規模で組織されるようになった。同年三月には、第一回全国図書館員大会を開催し、「図書館令」の改正を要求するなど、図書館界として意見を外部に対して表明し得る体制ができた。以後図書館大会は毎年開催されることになる。(4) 朝河が帰国したのは、まさに日本文庫協会が全国規模で展開しようとしていた最中であったことがわかる。日本文庫協会は、さらに、一九〇七年に『図書館雑誌』を創刊している。(5) 翌一九〇八年に「日本図書館協会」と改称し、二〇一四年(平成二十六)から公益社団法人となって現在に至っている。図書館関係者の全国組織として、図書館振興、情報提供など図書館の発展を支える活動を展開している伝統ある団体である。(6)

なお、右記のとおり、日本図書館協会は、朝河が交流した当時は日本文庫協会という名称であった。しかし、現在の名称が日本図書館協会であること、朝河が帰米して一年足らずで日本図書館協会と改称していることから、現在も続く名の通った名称として本稿のタイトルは、あえて日本図書館協会とした。

この名称の違いからも、当時の日本の図書館界の様子を垣間見ることができる。岩猿敏生によれば、明治維新後、江戸時代までの特定の階級による「文庫」から欧米のように市民に広く公開される「library」への移行期があった。(7) 欧米の図書館事情の紹介としてよく例に挙げられるのが、福沢諭吉の『西洋事情』である。(8) その中の「文庫」の項目で福沢が、「西洋諸国の都府には文庫あり。『ビブリオテーキ』という」というように、「文庫」という伝統的な言葉を「ビブリオテーキ」と言い換えて区別していることを高山正也が指摘している。(9) 日本は、古来の「文庫」との違いを明確にするために、「書籍館」(しょじゃくかん／しょせきかん)、「図書館」(としょかん／ずしょかん)などの欧米の「library」を表す言葉の移行期にあたっており、読み方も一定でなかった。朝河が帰国した明治後期は、日本の図書館界が従来の「文庫」から、海外の「library」を区別し、欧米に倣おうとしていた時代であったことが、日本文庫協会の名称の変化からも読み取れる。

2　第一回日本帰国における朝河と日本の図書館界の接点

朝河は、一九〇六年二月十六日に日本に帰国し、一九〇七年八月七日にアメリカへ出国するまで、約一年半日本に滞在した。滞在中は、日本資料の収集を中心に、母校の早稲田大学で講師として英語を講ずるなどしていた(10)。

朝河は、日本文庫協会の主催する会で、二度の講演を行っている。一度目は、一九〇六年三月二十一日の第一回全国図書館大会の二日目に、東京帝国大学附属図書館において、「米国に於ける日本文庫」をテーマに講演した(11)。二度目の講演は、一九〇七年六月二十九日の夏季例会で、東京帝国大学構内集会所において、「図書蒐集に関る苦心談」について語った(12)。

朝河はどのようにして日本文庫協会の存在を知ったのであろうか。朝河と日本文庫協会との接点は、当時の早稲田大学図書館長であった市島謙吉（春城）に求めることができる。市島は、朝河が帰国した一九〇六年には日本文庫協会の評議員で、翌一九〇七年には会長となった(13)。また、『図書館雑誌』発刊に際しては、編集委員および発行人をしており、当時の日本文庫協会を牽引していた人物といえる。

市島の日記によれば、一九〇六年二月十九日に「校友朝川《マヽ》貫一洋行中の処帰朝、本日会談す(14)」とあり、朝河が市島に面会していることがわかる。朝河は二月十六日に日本に帰国しており、その三日後には市島を訪問したことになる。

イェール大学図書館のジョン・クリストファー・シュワブ（John Christopher Schwab, 1865–1916）館長宛書簡において、朝河は資料収集について早稲田大学が支援を約束し、執務室と倉庫として図書館の建物の一部を提供してくれたと報告しているので、市島に帰国の挨拶と資料収集という目的を説明し、市島も支援を表明したものとみられる(15)。

それからひと月後の三月二十日には、朝河が再び市島のもとを訪ねている。「早朝、朝河貫一、図書蒐集の件ニ付来話(16)」。この日、市島に対して資料収集について具体的な相談がなされたことは疑う余地がない。この翌日、三月二十一日に朝河が一回目の講演を行っていることを考えると、日本文庫協会も話題に上ったと考えられ、この時か、もしくはそれ以前に、朝河に日本文庫協会を紹介したと考えるのが自然であろう。このほかにも市島は、三月二十四日に朝河に書状を出しており、密に連絡を取っていた様子が窺える(17)。

3　第一回全国図書館大会での講演

朝河が講演した第一回全国図書館大会は、三日間にわたって開催され、現在の国立国会図書館の前身の一つである帝国図書館の新築開館に合わせて開かれた。帝国図書館の新館開館式は、一九〇六年三月二十日に行われた（三月二十三日開館）。しかし、日露戦争への戦費投入などのため、設計の四分の一に留まり、構想全体が完成されることはなかった(18)。

朝河の名前が確認できるのは、大会二日目である。会場は、東京帝国大学附属図書館であった。午前一〇時過ぎに開会し、午後九時過ぎ頃に閉会した。朝河の講演は、午後五時頃に同構内の山上集会所（現・山上会館）という懇親会場へ移動したあとであった。演説は四席行われ、第一席の柏木直平（徳島県五明文庫長）の「五明文庫の沿革」、第二席の湯浅吉郎（京都府立図書館長）の「倫敦市に於ける二大図書館」、第三席の木幡久右衛門（島根県松江図書館長）の「出雲叢書出版に就きて」に続いて、最後の第四席が朝河であった(19)。

ドクトル朝河貫一氏は「米国に於ける日本文庫」と題し、外国人等が東洋学研究に熱心なる状を述べ、就中米国エール大学の如きは其最たるものにして、日露戦役後の日本は一層彼等に其研究的趣味を増さしめたること多しとし、自分は右エール大学及び合衆国議員図書館の委嘱を受けて、日本研究に関する図書購入費各数千弗を投じて購入することとなりたりとて、其図書の選択等につきて来会者の援助を請ひたり。[20]

資料収集について、一九〇六年三月十四日付イェール大学図書館シュワブ館長宛書簡で、朝河は、「収集する書目のあらゆる主題に関して最高の専門家の助言と支援を求めるつもりです」[21]と書き送っている。日本文庫協会で出会う知識人たちもその一つであったと考えられる。今までこの助言や支援を求めた先が具体的にどこであったのか明確でない部分が多かったが、今回の調査で朝河が日本の図書館団体と接触していたことが明らかとなり、朝河が日本文庫協会を一つの足がかりとして専門家や知識人と交流し、収集のために協力を仰いだ様子が確認できた。

この日、午後三時から五時の間に記念撮影があり、筆者は、その集合写真が掲載された新聞の切り抜きを探し当てた（図1）。[22]写真には、「全国図書館員大会紀念撮影」とあり、最後列の左に朝河がいる（図2）。写真に記された参列者の一覧には、「米国国立図書館エール大学図書館代表者　朝河貫一」と表記されている。

当日の出席者は、五一名で、この写真には四六名が写っている。出席者の顔ぶれは、表1のとおりである。東京からは、帝国図書館、内閣記録課、博文館が始めた大橋図書館、岩﨑弥之助と小彌太が始めた静嘉堂文庫、徳川頼倫の南葵文庫、海軍大学校、慶応義塾大学、東京帝国大学、早稲田大学が参加している。地方からは、青森、山形、福島、茨城、群馬、千葉、長野、山梨、滋賀、三重、京都、大阪、兵庫、島根、徳島、山口、鹿児島が参加している。写真に写っていないが、早稲田大学の市島謙吉や石川県などからの参加者もいた。

当然のことながら、図書館の嚆矢が顔をそろえていることがわかる。その県最初の図書館や、洋行して西洋の図書館に触発されるなどして民衆の知識欲に応えようとした知識人が蔵書を公開した自邸文庫などである。朝河は、欧米

全國圖書館員大會紀念撮影

（前列向つて右より）早稲田大學圖書館長石井敦五郎、桃木書院圖書館長桃木武平、南葵文庫主幹齋藤勇見彦、早稲田大學圖書館員加藤萬作、成田圖書館主任高津親義、東京帝國大學附屬圖書館長和田萬吉、山口圖書館長佐野友三郎、京都府圖書館長湯淺吉郎、帝國圖書館長田中稲城、大橋圖書館主事伊東平藏、海軍大學校囑託教授伊東祐穀、山北圖書館長杉野文彌

（二列目）會津圖書館評議員高坂鐵爾、慶應義塾圖書館員京野鋼季、鹿兒島縣教育會附屬圖書館主事上野信、五明文庫長柏木直平、山形圖書館主事渡邊徳太郎、上野教育會圖書館高橋梯太郎、山梨教育會附屬圖書館幹事秋山和吉、松江圖書館長木幡久右衛門、秋田圖書館員村木治郎、帝國圖書館司書官西村竹間、慶應義塾圖書館監督田中一貞、杜城圖書館長林泰輔、東京帝國大學附屬圖書館員佐伯利麿

（三列目）書籍圖書館長花田節、桃木書院圖書館司書江森瀧藏、静嘉堂文庫員小澤陸八、東京帝國大學附屬圖書館員小山田千代壽、林崎文庫員大久保堅磐、東京帝國大學附屬圖書館員高[illegible]初彥、茨城圖書館長菊地孝、早稲田大學圖書館員和泉信平、帝國圖書館員太田為三郎、内閣記錄課長楊籠太[illegible]、南葵文庫員橋井清五郎、東京帝國大學附屬圖書館員坂本四方太、中野文庫長小野暁之助、東京帝國大學附屬圖書館員竹村五百枝

（後列同）大阪圖書館長今井貫一、大橋圖書館員廣瀨字之助、千葉縣師範學校圖書館理事増田佐太郎、東京帝國大學附屬圖書館員櫻木章、同長谷川彌一、同石橋常資、米國國立圖書館エール大學圖書館代表者朝河貫一

図1　第1回全国図書館大会集合写真全体像
最後列左端が朝河貫一（同志社大学図書館所蔵『竹林熊彦文書』所収の新聞切り抜きより，矢印は筆者の加筆）．

図2　集合写真の朝河貫一拡大図

表1　第1回全国図書館大会（2日目）出席者一覧

	所　属	氏　名
1	帝国図書館長	田中稲城
2	帝国図書館司書	太田為三郎
3	帝国図書館司書官	西村竹間
4	内閣記録課員	楊竜太郎
5	大橋図書館主事	伊東平蔵
6	大橋図書館員	広瀬宇之助
7	静嘉堂文庫員	小沢隆八
8	南葵文庫主幹	斎藤勇見彦
9	南葵文庫掌書	橘井清五郎
10	海軍大学校嘱託教授	伊東祐穀
11	慶応義塾図書館監督	田中一貞
12	慶応義塾図書館員	東野利孝
13	東京帝国大学附属図書館長	和田万吉
14	東京帝国大学附属図書館員	佐伯利麿
15	東京帝国大学附属図書館員	小山田千代寿
16	東京帝国大学附属図書館員	高橋初彦
17	東京帝国大学附属図書館員	坂本四方太
18	東京帝国大学附属図書館員	竹村五百枝
19	東京帝国大学附属図書館員	桜木章
20	東京帝国大学附属図書館員	長谷川舘一
21	東京帝国大学附属図書館員	石橋尚宝
22	早稲田大学図書館員	石井藤五郎
23	早稲田大学図書館員	加藤万作
24	早稲田大学図書館員	和泉信平
25	青森県私立青森図書館員	花田節
26	山形県私立山形図書館主事	渡辺徳太郎
27	福島県会津図書館評議員	高坂謙爾
28	茨城県図書館長	菊地孝
29	群馬県上野教育会図書館司幹	高橋梅太郎
30	千葉県匝瑳郡教育会図書館理事	増田佐太郎
31	千葉県成田図書館主事	高津親義
32	千葉県杜城図書館長	林泰輔
33	長野県私立中野文庫員	小野幾之助
34	山梨県教育会附属図書館長代理	秋山和吉
35	滋賀県私立江北図書館長	杉野文弥
36	神宮司庁林崎文庫主幹	大久保堅磐
37	京都府図書館長	湯浅吉郎
38	大阪図書館長	今井貫一
39	神戸市桃木書院図書館司書	江森滝蔵
40	神戸市桃木書院図書館長	桃木武平
41	島根県松江図書館長	木幡久右衛門
42	徳島県五明文庫長	柏木直平
43	山口県萩図書館書記	村木治郎
44	山口図書館長	佐野友三郎
45	鹿児島県私立教育会附属図書館主事	上野信
46	米国国立図書館並エール大学図書館代表者	朝河貫一
47	帝国教育会書籍館主幹	三刀谷扶鋼
48	海軍編修	錦織精之進
49	早稲田大学図書館長	市島謙吉
50	石川県勧業博物館長	杉村寛正
51	石川県勧業博物館書記	清水安耀

参考文献　日本文庫協会『全国図書館大会記事 第一回 明治三十九年三月 日本文庫協会主催』（日本文庫協会，1906年）より筆者編集.

注　47〜51は集合写真に写っていない.

の図書館に希望を見出し、日本でも創造していこうという意欲ある人々と交流できたのではないか。集合写真からも、朝河が実際にどのような人々に図書収集の助言を求めたのかを読み解くことができる。日本文庫協会の主な面々については、第5項で述べる。

4　夏季例会での講演

日本文庫協会での二度目の講演は、アメリカに帰国する約一ヵ月前の一九〇七年の夏季例会である。東京帝国大学構内集会所で行われ、湯浅吉郎（京都府立図書館長）「児童図書館の概況」、和田万吉（東京帝国大学附属図書館長）「東京帝国大学附属図書館の増築書庫に就て」、伊東平蔵（日比谷図書館主事）「東京市日比谷図書館創立経営談」、市島謙吉（早稲田大学図書館長）「早稲田大学図書館の馬琴文庫」らとともに、朝河は「図書蒐集に関る苦心談」という講演をした。[23]出席者は、三六名であった（表2）。

朝河と同様に第一回全国図書館大会に出席していた人物も何名かおり、新たな出席者もいる。夏季例会だからであろうか、地方からの出席は滋賀の江北図書館のみで、東京の出席者が大分を占めている。大学図書館からの出席も多く、国書刊行会や丸善、早稲田大学出版部など出版関係者の出席もみられる。『図書館雑誌』には、欧米漫遊を控えた坪谷善四郎（大橋図書館理事）とともに送別会が催されたことも記されており、朝河が日本文庫協会の面々に歓迎され、親しく交流した様子を窺い知ることができる。[24]

宛も予て米国コングレス図書館及エール大学図書館より和書蒐集の依頼を受け昨年来帰朝滞留せられたる朝河貫一氏が今般其事務一段落を告げて一旦赴米せらるゝあり、又会員坪谷善四郎氏が不日欧米漫遊の途に上らるゝあるに就き、右両氏の為に送別の盃を酌み、次で趣味ある談話湧くが如く、孰れも歓を尽して散会せるは午後八時過なりき。[25]

ほかにも交流の深さを物語るものとして、次のことが挙げられる。朝河は、「今回本会会員となり、帰米の上は本会と米国図書館との連絡等につきて尽力すべきことを約す」[26]とあり、アメリカへ戻る直前に会員となったこと、日本文庫協会とアメリカの図書館との連絡を約束したことがわかった。翌年創刊した『図書館雑誌』には、「在外海員（ママ）在米エール大学　朝河貫一」と掲載され、日本文庫協会の会員として名を連ねている。[27]その後、一九〇九年の会員名簿にも『米国エール大学講師　朝河貫一』の記載を確認できる。[28]

表2　夏季例会出席者一覧

	所　　属	氏　　名
1	帝国図書館司書官	西村竹間
2	帝国図書館司書官	太田為三郎
3	貴族院図書館	戸沢勝太郎
4	宮内省図書寮員	福井繁太郎
5	文部省図書課員	土舘長言
6	大橋図書館理事	坪谷善四郎
7	静嘉堂文庫員	河田羆
8	長与衛生文庫	秋庭浜太郎
9	南葵文庫館員	橘井清五郎
10	日比谷図書館主事	伊東平蔵
11	江北図書館長	杉野文彌
12	海軍編修	錦織精之進
13	海軍大学校嘱託	伊東祐穀
14	学習院図書館員	深津与一
15	慶応義塾図書館監督	田中一貞
16	慶応義塾図書館館員	竹内忠一
17	慶応義塾図書館館員	東野利孝
18	国学院大学教員文学士	藤岡継平
19	東京外国語学校	稲葉宇作
20	東京帝国大学附属図書館長文学士	和田万吉
21	東京帝国大学図書館員文学士	坂本四方太
22	東京帝国大学図書館員文学士	小山田千代寿
23	東京美術学校文庫主幹	菅野真
24	東京美術学校文庫	高田松男
25	東京美術学校文庫	山野繁輝
26	早稲田大学講師	塩沢昌貞
27	早稲田大学講師	島村滝太郎
28	早稲田大学出版部	種村宗八
29	早稲田大学図書館長	市島謙吉
30	早稲田大学図書館員	加藤万作
31	早稲田大学図書館員	石井藤五郎
32	早稲田大学図書館員	小林堅三
33	国書刊行会	黒川真道
34	丸善株式会社内	内田貢
35	米国エール大学	朝河貫一
36	客員	高木文二郎

参考文献　市島謙吉編「日本文庫協会紀要」(『図書館雑誌』1, 1907年)より筆者編集(所属は同号の会員名簿に拠った).

5　日本文庫協会の顔ぶれ

朝河と交流したと考えられる日本の知識人にはどのような人々がいたのか。日本文庫協会と主に朝河との関連性を中心にまとめた。(29)

最初に挙げられる人物として、田中稲城がいる。田中は、帝国図書館初代館長で、日本文庫協会の発起人の一人であり、同協会初代会長でもあった。次に、和田万吉である。和田は、東京帝国大学附属図書館長で、一九〇六年当時の日本文庫協会会長であった。関東大震災に関わる和田と朝河との書簡のやりとりについては、後述する。三人目は、市島謙吉である。早稲田大学図書館初代館長で、一九〇七年当時の日本文庫協会会長であった。四人目の田中一貞は、慶応義塾図書館初代館長で、一九一六年（大正五）には、日本図書館協会の会長を務めることになる人物である。ちょうど朝河がイェールで学んでいた時期に田中もイェール大学に留学しており、田中は社会学修士を修めている。五人目の、坪谷善四郎（水哉）は、東京専門学校を卒業後、博文館に入社し、朝河の第一回帰国時は東京市議員、日本初の私立図書館であった大橋図書館（現三康図書館）理事を務めていた。坪谷は、一九〇八年開館の市立図書館（現日比谷図書文化館）の建設に尽くした人物で、一九一八年には、日本図書館協会会長に就任している。六人目は湯浅吉郎（半月）である。湯浅は、朝河とは在学期間が異なるが、朝河よりも前にイェール大学で学んだ哲学博士である。一九〇四年に京都府立図書館長となった。一九一六年に退職後、早稲田大学図書館嘱託となり、演劇博物館の設立に関与した。七人目の内田貢（魯庵）は、東京専門学校などを中退、文芸評論家として出発し、小説家、翻訳家としても知られる。一九〇一年に丸善に入社し、書籍部顧問として「学鐙」の編集や『図書館雑誌』発行のために尽力した人物である。

朝河にとって、日本で資料収集するにあたり、日本文庫協会という知的サロンに出入りできたことは、図書館や出版関係の有識者に直接支援を働きかける機会となり、収集活動を有利に進めることができたと考えられる。

二　日米の図書館界の橋渡し

1　アメリカ図書館協会への日本文庫協会の紹介

朝河と日本文庫協会との関わりは、朝河と日本文庫協会の個人的な関係に留まらず、さらなる広がりをみせる。朝河は、夏季例会でアメリカの図書館との連絡を約束したとおり、アメリカ図書館協会（American Library Association: ALA）に日本文庫協会を紹介し、お互いの刊行物の交換の約束を取りつけるなど交流を促した(30)。

朝河は、アメリカに戻った直後の九月二十二日にALAとの仲介について市島謙吉に書簡を送った。日本文庫協会は『図書館雑誌』で詳報している。

在外会員朝河氏の書信附ワイヤー氏書簡

本会員朝河貫一氏は、現に米国エール大学に於て教鞭を採られつつあるが、曽て本会の為め特に斡旋の労を取られ、先づ本会を全国図書館協会（A. L. A.）に紹介し、且将来相互連絡の道をも開かれたるが、之に就き仝氏より市島会長に宛られたる書信、並にエー・エル・エー幹事ワイヤー氏より右朝河氏に対せる書簡を得たれば、左に掲載して這般の消息を報ずるものとす(31)。

市島宛書簡の内容は、次のとおりである。

早速ALA幹事に文庫協会との連絡について問い合わせたところ、別紙のとおり返答があったので回送します。

近年の出版物は、すぐにワイヤー氏から寄贈され、今後も継続して寄贈されることになりました。協会の宛名が年々変わるのは好ましくないので、中央部を一定していただきたく、定まりましたらお知らせいただきたくお願いいたします。ご計画の協会機関雑誌（『図書館雑誌』）が、発行される際は、毎号ＡＬＡにお送りください。出版物を交換するほかに、図書館の問題について意見を交換するようにしたいと、私からワイヤー氏に申し上げておきました。ただし、アメリカの図書館事業は日本に比べて一日の長がありますから、日本の方が利益になるでしょう。これも念のためワイヤー氏に申し上げておきました。首尾よく連絡がついたので、何卒実際にこれを利用して日本のためになるようにしていただきたく、ひたすら願うばかりでございます[32]（釈文筆者）。

この書簡に登場するワイヤー氏とは、ＡＬＡの幹事（Secretary）であったジェームズ・インガソル・ワイヤー（James Ingersoll Wyer, 1869–1955）のことである。ワイヤーは、アメリカの司書、教育者で、朝河の第一回帰国当時は、ニューヨーク州図書館学校の副館長であると同時に、ＡＬＡの幹事も務めていた。一九一〇―一一年には、ＡＬＡの会長（ALA President）を務めた。一九三〇年には、*Reference work: a textbook for students of library work and librarians* を刊行し、レファレンスの教科書の草分けとして知られる。

朝河は、先の書簡にワイヤーからの書簡を同封している。ワイヤーからの書簡の内容は、日本の組織がＡＬＡに関心を持ってくれてとても光栄であること、ＡＬＡを代表して日本の組織に関心を抱いていること、年刊のハンドブック、直近の月刊の会報を数冊と最近の会議のプログラムなどの刊行物の寄贈を準備していること、日本からも刊行物が発行されたら定期的に受け取れるように手配してもらえるよう伝えてほしいということが記されていた[33]。

日本では、朝河がすでにアメリカに戻った一九〇七年（明治四十）十月十九日、第二回全国図書館大会が開かれ、外国図書館との連絡を計る件について、報告がなされた。『図書館雑誌』によると、朝河がアメリカに戻って直ちに動いてくれて、有力な一二の図書館が賛成を表明し、今後相互に事情を通知し合うことになり、それは日本の図書館の発展に関して喜ぶべきことであるという報告であった。(34)

この具体例として、日本文庫協会の機関誌『図書館雑誌』には、イェール大学図書館の司書であったアンドリュー・キーオ（Andrew Keogh, 1869–1953）に関する記事を確認できる。キーオの記事は、朝河がイェール大学にいたからこそ実現したのではないかと推察される。

キーオは、イングランド出身で目録の専門家として知られた。一八九七年、ロンドンの国際図書館員会議で当時のイェール大学図書館長アディソン・ヴァン・ネーム（Addison Van Name, 1835–1922）と出会い、イェール大学図書館で働くようになった。朝河の第一回帰国当時はレファレンス担当の司書であった。一九一六—三八年には、イェール大学図書館長を務めた。一九一九年に新館の完成を実現させ、任期中に蔵書を大幅に拡大してイェール大学図書館をアメリカ有数の大学図書館にした。一九二九—三〇年には、アメリカ図書館協会の会長を務めた。(35)

『図書館雑誌』には、キーオの名前が、三回登場する。一つ目は、第一号の海外彙報「米国文庫協会第二十九年総会概況」で、「エール大学図書館員キオー氏は『解題書目』に就きて演述し」という一文がある。(36)二つ目は、第四号の論説『図書館論纂』、太田為三郎「（一）目録編纂及書目掛に就いての意見」に、「エール大学図書館　書目説明掛ケオフ」と記されている。(37)この書目説明掛とは、レファレンス担当を指す。当時キーオがイェール大学図書館でレファレンスを担当していたことを考えると、その職務についてキーオが語るのは何ら不思議なことではなく、当時の日本の図書館にとっては、人的支援の面で図書館の動向を知る機会となったに違いない。三つ目は、第六号の海外彙報に「米国図書館協会の目録編纂新規則」（アンドリュー・ケオッフ）で、ＡＬＡが新たな目録編纂規則を発行したことを報じるものである。(38)

このように、朝河の仲介によって、日本文庫協会はＡＬＡと刊行物の交換や情報交換を始めたことがわかった。日本文庫協会は、朝河によってＡＬＡに限らず、アメリカの図書館界と交流するきっかけを摑んだ。日本の図書館の発展のために、朝河が日米の図書館員同士をつなぐ手助けをしたことが明らかとなった。

2　日米の図書館界に報告された朝河の日本資料収集

朝河のイェール大学図書館と米国議会図書館のための資料収集は、日米の図書館界でも話題として取り上げられるような出来事であった。本項では、朝河の資料収集が日米両国の図書館界でどのように報告されたかをみていく。

朝河の収集は、日本の『図書館雑誌』で次のように紹介されている。

一九〇八年出版の同館長報告に據るに、同館には夙に七百十七部千三百五十一冊の日本書を蔵せしが、一九〇七年以後同大学講師ドクトル朝河氏の尽力によりて更に日本書八千一百二十部（此合冊三千五百七十八）、地図千七百四十一鋪、写真類七百四十二点及び巻物類若干を増加し、外国に於ける有数の日本集書を形作れり。此集書は分ちて二部とすべく、其一は日本輓近の状勢に係るもの其二は日本開化史に係るものなり。尚朝河氏は該集書の保管主任として其名を同館職員の中に列せり[39]。

このように、『図書館雑誌』では、収集の公式見解である Yale University Library, *Report of the Librarian, Yale University, Bulletin of Yale University:* 1907–08 に基づいて、朝河が日本コレクションを作ったこと、その資料の管理を任されていることが報告された。

アメリカでは、ＡＬＡの機関誌 *The Library Journal* において、朝河が日本資料を収集したことが記事になっており、アメリカの図書館界でも朝河の収集が把握されていたことがわかる。三二巻一一号では、日本の『図書館雑誌』と同様に *Bulletin of Yale University: Report of the Librarian* から、日本の歴史資料の大規模な購入が朝河博士によりなされたこと、朝河が一八ヵ月かけて収集した重要な新規の収蔵書であることが取り上げられている。(40) 三二巻一二号では、Library of Congress, *Report of the Librarian of Congress and Report of the Superintendent of the Library Building and Grounds for the fiscal year ending*, June 30 1907. G. P. O., 1907 から、日本に関する九〇〇〇点の注目すべきコレクションがイェール大学の朝河博士によって米国議会図書館に集められたことが報告された。(41) さらに三三巻一〇号においても、朝河博士が大学図書館の東洋コレクションにもたらした日本と中国の資料は、図書館にとって最も貴重なものの一つであるとし、イェール大学図書館の活動近況に付随して朝河の集めた日本資料が特筆されている。(42)

日本の図書館界においても、アメリカの図書館界においても、朝河の資料収集は、イェール大学図書館と米国議会図書館の新しい貴重なコレクションとして紹介され、日本では誇らしく、アメリカでは歓迎されていることが読み取れる。

三　朝河の留学生支援

朝河の支援は、留学生に対しても及んだ。朝河は、早稲田大学図書館員であった毛利宮彦（一八八七―一九五七）のアメリカ留学を斡旋した。日本図書館協会の会員でもあった毛利は、一九一五年（大正四）五月―一六年七月まで、ニューヨーク公共図書館附属ライブラリー・スクールで学んだ。朝河が亡くなった折には、『図書館雑誌』に朝河との思い出を寄稿して偲んでいる。(43) 毛利の留学については、中西裕の論文に詳しいが、本節では朝河を中心とした視点

で毛利を取り上げる。(44)

毛利は、一九一二年に早稲田大学を卒業し、同年より早稲田大学図書館員となり、一五年から一年間ニューヨーク公共図書館附属のライブラリー・スクールに留学した。一九一七年に早稲田大学図書館を辞職し、一八年大阪毎日新聞社に入社している。退社後は図書館学研究に専念し、一九二八年（昭和三）に図書館事業研究会を起こした。一九四二年陸軍士官学校文庫拡充のため、教授嘱託として参画し、戦後は図書館職員養成所講師や早稲田大学教育学部講師として図書館学を講じた。(45)

毛利の回想によると、「早稲田大学からの、図書館学修得と大学研究室制度視察のための、一留学生としての私に対し、先生は全く何から何まで行届いたお世話をして下さったのである」(46)とし、「目的とする図書館学校（既にライブラリー・スクールは二三校を数へてゐた）の詮衡と、入学手続に関する連絡や交渉、これにはエール大学図書館長、当時は副館長であったアンドリュー・キーオー氏、の熱心な協力も大いにあったのである。それで行先は紐育市と定まり、学ぶ所は紐育公共図書館附属の図書館学校（後にコロムビヤ大学へ移管）と決定した。そして渡航の船中での読書のためにと、ダナ氏著のライブラリー・プライマーの一書も送附されて来、紐育到着後の宿所までも用意されてゐる旨の、通報があった」(47)としている。

朝河が図書館学校の選定、入学手続きの交渉、宿の手配などに至るまで万事ぬかりなく用意している様子がつづられている。ダナ氏とは、アメリカの図書館員ジョン・コットン・ディナ（John Cotton Dana, 1856–1929）のことで、その主著である『図書館入門（*A library primer*）』を用意するとは、何とも心憎い気遣いである。毛利自身も、「この田舎者たる東海の一游子がお蔭で迷子にもならず戸惑ひもせずに、目的地に無事に辿りつき得たことは、全く万事に周到な先生の、お手配の然らしめたところであった」(48)と非の打ち所がない朝河の配慮に感謝している。

続いて、毛利の視点で朝河の図書館の業績が伝えられている。

先生も亦図書館事業といふものに、可なり深い因縁を持つてゐられたことである。それはアメリカに於て、日本書その他の東洋書の収集に、早くから手を着けたのはエール大学であり、先生はそのキュレーター（監集者）として、二三回は資料蒐集のために態々帰朝せられたこともあつて、目録の編纂に自ら手を下されたり、その他同大学の和漢集書の大成には、非常に尽くされたのであつた。後年のコングレス・ライブラリー及コロムビヤ、ミシガン、カリフオルニヤその他諸大学に於ける斯種図書の蒐集整備の事業に対し、先生の業績は、必ずや直接間接の影響があつたものと、容易に想像されるのである。(49)

もはや戦前の日本文庫協会時代を知る者が少ない中、毛利は図書館人としての朝河の功績を後世に伝える追悼文を書き残している。さらに、朝河と会った時の印象について、朝河の面影を次のように記している。

三十二年前の先生は、赭顔痩身に白髪多く、その温和な風貌と謹厳な挙措とは、全くアメリカ風の学者そのものゝようであつた。(50)

朝河と接した人物による朝河の貴重なアメリカでの様子である。赤ら顔で痩せているという容姿の特徴をよく捉えており、朝河の真面目な人柄が伝わってくる。

毛利の留学からは、朝河が図書館員の留学においても、手厚く世話をしている様子がわかる。

四　関東大震災に対するアメリカでの資料支援

日米の図書館同士の交流を促し、図書館学を学びにアメリカへの留学を希望する日本の図書館員を世話した朝河は、関東大震災においても、被災した日本の図書館のために協力を惜しむことはなかった。

一九二三年（大正十二）九月一日に発生した関東大震災では、東京帝国大学附属図書館が倒壊、全焼し、蔵書のほとんどが灰燼に帰した。

朝河は、埴原正直駐米大使と書簡を交わし、被災に関する情報を集めるとともに、資料支援への協力を依頼された。東京帝国大学附属図書館長であった和田万吉からも被害状況と復興に向けた資料支援の要請を受けた朝河は、米国議会図書館長ジョージ・ハーバート・パトナム（George Herbert Putnam, 1861–1955）に和田の要請を伝え、アメリカ国内で資料収集に尽力した。

まず、朝河は、九月七日に今回の震災に対して大学関係者としても何らかの救援の方法を考えようとワシントンの日本大使館の埴原に連絡を取った。(51) 九月十二日の埴原の返信では、まだ詳細な情報が得られなかったものの、同二十日付の朝河宛書簡で、埴原は日本国際連盟協会の会長であった渋沢栄一よりアメリカからの図書補充の斡旋の依頼を受けたことを伝え、朝河にも協力を求めた。阿部善雄によれば、「日本国から民間人朝河への公的な依頼状の体裁をとるものであった(52)」という。埴原は、書簡の中で、東京帝国大学の七〇万冊の蔵書をはじめ、その他諸大学の多くの図書が火災のため烏有に帰し、英国の国際連盟協会から援助の申し出があったこと、これに対して、日本国際連盟協会が図書の寄贈を依頼したこと、焼失した図書の主なものは、政治、経済、法律、文学、社会関係のものであることも伝えた。また、同十六日付の埴原宛書簡で、朝河が日本からの学資補給が途絶えて困っているであろうアメリカ留学中の学生に対して、救済措置を講じる必要があることを提案したことにも触れ、賛同の意を示している。(53)

震災後、朝河は、日本にいる友人たちに見舞い状を送った。朝河が第一回日本帰国の際に、日本文庫協会で知り合った和田万吉もその一人である。朝河も和田も同時期に自発的に書簡を出したため、朝河が和田宛に九月十六日に出した書簡と和田が朝河に宛てて十月六日に出した書簡は、すれ違って互いのもとに届いた。朝河が、和田が館長を務める東京帝国大学附属図書館や東京の被災状況を心配していたように、和田もアメリカにいる朝河に被災状況の報告と協力の申し入れをしており、双方がお互いのことを念頭に置いていたことがわかるエピソードである。

十月六日の書簡の中で、和田は、東京帝国大学附属図書館の被災について、七五万冊のうち、約二〇万冊は教室などにあって残ったが、これも辛うじて救出したもので、結局五〇万冊は燃えてしまったこと、その中に貴重稀覯で二度と手に入らないものが三、四万冊あったことなどを報告した。[54] 和田は、直ちに第二信を朝河に送っている。その十月二十二日の書簡によると、図書館はわずかに九五〇〇冊ばかりを救出し、合計五〇万冊前後が灰燼に帰し、七六万冊の蔵書を誇った図書館もなくなってしまったこと、災害復興計画も容易でなく、図書館の新築を模索していること、上・中流階級から寄贈の申込が連日あり、なかには日本図書館協会の徳川頼倫総裁から南葵文庫の寄贈の申込もあるが、震災前の状態に復旧するのは五〜七年以上かかりそうなこと、アメリカ、イギリス、フランス、イタリア、ドイツなどから贈書の国際的援助も少なからずあることを報告している。そして、アメリカの図書館の同情は、ぜひ朝河を通して獲得したいということで、特に、新築建築上の参考資料および図書館の目録その他の出版物の恵贈を歓迎するという内容であった。[55]

阿部は、「和田は朝河の実行力と系統的な図書収集能力と、アメリカ国内において彼が持っている影響力を十分に知っていた」[56]と指摘している。朝河の第一回日本帰国での資料収集を目撃していた和田ならば、すぐに朝河に思いが及んだことは想像に難くない。だからこそ、被災後の早い段階で朝河に支援を依頼することができたと考えられる。

一九二三年十一月三日付の米国議会図書館長パトナム宛の朝河の書簡（イェール大学図書館所蔵）によれば、朝河は、東京帝国大学図書館の現状と東京市内の図書館の損失について報告しながら、和田の要請について次のように伝えている。「図書館個々の設計図。このような設計図の出ている出版物。特別器具の解説、利用者案内・報告、目録等を含むいろいろな図書館の出版物。図書館学校を並置した図書館の活動および成果報告も望ましい[57]」。これらが新館の建築計画の検討に役立つであろうとして、和田の要望を伝えている。朝河は加えて、自らの要望として、アメリカでできる東京の図書館に対する援助を最も適切に行う方法を教えてほしいと援助手段の相談をしている[58]。

阿部によれば、朝河は、アメリカ国内で集められた寄贈図書を管理する役目を担い、図書を受け取りに来た東京帝国大学の高柳賢三に目録とともに引き渡したという[59]。最終的に、東京帝国大学には、アメリカから約九万五〇〇〇冊の図書が寄贈された[60]。

和田は、一九二四年一月八日に朝河へ礼状を送っている。特に洋書の寄贈は海外に頼らざるを得なかったため、米国議会図書館長に対する朝河による寄贈の働きかけのおかげで、アメリカ国内の主要な図書館から多くの援助を受けられたことに感謝している。「この喜びは到底言舌に尽くし難く、ただただ感激するばかりでございます[61]」（釈文筆者）という文面からも和田が朝河を信頼し、それに見事に応えた朝河に対して心から感謝の気持ちを示したことが伝わってくる。

おわりに

朝河の第一回日本帰国は、帝国図書館の新館開館、日本文庫協会の第一回全国図書館大会の開催、『図書館雑誌』の創刊など、日本の近代的な思想を基にした図書館の胎動期に重なっていたことがわかった。朝河は、日本の図書館界の時流に乗って、収集活動を円滑に進めることができた可能性がある。すなわち、日本文庫協会の講演の機会を上手に活用し、人脈を広げ、専門家の意見を収集に取り入れることができたと考えられる。当時の日本文庫協会は、錚々たる面々が集っており、もともとあった朝河の人脈に加え、新たな人脈をこの時に築いたのではないか。母校の早稲田大学以外に、当時の日本を代表する知識人たちと第二回日本帰国につながる人脈を形成した可能性が高い。

日本文庫協会のメンバーは、海外への関心も高く、朝河は互いに良い刺激を受けたと思われる。朝河にとっては、識者に収集の協力を仰ぐメリットがあり、日本文庫協会側にとっても、アメリカの事情を知り、日本の事情も理解できた朝河は、貴重な存在であり、お互いの利害が一致していたとみることができる。

コレクションは、収集者がどのような人物かと、どのようにして集めたかによって質が変わる。したがって、現在イェール大学図書館と米国議会図書館にある朝河収集の日本資料に関していえば、朝河自身に教養があり、日本文庫協会に代表されるような有識者集団の助言を得たとすると、その当時の傑出したコレクションが形成されたと考えることができる。

今回の調査で明らかとなったことの一つに、朝河が一方的に支援を受けたのではなく、日米の懸け橋として日本とアメリカの図書館界を仲介したことが挙げられる。アメリカに日本資料を備えた図書館を作るという使命感を持って日本資料の収集にあたった朝河には、明らかにアメリカから日本を支えるという自覚があった。朝河は、自分がどうしたら日本のために役に立てるのか自分の立場をよく理解し、それを実行に移す行動力も持ち合わせていた。朝河の持ち前のプロアクティブな性質が、収集に留まらない、図書館人に不可欠な情報と人、人と人をつなぐ良い作用をもたらしたのではないか。

朝河の図書館への貢献は、大正時代に入っても続いた。図書館学を学ぶ日本からの留学生の斡旋、関東大震災での資料支援など、研究者としてだけでは語ることのできない朝河の人となりが浮かび上がる。第一回日本帰国での収集活動を通して築いた人脈がいろいろな局面で活かされた様子を読み解くことができる。特に、関東大震災における陰ながらの資料支援は、朝河の本領を発揮したもので、この貢献はもっと評価されてもよいのではなかろうか。

関東大震災の支援で書簡を交わした和田万吉と朝河が最初に出会ったのは、日本文庫協会がきっかけであったと考えられる。つまり、朝河のイェール大学図書館の東アジア図書館長としての出発点に、日本文庫協会での出会いがあったといえる。朝河は、日本文庫協会で築いた人々との友情や交流を礎に、日米の図書館界の情報交換を促した。日本を想いながらアメリカで生きる道を選んだ朝河にとって、日本の図書館の発展に寄与したいという志を持って、日米の橋渡しをすることは、自然なことであったに違いない。

注

（1）朝河貫一記念ガーデン（the Asakawa Garden）の記念碑に刻まれている言葉。この日本庭園は、二〇〇七年にイェール大学が朝河の大学就任一〇〇周年を記念してSaybrook Collegeの中庭に作られた。
（2）松谷有美子「朝河貫一によるイェール大学図書館および米国議会図書館のための日本資料の収集」（『Library and information science』七二、二〇一四年）。
（3）高山正也『歴史に見る日本の図書館—知的精華の需要と伝承—』勁草書房、二〇一六年。
（4）岩猿敏生『日本図書館史概説』日外アソシエーツ、二〇〇七年。
（5）『図書館雑誌』は、日本における図書館関係の代表的な雑誌として、今日に至るまで約一一〇年にわたって継続して刊行されており、日本における最も歴史の長い雑誌の一つである。
（6）日本図書館協会「日本図書館協会について」http://www.jla.or.jp/jla/tabid/221/Default.aspx（二〇一八年七月七日参照）。
（7）前掲注（4）岩猿文献。
（8）福沢諭吉著、マリオン・ソシエ、西川俊作共編『西洋事情』慶応義塾大学出版会、二〇〇二年。

(9) 前掲注(3)高山文献。
(10) 早稲田大学史編集所『早稲田大学百年史　第二巻』早稲田大学出版部、一九八一年。
(11) 東京書籍商組合事務所「全国図書館員大会略記」(『図書月報』四-七、一九〇六年)。
(12) 市島謙吉編「日本文庫協会紀要」(『図書館雑誌』一、一九〇七年)。
(13) 日本図書館協会編『近代日本図書館の歩み　本篇―日本図書館協会創立百年記念―』日本図書館協会、一九九三年。
(14) 市島謙吉、春城日誌研究会「翻刻『春情日誌』(六)―明治三十九年一月〜六月―」(『早稲田大学図書館紀要』三三、一九九一年)。
(15) Kan'ichi Asakawa, Letter to John Christopher Schwab, March 14, 1906. Librarian, Yale University records (RU120), Manuscripts and Archives, Yale University Library.
(16) 前掲注(14)市島「翻刻『春情日誌』(六)」。
(17) 前掲注(14)市島「翻刻『春情日誌』(六)」。
(18) 朝河が帰国した一九〇六年は、日露戦争の終結した翌年にあたる。帝国図書館の施設は、国立国会図書館の支部上野図書館を経て、現在は国際子ども図書館となっている。
(19) 日本文庫協会『全国図書館大会記事　第一回　明治三十九年三月　日本文庫協会主催』日本文庫協会、一九〇六年。
(20) 前掲注(19)日本文庫協会文献。
(21) 前掲注(15)。
(22) 『竹林熊彦文書』同志社大学総合情報センター、二〇〇五年。切り抜きの新聞名は不明。
(23) 『春城日誌』によれば、山之上集会所で行われたとされる。
(24) 前掲注(12)市島編「日本文庫協会紀要」。
(25) 前掲注(12)市島編「日本文庫協会紀要」。
(26) 市島謙吉編「日本図書館協会沿革略」(『図書館雑誌』三〇、一九一七年)。
(27) 前掲注(12)市島編「日本文庫協会紀要」。
(28) 市島謙吉編「日本図書館協会会員名簿」(『図書館雑誌』七、一九〇九年)。

(29) 日本図書館文化史研究会編『図書館人物事典』日外アソシエーツ、二〇一七年。

(30) アメリカ図書館協会は、アメリカ合衆国のあらゆる種類の図書館を網羅した最大の図書館関係団体である。アメリカの独立一〇〇周年の一八七六年、フィラデルフィアに集まった図書館員一〇三名の決議によって成立した。アメリカの公共図書館がカーネギー財団の支援で館数を延ばし、女性図書館員の進出が目覚ましかった一九世紀のうちに拡大を続けて大きな組織になった（藤野幸雄編『世界の図書館百科』日外アソシエーツ、二〇〇六年）。

(31) 市島謙吉編「日本文庫協会紀要」（『図書館雑誌』二、一九〇八年）。

(32) 前掲注(31)市島編「日本文庫協会紀要」。

(33) 前掲注(31)市島編「日本文庫協会紀要」。

(34) 前掲注(31)市島編「日本文庫協会紀要」。

(35) 前掲注(30)藤野編文献。

(36) 市島謙吉編「海外彙報」（『図書館雑誌』一、一九〇七年）。

(37) 太田為三郎「図書館論纂」（『図書館雑誌』四、一九〇八年）。

(38) アンドリュー・ケオッフ「米国図書館協会の目録編纂新規則」（『図書館雑誌』六、一九〇九年）。

(39) 市島謙吉編「エール大学図書館の日本書」（『図書館雑誌』五、一九〇九年）。

(40) W. N. Chattin Carlton, "College libraries in the mid-nineteenth century," *The library journal*, vol. 32, no. 11, 1907.

(41) American Library Association, "Report of the Librarian of Congress," *The library journal*, vol. 32, no. 12, 1907.

(42) American Library Association, "American libraries," *The library journal*, vol. 33, no. 10, 1908.

(43) 毛利宮彦は、朝河を「浅川」と間違えているが、朝河がいかに「朝河」でなく、「Asakawa」と認識されていたかを物語っているようにもみえる（毛利宮彦「故浅川《(ママ)》貫一先生と私」（『図書館雑誌』四二-四、一九四八年））。

(44) 中西裕「図書館学者毛利宮彦の洋行」（『学苑・文化創造学科紀要』七九二、二〇〇六年）。

(45) 前掲注(29)日本図書館文化史研究会編文献。

(46) 前掲注(43)毛利「故浅川貫一先生と私」。

(47) 前掲注(43)毛利「故浅川貫一先生と私」。

(48)前掲注(43)毛利「故浅川貫一先生と私」。
(49)前掲注(43)毛利「故浅川貫一先生と私」。
(50)前掲注(43)毛利「故浅川貫一先生と私」。
(51)埴原正直、朝河貫一宛書簡、一九二三年九月十二日、朝河貫一資料、福島県立図書館。
(52)阿部善雄『最後の「日本人」—朝河貫一の生涯—』岩波書店、一九八三年。
(53)埴原正直、朝河貫一宛書簡、一九二三年九月二十日、朝河貫一資料、福島県立図書館。
(54)和田万吉、朝河貫一宛書簡、一九二三年十月六日、朝河貫一資料、福島県立図書館。
(55)和田万吉、朝河貫一宛書簡、一九二三年十月二十二日、朝河貫一資料、福島県立図書館。
(56)前掲注(52)阿部文献。
(57)朝河貫一書簡編集委員会編『朝河貫一書簡集』早稲田大学出版部、一九九〇年。
(58)前掲注(57)朝河貫一書簡編集委員会編文献。
(59)前掲注(52)阿部文献。
(60)東京大学附属図書館「東京大学創立一三〇周年・総合図書館再建八〇周年記念特別展示会—世界から贈られた図書を受け継いで—」http://www-old.lib.u-tokyo.ac.jp/tenjikai/tenjikai2007/index.html(二〇一八年七月七日参照)。
(61)和田万吉、朝河貫一宛書簡、一月八日、朝河貫一資料、福島県立図書館。

朝河貫一と近代中国

武藤秀太郎

はじめに

二〇一四年（平成二十六）二月十九日から三月二十三日にわたり、朝河貫一の故郷にある二本松市歴史資料館で、彼の生誕一四〇周年を記念した企画展「朝河貫一の生涯」が開かれた。その目玉は、何といっても朝河が四歳の頃、一家で住み込んでいた立子山天正寺の本堂の壁に書いたとされる走馬の落書きであっただろう。この落書き部分を寺院の改築にともない、保存のために切りとったものが、特別展示されていた。筆者自身もこれを目当てに、終了間際の企画展へかけこんだのであった。

実際、この目で見た「天正寺の落書き」は、写真よりも迫力があり、美しかった。ただ、それ以上に、筆者の関心をひいたのが、出展された朝河の遺品である。手元にある「『朝河貫一の生涯』出品目録」によれば、遺品一七点はいずれも、朝河の死後に寄贈された二本松市歴史資料館所蔵のものである。そのうち、「中国製小皿」と「中国製小物入缶」は、文字通り中国製であることが、確認できているのだろう。「硯箱《すずりばこ》」も、どことなく中国製のような感じがする。企画展を参観した筆者の頭には、自然と次の問いが浮かんだ。朝河は一体、こうした中国由来のものを、どのように手に入れ、愛用したのであろうか。

朝河自身は、生涯で一度も中国の地に足を踏み入れたことはなかった。しかし、朝河をとりまく人間関係には、数多くの中国人、および中国研究者が存在した。筆者は以前、執筆した論文「朝河貫一と胡適―日中知米派知識人の思想的交錯―」で、朝河が中国の新文化運動を主導した胡適《フーシー》と、一九一七年に出会って以来、親しく交流を交わすとともに、最終的に日米開戦をめぐり、互いに敵対する立場に置かれた歴史的過程を明らかにした(1)。

一口に新文化運動といっても、その内容は多岐にわたるが、胡適が精力を注いだものに「整理国故」運動がある。「整理国故」は、古代の学術思想を系統的に「整理」し、「科学的方法」にもとづき考証することを指している。これに「封建」概念の面から重要な示唆を与えたと考えられる人物が、ほかならぬ朝河貫一であった。朝河の封建制に関する論文を通じ、国際的な比較研究や厳密な概念規定の必要性を読みとった胡適の「封建」観は、彼が説いた民主主義論とも深く関わっている。

朝河は胡適以外にも、多くの中国人と積極的に交流をかわしていた。その背景には、朝河がアジア人初の教師として、長年教鞭をとったイェール大学という地場が大きく作用したことを指摘しなければならない。そこで、本稿ではまず、イェール大学が中国人留学生の一大拠点となった経緯について、みてゆくことにしたい。

一　中国人留学の始まりとイェール大学

一八七六年一月、特命全権公使として清国にわたった森有礼と、北洋大臣兼直隷総督であった李鴻章《リーホンジャン》との間で会談が行われた。これは、その前年に起きた江華島事件をきっかけとして、朝鮮の処遇について腹の中をさぐりあうのが目的であった。ただ、そこで話しあわれた内容は、ひろく西洋との接し方にまでおよんでいる。

西洋の学問が一〇〇%有用であるのに比べ、中国の学問は三割しか役に立たないと述べた森有礼に対し、「独立の精神を棄て、ヨーロッパの支配をうけいれることを恥ずかしく思わないのか」と問いただした李鴻章。いや、中国だって積極的に西洋の学問をとりいれようとしているじゃないか。そう指摘したかったのか、森はアメリカで出会った中国人について、李に話をふっている。その会談記録にみられる両者のやりとりは、つぎの通りである。

森有礼「アメリカにいた時、貴国の容閎《ロンホン》、曽蘭生《ゼンランシエン》と知りあいました。二人とも、非常に学問があります。」

李鴻章「容閎は現在、駐米欽差《チンチャイ》大臣として派遣されています。」

森「それは非常に良いことです。」

李「曽蘭生は現在、天津に呼び戻し、委員をつとめさせる予定です。来年、森閣下が天津を通る際、彼のもとを訪ねることができるでしょう。」

森「アメリカでは、数多くの中国人の児童をみかけました。みな非常に聡明でした。」

李「彼らは留学のため外国に送りだした者たちです。聞くところによると、彼らはまじめに勉強しているようです。」

森「こうした人たちが、成長して学問で大成し、将来外務を担うことは、非常に良いことです。」(2)

実質的な公使として森がアメリカに駐在したのは、一八七一年二月から七三年三月までのことである。おそらく、その間に容閎（一八二八—一九一二）や曽蘭生（一八二九—九五）らと交流があったのだろう。

実際、容閎と曽蘭生は当時、清朝が派遣した三〇名の第一期国費留学生のつきそい役として、アメリカに滞在していた。アメリカにおける森のおもな任務もまた、日本人留学生らの面倒をみることにあった。どちらも、アメリカ東海岸を拠点としており、互いの動向をチェックしていたであろう。

曽蘭生はシンガポール生まれ。父が広東省潮州出身、母はマレーシア人のハーフであった。幼くして両親を亡くし、アメリカ人の宣教師に育てられた。

一八四二年、曽蘭生はアメリカのニュージャージー州へとわたり、中学校教育をうけた。その後、ニューヨークのハミルトン・カレッジへと進学している。残念ながら卒業までいたらなかったが、アメリカの大学で学んだ最初期の中国人であった。

一八四八年に中国へ戻った曽蘭生は、広州にあるアメリカの教会で働きはじめた。のちに事業に手を出したものの失敗し、それから福建船政学堂で英語教師をつとめた。そうした折、政府の留学生派遣事業が決まり、同行する通訳として採用されたのである。

容閎は広東省香山県（現在の珠海市）の出身。農家の次男坊として生まれた。従来の儒学教育はほどこされず、一八三五年にマカオに連れられ、イギリス人が経営するミッション・スクールで教育をうけた。

一八四一年、容閎はあらたに開設されたモリソン学校へと進学した。これは、一八〇七年にプロテスタントの宣教師としてはじめて中国にわたり、亡くなるまで活動したロバート・モリソン（馬礼遜《マーリーシュン》、一七八二―一八三四）を記念して作られた学校であった。モリソンは、初となる聖書の中国語訳や中国語・英語辞典（華英字典）をてがけたことで知られている。

容閎にとって、人生の大きな転機となったのが、アメリカへの留学である。初代校長をつとめたサミュエル・ロビンス・ブラウン（勃朗《ボーラン》、一八一〇―八〇）が一八四七年初、アメリカへ帰国する際、同行する希望者を募り、容閎のほか、黄勝《ファンシェン》、黄寛《ファンクァン》の計三名の学生を連れて戻ったのである。なお、ブラウンはのちに、日本へもやってきて、横浜にブラウン塾（現在の明治学院大学）をひらき、押川方義《おしかわまさよし》や植村正久《うえむらまさひさ》など、日本のキリスト教界を担う優れた人材を育てている。

アメリカに到着した容閎らは、さしあたってマサチューセッツ州にあったマンソン・アカデミーに通った。そのうち、黄勝が病気で翌年に中国に帰国したが、残る容閎と黄寛は、アカデミーでの学業を終え、それぞれイェール大学とスコットランドのエディンバラ大学に進学した。

一八五四年、容閎は優秀な成績でイェール大学を卒業した。アメリカの大学を卒業した最初の中国人である。日本人が欧米の大学で学んだのは、徳川幕府が一八六二年にオランダに派遣した留学生たちが最初であった。曽蘭生や容閎に遅れること、一〇年以上である。また、その一員であった西周《にしあまね》と津田真道《つだまみち》が、ライデン大学でフィッセリングから、特別に社会科学の個別指導をうけたように、正規の課程で学んだわけではなかった。この時点で、中国が海外留学に関し、日本よりもリードしていたのはまちがいない。

二　国費留学生派遣事業とイェール大学

一八五五年に帰国した容閎は、海関の通訳や茶の買いつけなど職を転々とした。そんな容閎に、官界へと進出する機会を与えてくれたのが、両江総督兼南洋大臣の曽国藩《ゼングオファン》（一八一一―七二）であった。江南機器製造総局にすえる機械をアメリカから調達するなど、曽からの依頼をそつなくこなした容閎。国費留学生の派遣は、容閎が自らの経験をもとに出した提案を、曽がうけいれ、実現にいたったものであった(3)。

最終的に決まった派遣計画案はつぎの通りである。十二歳から十六歳までの児童一二〇名を、三〇名ずつ四期にわたりアメリカへと留学させる。志願者はひろく募り、留学前に予備校で一定期間訓練をほどこす。留学期間は一五年間。漢学を教えるために、二名の中国人教師が同行する。アメリカで留学生を管理・監督する責任者である「出洋局」委員には陳蘭彬《チェンランビン》、副委員に容閎がそれぞれ任命された。陳に留学経験はなく、容閎がこの事業の実質的なオーガナイザーであった。

一八七二年八月、第一期国費留学生がアメリカに向け、上海を出発した。この留学生三〇名のうち、二五名が広東人、さらに一三名が香山県出身と、容閎の地元に近い者が大部分を占めていた。これは、留学生への応募が少なく、何とか定員を確保しようと、容閎が地元に赴き、勧誘した結果であった。三〇名の中には、規定の年齢より小さい十歳、十一歳の児童も混じっていた。

容閎は、アメリカでの拠点となる留学事務所を、イェール大学にほど近いコネチカット州のハートフォードにさだめた。教育方法については、イェール大学の恩師と相談し、留学生が英語を早く習得できるよう、その周辺の家庭にホームステイさせた。そして、英語の能力が一定の水準にたっすると、順次現地の小学校、中学校へと送りだしたのである。

その後、翌一八七三年に第二期、七四年に第三期、七五年に第四期と、留学生一二〇名が予定通りアメリカへと派遣された。それからほどなくして、容閎は陳蘭彬とともに、あらたに設けられた駐米公使に任命された。これは、容閎にとって昇進を意味した。しかし、容閎自身は、異動することを望まず、ひきつづき副公使兼留学生監督として、留学生の教育にたずさわった。

こうして、軌道にのったかにみえた留学事業であるが、一八八一年六月に突如、清朝から留学事務所の廃止と学生全員の引き上げがいいわたされてしまう。それを決定づけたと考えられる李鴻章の意見書では、容閎が西洋の学問を偏重し、留学生に悪影響をもたらしていること、この問題について以前より、陳蘭彬から相談をうけていたことが指摘されていた。(4)たしかに、陳は容閎のやり方を快く思っていなかったようである。

生活面では、留学生がキリスト教に入信したり、弁髪《べんぱつ》を隠して洋服を身につけたりしたことが問題視された。当時、イェール大学に二二名が在学するなど、半数以上の留学生が初等・中等教育を終え、大学や職業学校で学んでいた。ちょうど二名の者がイェール大学を卒業したところであったが、残る留学生はみな学業半ばで、すぐに中国へとよび戻されたのである。(5)

留学事業が途中で打ち切られた背景には、中国からの移民労働者に対する排斥運動が高まりをみせたことや、協定でみとめられた陸海軍学校への入学が拒否されるなど、アメリカ国内の事情も存在した。また、派遣した学生が年端《としは》もいかない子供で、留学期間が一五年という計画自体、即戦力が必要とされた中国の実情に、そぐわない面があったといわなければならない。だが、中止となった大きな原因は、やはりアメリカの生活・思考様式をうけいれ、順応してゆく留学生に対する保守派官僚らの警戒感にあった。漢学を教える教師を帯同したように、あくまで西洋の思想に染まらない「中体西用」に即した人材が求められたのである。

留学生の中には、中華民国の初代国務総理をつとめた唐紹儀《タンシャオイー》、清華学校（現在の清華大学）の初代学長となった唐国《タングオ》安《アン》、「中国鉄道の父」とよばれた詹天佑《ジャンテイエンヨウ》のように、のちに政治や教育、経済の分野で、それなりの地位をえて活躍した者もいた。しかし、帰国当初は、国費を無駄に費やしたとして、犯罪者のようなあつかいをうけ、不遇な時をすごさなければならなかったという。そもそも容閎にしても、中国人として初のイェール大学卒業という学歴にみあった待遇をうけたとはいいがたい。これは、西周や津田真道ら日本の幕末オランダ留学生が、帰国後政府に重用され、民間でも名声を博したのと対照的である。

留学生とともに帰国した容閎は、学業をまっとうさせるため、彼らをもう一度アメリカへと送りだそうと画策したが、無駄におわった。中国に約一年半滞在した後、アメリカ人の妻を看病するために、アメリカへと引きかえし、いったん政治の舞台から身をひいた容閎。彼が張之洞《ジャンジードン》（一八三七―一九〇九）の命をうけ、ふたたび中国の地をふんだのは、日清戦争直後のことである。結局、張之洞とうまくいかなかった容閎は、康有為《カンヨウウエイ》（一八五八―一九二七）や梁啓超《リヤンチーチヤオ》（一八七三―一九二九）ら維新派と交わり、戊戌《ウーシュー》変法の後ろ盾となってゆく。そのため、戊戌変法が挫折すると、首謀者として潜伏生活を余儀なくされた。一九〇二年六月になんとか帰還できたアメリカで、一生をおえることとなる。

このように、日本よりも先んじていた中国人の海外留学は、一八八〇年代にいったん中断を余儀なくされたのである。

三　日本留学からアメリカ留学へ

アメリカへの留学生派遣事業の停止後、海外留学の重要性が改めて再認識されたのは、日清戦争後の一九世紀末のことである。中国国内におけるあらたな学制の整備とともに、海外への留学生派遣が教育改革の大きな柱としてかかげられた。留学先としては、アメリカ留学の教訓をふまえ、欧米でなく日本が好ましいと考えられた。

中国政府がはじめて、日本に留学生を送りだしたのはいつか。一説には一八九六年（明治二十九）六月、駐日公使の裕庚《ユーゲン》が東京にまねいた一三名の若者が、最初の留学生であるとされている。(6)ただ、これについては異論もあり、あくまで駐日公使館における職員養成の延長にすぎず、留学生にあたらないという意見がある。(7)何をもって留学生とみなすかで、見解も変わってくるであろう。この起源をいつに求めるかの問題はともかく、中国人留学生が本格的に日本へとやってくるのが、一八九八年後半以降のことであった。

では、一九世紀末から二〇世紀初にかけ、どれくらいの数の中国人留学生が来日したのだろうか。統計がとられておらず、正確な数字は不明であるが、日本留学元年ともいうべき一八九九年に約二〇〇人、義和団戦争をはさんで一九〇二年には五〇〇人へとふくれあがったとされる。翌〇三年には一〇〇〇人へと倍増し、〇四年に一三〇〇名まで到達した。さらに、科挙制度が廃止された〇五年には、一挙に八〇〇〇人へと激増し、ピークとなる〇六年に一万人の大台を突破した。一説には、二万人に達したともいわれている(8)。

他方、アメリカにしてみれば、日清戦争後の清朝が、新参者の日本をモデルに教育改革を行い、留学生をこぞって日本に送りだす事態は、面白いものでなかったであろう。非キリスト教国である日本が、中国人教育の主導権をにぎることになれば、布教にもさしさわりが生じてくる。

この状況を打開しようと、アメリカは政府をあげて、積極的に中国人留学生のうけいれをはかった。その象徴的といえる政策が、義和団戦争の賠償金（庚子賠款《ゲンズーペイクアン》）を原資としたアメリカへの国費留学生派遣事業である。

義和団は、もともと反キリスト教活動を展開していた山東省の義和拳と神拳という武闘組織が融合して生まれた集団であった。「扶清滅洋《フーチンミエヤン》（清を扶け、洋を滅ぼす）」というスローガンをかかげた義和団の活動範囲は、一八九九年後半になると、山東省をこえ、直隷（河北省）へと本格的に広がり、翌年春には北京、天津にも波及した。

義和団は、キリスト教徒の殺害、教会の破壊にとどまらず、「洋」に関連する施設、同胞にまでも危害をおよぼした。列強は軍隊を北京に派遣するとともに、清朝に抗議し、義和団をとりしまるよう要求した。この対応をめぐり、清朝内部で意見が分かれたが、最終的に西太后《シータイホウ》が義和団を支持することに決し、一九〇〇年六月二十一日に列強へ宣戦を布告した。

結局、西太后の決断は裏目にでて、日本をふくめた八ヵ国からなる連合軍が、八月十四日に北京を制圧した。西太后自身も、光緒帝《グウアンシューディー》をともない、北京から西安へと逃げのびた。それから一ヵ月後の九月十四日、清朝は一転して、義和団の鎮圧令をだすことを余儀なくされたのである。

清朝は一九〇一年九月に列強と締結した北京議定書で、巨額の賠償金を支払うこととなった。日本、アメリカをはじめとした列強八ヵ国に対し、四億五〇〇〇万両という、清朝の年国家予算の四倍にあたる額であった。これに対し、アメリカは一九〇八年七月、この賠償金のうちアメリカがえた二四四四万ドルを、一三六六万ドルに減額し、さらにその大部分を、留学生派遣事業の資金として返還することを申しでたのである。

これにより、一九〇九年に四七名、一〇年に七〇名、一一年に六三名と、毎年数十名におよぶ国費留学生がアメリカへと送りだされることとなった。冒頭の「はじめに」でふれた胡適も、この制度を利用してアメリカに留学した一人である。その結果、中国人日本留学生の数が一九〇六年をピークに減少していったのを埋めあわせるように、アメリカへと留学する中国人学生が徐々に増えていった。一九一一年四月には、アメリカ留学に向けた予備校である清華学堂（現在の清華大学）が設立されている。

また、こうした政府による留学奨励策とは別に、イェール大学出身のアメリカ人が一九〇六年十一月、中国湖南省の長沙に雅礼《ヤーリー》大学堂という、イェール大学の分校のような教育機関を創設した。[9]「雅礼」という名称は、『論語』「述而第七」の「子所雅言、詩書執礼。皆雅言也（子の雅言するところは、詩書、執礼。皆雅言なり）」から二字をとったものである。また、イェールと発音が似ている（今日一般に用いられているイェール大学の中国語名は、雅魯《ヤールー》大学）。このイェール大学卒業生らはもともと、一九〇一年初にキリスト教の布教活動をしようと、中国にわたってきた。彼らの活動には、イェール大学の学長であるアーサー・ハードリーも後押しをしていた。

イェール大学卒業生たちが中国に来たのは、義和団戦争でキリスト教がまさに迫害をうけていた時期である。しかし、彼らはこうした困難な時こそ、試練にたえ、博愛の精神で布教につとめるべきだと考えた。そこで、比較的被害の少ない中国の南方へと移動し、一九〇二年六月に長沙でまず、雅礼協会（Yale in China Association）をたちあげたのである。

雅礼大学堂には、第一期生として二四名の若者が入学した。創立当初、学校の経費は、すべてイェール大学の基金からまかなわれた。雅礼協会はまた、医療活動でも奉仕するため、一九〇七年に雅礼医院を設立している。同胞の宣教師らが迫害をうけた中、これほどまでに、中国へ惜しみなく資金と人材を投じ、教育・医療活動を行ったのは、やはりイェール大学と容閎以来の中国人留学生との縁があったからであろう。長沙には今日でも、雅礼大学堂の系統をつぐ雅礼中学校が存在する。

このような事情を背景として、二〇世紀に入り、アメリカ留学が再開された際にも、イェール大学は中国人が親しみをもち、入学を希望する有数の人気校となった。朝河がイェール大学大学院に進学し、「大化改新（*The Early Institutional Life of Japan*）」で博士号を授与されたのが、一九〇二年六月のことである。朝河は、そのままイェール大学に残り、歴史学部の講師に就任した。この同じアジア人である朝河の周りに、中国人留学生が集ってきたのである。

四　朝河貫一の中国論

つぎに、二〇世紀初頭における朝河の東アジア論についてみてゆきたい。

日露戦争が勃発し、旅順で攻防がくりひろげられた最中の一九〇四年十一月、朝河貫一は『日露衝突（*The Russo-Japanese Conflict*）』を、アメリカで出版した。『日露衝突』の執筆意図は、その「序文（Preface）」にあるように、日本とロシアの間で戦争が起こった歴史的背景を叙述し、満洲と朝鮮半島におけるアメリカの貿易利益にとって、ロシアよりも日本の勝利が好ましいことを示すことにあった。

朝河は、列強が対峙《たいじ》する満洲、朝鮮半島を律するべき原則として、その地域的統合と機会均等の二つをあげていた[10]。その上で、彼はロシアが、この二大原則を踏みにじっているとし、これを順守しようとする日本と対置させた。日露戦争を「新文明」日本と「旧文明」ロシアの争いと位置づけ、日本の正当性を訴えた『日露衝突』は、『ニューヨーク・タイムズ』をはじめとした各紙で書評がでるなど反響をよび、朝河は戦争中、四〇あまりの地で講演を行ったという[11]。

幸い、日露戦争は朝河が望んだように、日本の勝利でおわった。しかし、朝河にとって、日露戦争後における日本の外交政策は、彼の期待に反し、二大原則に反する傾向をみせていた。約一年半の一時帰国からアメリカに戻った朝河は一九〇八年五月、大隈重信に宛てた手紙の中で、アメリカの対日観が一変し、「日本は韓国を圧制し、又満洲にては露国ニ代はって支那の主権を傷け列国の利権を害せんとするの傾ありといふ感情」が生じており、「国民の猛省を促すべき危機今日に在り」と警告した[12]。実際、朝河は一九〇九年六月、実業之日本社から『日本之禍機』を公刊し、日本が二大原則に背き、朝鮮半島を蹂躙し、清国の主権を侵すような満洲権益の獲得に走っていると批判した。「将来の国運の大半は、我が国民が一方には今後東洋の最大問題たるべき清国に対し、他方には今後世界の最富強国たるべき米国に対する関係によりて定まらん」とし、日本の対米・対中姿勢を改めるべきことを説いたのである[13]。

朝河は『日本之禍機』と前後して、中国の政治体制について論文を発表した。これが、アメリカ政治学協会（The

American Political Science Association）の会誌に寄稿した「中国の新たなレジーム（The new régime in China）」である。朝河にとって、中国を正面からとりあげた唯一ともいえる論文である。

朝河によれば、中国で古いレジームからの脱却が意識されるようになったのは、日清戦争後であるという。中国にとって東の海に浮かぶ小さな野蛮国にすぎなかった日本に敗戦したことは、深刻なアイデンティティ・クライシスをもたらした。新しい時代に適合するよう、さまざまな改革案が政府高官や在野の識者より打ちだされるようになったのである。

しかし、そうした改革案は、あくまで清朝の絶対的な権力の維持を前提とし、旧来の政治体制を根本から変革するものではなかった。康有為が憲法の発布をとなえ、日本の明治維新をモデルとした戊戌変法を企てたものの、張之洞をはじめとした政府内の反対により、押しつぶされてしまった。その後、光緒帝の伯母である西太后が実権をにぎり、反動的な措置がとられることとなる。

そうした中で、外国に対する反感が強まり起こったのが、義和団戦争であった。この義和団戦争がもたらした歴史的意義について、朝河はつぎのように述べている。

一九〇〇年の排外的な暴動は、一八九八年に始まった反動的な動きの一つの結果にほかならなかった。しかし、義和団戦争で列強により下された屈辱的な教訓は、保守的な朝廷に少なくともいくつかの抜本的な改革を行わなければならないことをさとらせた。ふたたび、一九〇一年初に公布された勅令では、高官らに必要な改革案を朝廷に提示するよう命じた。この勅令をうけ、提出された改革案の中には、劉坤一と張之洞、地方長官の袁世凱が執筆した三つの有名な建議書があった。

これら建議書は、一八九五—九八年のものと比べると、より情熱的な筆致で書かれ、実際の手続きに関する明快な提案がいくつかなされていた。しかし、中国より進歩的な国家における軍事、公務、教育、経済上の方式を採用することは、ほとんど提唱されなかったのである。(14)

義和団戦争後、張之洞や袁世凱《ユエンシーカイ》（一八五九—一九一六）といった開明的な官僚により、いわゆる光緒新政がおしすめられた。とくに、彼らが統治していた武漢や天津などの都市では、儒学にもとづく伝統的教育に代わり、西洋の学問を教授する新式学校が続々と設立された。しかし、中国の政治改革はなおも微温的なものにとどまっていた、と朝河は分析する。

この清朝に改めて政治改革の必要性を認識させたのが、一九〇五年の日露戦争における日本の勝利であった。朝河が『日露衝突』で示したように、「新文明」日本が「旧文明」ロシアに勝利したことは、中国人に立憲君主制が絶対君主制よりもすぐれている表れであるとうけとめられた。これ以後、清朝自身が積極的に憲法制定へとのりだしてゆくのである。

一九〇八年八月、清朝は欽定憲法大綱を公布した。その第一条の条文は「大清皇帝統治大清帝国、万世一系、永永尊戴」、第二条は「君上神聖尊厳、不可侵犯」と、それぞれ規定されていた。これは、大日本帝国憲法の第一条「大日本帝国ハ万世一系ノ天皇之ヲ統治ス」と、第三条「天皇ハ神聖ニシテ侵スヘカラス」とほぼ対応しているように、日本をモデルとして作成されたものであった。この欽定憲法大綱の実効性について、朝河は懐疑的な見方をしている。ただ、一方で日本と比べ、地方の政治的独立性が高いことに着目し、世論が中央政府をうまく導けば、立憲君主制としてうまくいく可能性も指摘していた。

「中国の新たなレジーム」は、つぎのような一節でしめくくられている。

中国の歴史において、主権が依然として皇帝にあるものの、気の進まない支配者が「政府のあらゆる事項は世論によって決められるべきである」ことを布告せざるをえない状況へと初めてたちいたった。レジームにおける実際の効果はどうであれ、民衆を参加させるという解決策は、中国人の心に根ざしているようである。こうした考えと中央集権化への傾向、皇帝権力を確保しようとする動きの相互作用を通じ、二〇世紀でもっとも興味ぶかい政治現象がみられるであろう。(15)

中国でも、もはや国民世論を無視して政治を行うことはできない。朝河が中国の民主化に期待をよせていたことがみてとれる。

「中国の新たなレジーム」を読んで感じるのは、朝河が詳細に清末の政治状況を把握していた点である。朝河が論文で依拠しているのは、おもに日本の文献・資料であるが、イェール大学の中国人留学生からも、さまざまな情報をえていたのではなかろうか。

五　朝河貫一と馬寅初

実際、イェール大学図書館所蔵の「朝河貫一文書（Asakawa Papers）」や福島県立図書館所蔵の「朝河貫一書簡資料集」をみると、朝河が思いのほか、中国人と手紙のやりとりを行っていることが確認できる。ここでは、その一人として、馬寅初《マーインチュー》（一八八二―一九八二）をとりあげたい。

福島県立図書館が所蔵する朝河貫一宛の書簡の中には、差出人が“Y. C. MA”となっている手紙（章末に掲載の【資料1】【資料2】【資料3】）が三通存在する。これは、『朝河貫一資料目録』（改訂版、福島県立図書館・甚野尚志編、福島県立図書館発行、二〇一九年）にあるように、ピンイン表記で“Ma Yinchu”となる馬寅初が朝河宛に執筆したものと考えられる。

馬寅初は浙江省紹興出身。天津北洋大学で鉱山・冶金学を修めた後、一九〇六年にアメリカへ留学した。当初、国費留学生としてイェール大学で学び、一九一〇年に経済学修士号を取得した。その後、コロンビア大学へと進学し、E. R. A. Seligman の指導のもと、論文“Finances of New York City”を書き上げ、一九一四年に経済学博士号を取得した。【資料3】に、かつてイェール大学で学んでいたとあることからも、これが馬の手紙であるとみてまちがいない。

【資料1】では、義和団事件にからむ賠償金（Boxer indemnity）について、馬は朝河にアドバイスを求めている。さきに説明したように、アメリカへの賠償金は減額され、一九〇九年から、中国人学生のアメリカ留学向け奨学金や、教育施設の建設へと充当されるようになった。現在の清華大学も、この基金で建てられたものである。はたして国費留学生たちは今後、どのように身を処すればよいのか。その参考となるような資料を、馬は朝河にたずねたのであった。

【資料2】は、【資料1】の約五ヵ月後に出された手紙である。文面から察するに、朝河は馬から求められた参考資料として、家永豊吉や大隈重信の著書をあげたようである。早稲田大学の前身である東京専門学校の教師であった家永は、コロンビア大学でも講師をつとめた経験があったとされる。また、馬は朝河の論文「中国の新たなレジーム」を読み、「最も役にたった（most serviceable）」と述べ、ディベートでも引用したいと記している。「中国の新たなレジーム」は、朝河から馬へと送られたものであろう。朝河が、馬の属する「イェール中国人学生クラブ（The Yale Chinese Students' Club）」と、密接な交流があったこともうかがわせる。

【資料3】でも、日本の青年、とくに欧米への留学生が、国家の進歩にいかなる寄与をしたか、その参考となる資料を朝河にリクエストしている。これが書かれたのは、一九一一年十月十日に武昌蜂起が起こった直後であった。馬は、イェール大学の修士課程を卒業後、コロンビア大学の博士課程に進学した。それゆえ、当時はすでに、イェールから離れていたが、ふたたび朝河にアドバイスを求めたのである。辛亥革命で清朝からの奨学金継続が望み薄となる中、馬ら留学生は自らの存在意義をあらためて問いただしていたのかもしれない。

中華人民共和国成立後、毛沢東の政策に異を唱え、いわゆる「一人っ子政策」のもととなる主張を展開した馬は、中国が生んだ最大の経済学者とも目されている。馬の全集や評伝も数多く刊行されているが、アメリカ留学時代のことは、よく分かっていないようである。ここであげた朝河宛の私信も、『馬寅初全集』(全一五巻と補編)に収録されていない。当時の馬を知る上でも、非常に貴重な資料である。

おわりに

朝河貫一文書が所蔵されているイェール大学のスターリング記念図書館。この図書館内には、イェール大学、ひいてはアメリカの大学を最初に卒業した中国人である容閎を記念して、彼の銅像が設置されている。また、容閎の成績表などをはじめとした「容閎資料(Yung Wing Papers)」も、スターリング記念図書館に収められており、朝河貫一文書と同様に、申請すれば閲覧が可能である。

この容閎が旗振り役となり、中国では日本にさきがけてアメリカへの留学生派遣事業が行われた。一二〇名の年端もいかない児童を、四期に分けてアメリカへと送り出し、一五年の歳月をかけて有能な人材を育成するという、当時としては画期的で大胆な試みであった。容閎は、自らのコネクションを活かし、さしあたって留学生らの活動拠点をイェール大学近郊に定めた。初等・中等教育を終えた留学生の中にも、イェール大学へと進学した者が少なくない。しかし、留学生が思想・生活面でアメリカナイズされていくことを憂慮した保守派により、この計画は一〇年たらずで頓挫してしまう。もし、そのまま順調に留学生が課程を修了できていれば、アジア人初のイェール大学教師は、朝河でなく中国人であったかもしれない。

こうして一八八〇年代初頭に中断を余儀なくされた中国人のアメリカ留学が、ふたたび再開されるのは、二〇世紀に入ってからである。いわば二〇年近い空白期間があったものの、イェール大学はその後も、中国人がめざす主要な留学先の一つでありつづけた。この間、イェール大学の教師に着任した朝河のもとを、同じアジア人として多くの中国人留学生が訪ねたであろう。朝河も当時、中国の政治情勢には強い関心をいだいており、「中国の新たなレジーム」をはじめとした論考を執筆した。「中国の新たなレジーム」の論述をみても、中国人留学生からさまざまな情報をえていたことがうかがわれる。

二〇世紀最大の中国人経済学者と目されている馬寅初も、イェール大学で朝河の薫陶をうけた一人であった。馬はアメリカ留学から帰国後、北京大学教授に就任した。そこで、同じく朝河と親交のあった胡適とともに、新文化運動の一翼を担ってゆくこととなる。馬は朝河の「中国の新たなレジーム」を読み、その見識を高く評価していた。朝河からうけたアドバイスが、新文化運動にも何らかの形で活かされているかもしれない。この究明は、今後の課題としたい。

これまで、朝河研究において彼の中国観や中国人との交流は、あまり注目されてこなかった。だが、日記や書簡などで、朝河の周辺をくわしくみると、イェール大学の中国人留学生だけでなく、アメリカ各地の大学に在籍する中国人留学生・研究者らとも、積極的に交流をかわしていたことが分かる。朝河はまた、辛亥革命以降も中国の政治情勢に強い関心をいだきつづけたのである。

現時点で不明であるが、馬寅初の遺品の中に、朝河が宛てた手紙がのこされている可能性もある。はじめにふれた朝河の遺品にみられる中国由来のものも、こうした交流のあった中国人から贈られたものではなかろうか。「はじめに」で述べた企画展を参観し、そう勝手な想像をめぐらした次第であった。

注

（1）武藤秀太郎「朝河貫一と胡適―日中知米派知識人の思想的交錯―」（『アジア研究』五九―三・四、二〇一四年）。
（2）「李鴻章与森有礼問答節略」（『清光緒朝中日交渉史料　上巻』文海出版社、一九六三年）。
（3）容閎『西学東漸記―容閎自伝―』平凡社、一九六九年。
（4）李鴻章「復総署論出洋肄業学生分別撤留」（『李鴻章全集　第三三冊』安徽教育出版社、二〇〇八年、一六頁。
（5）胡徳海「容閎和中国第一批幼童赴美留学活動始末述実」（『綿陽師範高等専科学校学報』二〇―三、二〇〇一年、八〇―八二頁）。
（6）さねとうけいしゅう『中国人日本留学史』くろしお出版、一九六〇年。
（7）桑兵『交流与対抗―近代中日関係史論―』広西師範大学出版社、二〇一五年、三四―三七頁。
（8）阿部洋『中国の近代教育と明治日本』福村出版、一九九〇年、七〇頁。
（9）譚仲池編『長沙通史　近代巻』湖南人民出版社、二〇一五年、九二四頁。
（10）Kan'ichi Asakawa, *The Russo-Japanese Conflict: its causes and issues*, Boston and New York: Houghton Mifflin, 1904, pp. 305–10.
（11）山内晴子『朝河貫一論―その学問形成と実践―』早稲田大学出版部、二〇一〇年、一九七―二〇三頁。
（12）朝河貫一書簡編集委員会編『朝河貫一書簡集』早稲田大学出版部、一九九〇年、一七四―七五頁。
（13）朝河貫一『日本之禍機』実業之日本社、一九〇九年、二五七―五八頁。
（14）Kan'ichi Asakawa, "The new régime in China," *Proceedings of the American political science association*, 1909, p. 124.
（15）前掲注（14）Asakawa, *The new regime in China*, pp. 146–47.

pay the postal and ……

【資料 3】1911年10月30日付朝河貫一宛馬寅初私信（「朝河貫一書簡資料集」整理番号 E241-2，福島県立図書館蔵）

My dear Prof. Asakawa:

I am now writing an article on the relative merit of the Young Turks, the Young Japanese and others so as to make a comparison between them and the Young Chinese. I beg of you to recommend to me some books or magazines in English or in French on the Young Japanese, especially the returned Japanese students from Europe and America, their organization and their accomplishment. What share have they contributed to the political, social, and industrial progress of the Japanese empire? I know Count Okuma's "Fifty Years of Japan", but this book does not give me a clear idea of what the Young Japanese have done. It does not throw much light on the subject I am treating. Will you kindly recommend to me some books having a more direct bearing on my subject? I have approached Prof. Hirth, who thinks that his knowledge of things Japanese is very meager. I am a Chinese student, once studying at Yale. I think you still know me. I once borrowed some books from you when we had a debate at Hartford Conference, at which you were also present. If it is convenient to you, I beg of you to write me a list of the books you can give as reference books at your earliest convenience. I want them very badly. Thanking you in advance and hoping you will answer me very soon,

Yours truly,

Y. C. Ma

【資料 1】1910年 3 月22日付朝河貫一宛馬寅初私信（「朝河貫一書簡資料集」整理番号 E241-1，福島県立図書館蔵）

Dear Sir:

Your acquaintance with the affairs of the East encourages me to solicit your kind assistance in an affair of some importance. Recently, a proposal has been agitated in China that the people themselves, headed by their leaders, should help raise voluntary contributions towards the extinction of the Boxer-indemnity. It has met with a partial success, and the system of voluntary contribution is now in actual operation. The Chinese government students are now advocating the same cause. But there is a great diversity of opinions in regard to this matter. Some argue that the money raised from the students here in this country should be used for no other purpose than that of augmenting the naval force, while others contend that the money should be used to pay off the Boxer-indemnity. Owing to this controversy, we cannot arrive at a final agreement. The question is left to be decided by a debate. The subject is resolved that the money raised in this country should be used to pay off the debt (Indemnity), instead of augmenting the naval force. I am asked to speak for the affirmative. I shall greatly appreciate your kindness, if you will recommend me some reference-books bearing on this subject.

Thanking you in advance and requesting the courtesy of your immediate reply, Yours truly,

Y. C. Ma

【資料 2】1910年 8 月 8 日付朝河貫一宛馬寅初私信（「朝河貫一書簡資料集」整理番号 E241-2，福島県立図書館蔵）

Dear Dr. Asakawa:

Some of the books you recommended to M. Y. S. Tsao are not in the Harvard library nor in the city libraries for Boston and Cambridge. Among them are the two most important ones——Iyenaga's "Constitutional Development of Japan" will be responsible for the loss or damage done to them. Thanking you in advance.

Yours truly,

Y. C. Ma

P.S. Your pamphlet entitled "the new Regime in China" is most serviceable to us. Your words will be quoted in debate. And Okuma's "Fifty years of Japan", the team shall be much obliged to you if you will kindly let us have the books for some weeks' use. If it is convenient for you to send them to us, we shall be greatly pleased to have them as early as possible. The Yale Chinese Students' Club will

第Ⅲ部　朝河貫一と国際平和の提唱

朝河貫一の占領下民主化政策批判と憲法九条・反省の象徴としての天皇制

――「武力征略の心」をめぐる国民性概念を中心に――

浅野豊美

はじめに

近年の朝河貫一に関する研究の進展[1]と、新たな資料発掘は目覚しい。本稿は、朝河が比較法制史家としての側面と、国際関係について自由に論じる国際知識人としての側面とを、いかに統合しながらアメリカによる日本占領という未曽有の事態に臨んでいたのかという問題に焦点を絞り、戦争の原因と見なされた軍国主義の台頭に対する国民的反省と、それに関連した憲法九条を中心に、象徴天皇制と民主化に代表される占領改革に対する朝河の認識の構造を論じようとするものである。それに際しては、朝河の基本概念であった「国民性」に注目し、その概念が朝河の中世封建制研究と現代の国際政治・占領政策批評とをいかに媒介していたのかに注意を払うこととしたい。

こうした問題意識の起源は、筆者が現在からちょうど二〇年前に「戦中戦後の朝河貫一―自由主義の衰退と再生をめぐる戦後構想―」（朝河貫一研究会編『甦る朝河貫一』一九九八年）を発表し、アメリカの情報機関関係者であるシャーマン・ケントと朝河の個人的な師弟関係の存在を基軸にして、朝河の象徴天皇制擁護論の影響力を論じたことにある。しかしこの論文では、朝河が憲法九条の改正を主張していたことが、象徴天皇制擁護論や自由と民主主義の価値追求という主張と、どのような関係があるのか一貫した回答を与えることができなかった。

そこでまず、二〇年前に明らかになったことを、今一度振り返ることとしたい。朝河は、第二次大戦中から、戦後構想に関心を寄せ、門戸開放による自由貿易、国際的な軍備縮小、植民地の国際管理、文化と思想の自由な交流などを諸原則とする自由主義的国際秩序の再建こそが、アメリカによる日本占領にも係わる世界的課題であることを意識していた。しかし、朝河が最も批判したのは、「社会工学」的手法による占領政策の実施であった。この点は、再び本稿でも言及する。この「社会工学」的占領政策に対比されるのが「国民心理」の歴史的展開と、その展開の上に現在形成されている「国民性」に配慮した占領政策であった。そうした歴史心理の展開や国民性を見抜き、現実に反映させ得る存在として歴史家は重要な使命を負っているというのが、朝河の基本的な自己認識であった。

こうした歴史家の役割を十分に理解して政策を展開してくれると朝河が期待したのが、シャーマン・ケントに代表される情報機関関係者であった。彼らは実際に東京のGHQの中に民間情報教育局という拠点を設けることになる。そもそも情報や教育という観点から占領政策の本格的な研究が可能となったのは、まさにアメリカの公文書館が情報機関の資料公開に踏み切った一九九四年以後のことで、OSSやCIAなどの情報機関の資料が史上初めて公開されたことを契機にしている。CIAの初代長官シャーマン・ケント書簡を福島県立図書館の朝河貫一資料から発掘したことで、朝河がイェール大学の教え子でありながら戦後CIAの長官となったケントと交際し、封建制の日欧比較や国民心理の変革という課題に共通の関心を有していたことが、初めて前掲論文で明らかにされた。

また、一九九六年（平成八）に早稲田大学社会科学研究所での調査を許可され、前掲論文を執筆している途上で筆者により初めて発掘され命名された戦後の「ラングドン・ウォーナー宛長文書簡」においては、朝河が日露戦後に『日本の禍機』を執筆したのと同様に、占領に際しても非常に活発な意見を具体的に提示していたこと、その際に天皇こそが古代以来、社会全体の国民心理を揺るがす大きな改革を命令し得る唯一の存在であったと位置付けられ、天皇による民主改革に大いなる期待を朝河が抱いていたことが指摘された。その後、占領改革の中で象徴天皇がいかに構想され実施されたのかという問題は、占領史研究の中で本格的に論じられるようになっていった(2)。

しかし、朝河が憲法九条の改正を持論として展開していたことについては、当時の朝河貫一研究会において激しい感情的応酬があったにもかかわらず、大学院生であった筆者には、十分な根拠と枠組みを持って、この問題を朝河の思想の展開全体の中に位置付けることができなかった。本稿は、加藤哲郎、矢吹晋らによる占領期の新資料発掘や戦前の系譜に関する追加的事実の発掘を受けて、ラングドン・ウォーナー宛長文書簡に並ぶ重要資料で、朝河が手書きによる草稿として残した「今後の新日本における個人の展望（原文カナ、以下「新日本展望」と略す）(3)」を使って、長年の疑問に答えようとするものである。

この「新日本展望」は終戦から「十五六ヶ月」を経た一九四六年十一月下旬から十二月初旬ごろに執筆されたものと考えられ、日露戦後の『日本の禍機』に匹敵する著作を朝河が第二次大戦後の日本占領を念頭に出版する計画を窺わせる資料である。もしも、この「新日本展望」が出版されていたら、例えば『日本の新禍機』とでも命名され得る可能性を有したものと考えられ、占領期に村田勤やウォーナーらに発せられた書簡の内容を包括する著作となったであろう。

新資料の「新日本展望」の中心をなすのは、「環境と民族」とが「交渉」し「相感化せる結果」こそが「国民心理」

を生み出すという大前提であり、またその上に立って、執筆時点で一年余が経過していた占領という時代において、日本の国民心理と、アメリカの国民心理（「外族たる米人の心理」）とが、いかに相互作用をしたのか、しつつあるのかという問題を中心に行われた観察である。「米日両人による個人心理発現」という枠組みの上で、後述する憲法九条や天皇についての議論が行われていた(4)。

二つの国民心理の相互作用を機軸にした著書の出版に向けて、朝河は生涯最後の努力を続けていたといえるであろう。しかし、占領期の情勢はめまぐるしく変わるために、朝河は占領の早期終結を望みつつ、政治変化の底流にある国民心理を、法制史的概念として分析の柱にするという手法を洗練させていった。この国民心理概念はネーションとしての近代日本の根底的な社会心理とされ、古代以来の日本歴史の中で構築され、天皇への感情（「情動」）と共に、自由への衝動と欲求とが、その二大軸となっていると位置付けられていた。また、国民心理がダイナミックなものであるのに対して、より静態的な文化パターンを示すものとして「国民性」という概念も用いられていたが、この二つの概念を媒介とすることで、朝河は比較法制史家としての側面と国際政治評論者・知識人としての側面を、一個人として併せ持っていたと考えられるのである。

本稿では、以下、朝河が軍国主義に熱狂した国民心理の構造をいかに解剖し、それに対する国民的反省を国民心理の上に乗せていたのかを軸にしながらも、それに逆行しかねない新憲法九条への朝河の認識を中心に論じることとする（この「新日本展望」の存在をご指摘いただき、憲法九条問題に取り組むようご示唆いただいた矢吹晋先生に改めて感謝申し上げる）。

一　戦争原因――「武力征略の心」による「自由」の封殺――

一九三〇年代、そもそも日本が戦争に突き進んでいった原因を、朝河は「国民性」の上から、どのように認識していたのであろうか。前掲論文でも指摘したが、朝河が用いた「国民性」は下部構造的な経済との関係の中でこそ、現実の社会を動かす力となるものであった。日米開戦以前の書簡においてであるが、朝河は「戦争原因」について、国際関係における資源と人口の不平等が「いかなる不正にもまして危険」であり、それゆえに「機会」自体が「極端に不平等」(5)となり、貧しい民族が「貪欲と妬みの所産」である「侵略戦争」を行うと指摘していた。この点は、『日本の禍機』の際の「機会均等」原則の高唱のみとは異なっており、朝河が一九三〇年代という時代の洗礼を受けたことを物語っている。

しかし、より重要な戦争原因は、経済的な要因ではなく、国民心理の展開によって説明できると朝河は主張していた。それは「国民性」となり、現実の制度の中の軍部の突出と天皇の政治的利用となり、戦争となったという歴史観が、朝河の「新日本展望」では提示されている。

国民に共通する文化パターンとも理解される国民性の中で、戦争と結びつくとされたのが「武力征略《ママ》の心」であった。これはどの国民にも見られるものであり、「武力征略の心は、古来凡て元気ある諸民族に共通にして、今日の自由最も勝し、最も公正に近き英仏米も亦、一として過去に攻罪《ママ》を犯さ」なかったものはなく、「自由」や「公正」という価値が尊重されている英米仏でも、「武力征略の心」ゆえに戦争が起きてきたことが指摘されている。

この「武力征略の心」こそ、日本の歴史においても対外戦争の度に現実に発動されたものであり、かつ、天皇もそれに利用されてきたというのが、朝河の大きな主張であった。満州事変以後、一九三一年〔昭和六〕までの日本歴史二千年における対外戦争、即ち「攻戦の度数と分量」は、英米仏のみならず「支、魯〔露─筆者注、以下同様〕、独」に比しても遥かに少ないものではあったが、「武力征略」を好む「taint〔汚染〕」は、「南北朝、戦国の凡そ六百年間、民族の一部に醸造」されてきたとされている。

こうした指摘は、朝河の中世封建制研究と相関すると考えられる。(6)「武力征略の心」は日本中世史の中で「醸造」され、戦国時代の末期において「神武、神功の征戦」にフラッシュバックして「秀吉の征韓」が生じ、それによって「民族の一部に一種の病疾となって残存」したと位置付けられている。そのことが遠因となり「維新以後の開明の気運」の中でも「普仏戦後の独の兵制」に準拠した日本の「軍部の中には、わが病疾を、この模倣によりて長養」したものがあったとされた。それとは対照的に英米は、市民革命以後の自由の価値観によって「此古病を超脱」したと位置付けられ、日本はその「病」を治療できなかったという位置付けである。こうした指摘は、現代の「自虐」的な歴史観とはおよそ異なるものである。朝河は、どの民族にも生じる普遍的な現象として軍国主義を見なし、それが自由という価値と相入れないこと、さらに軍国主義的心性は改良し得るという前提に立っていた。

こうした歴史観の上に、日清・日露戦争は「二度の防国的攻戦の成功」でありながら、その成功はかえって「武力征略の心」を増長させた契機になってしまったとした。これは『日本の禍機』の警告が徒労に終わった原因にも通じている。「武力征略の心」が軍部中に残っているがゆえに、軍部は「次第に純攻を国策とせんとする野心を私かに画策するに至」り、「支の乱脈と之に次ぐ益々深まる欧の混乱とを利用して益々大胆、益々広大、益々具体的の攻策を、追々に立案」したとされ、この流れこそ、朝河が見た第二次大戦に至る基本的な歴史認識の柱を構成していた。その際に、同時並行して生じていた「内国の経済難局に促されたる危機」を軍部が「好機として」利用し、「内政の統制的改新を名とし、漸く反対派を圧して、画策」が実行されたのであった[7]。

東京裁判史観にも通じる、侵略の主体としての「軍部」を前提とする観察といえるが、朝河が特に強調したのは、それが天皇をシンボルとして政治利用することにより、自由な言論を封じ、そのことでさらに「武力征略の心」は拡張戦争を生み出したという指摘である。日本の君主は本来的に「受動的主権を行ふの伝統」に従う象徴的な存在であり「専制君主」ではなかったにもかかわらず、それが「武力征略の心」によって利用されることで、言論弾圧の装置の一部へと組み込まれてしまったというのが、朝河の基本的な認識であった。

> 横暴の政策を強施せんとするものが政府の要路を獲得するときは、君も民も抗せずして意に反して、之に迎合するに傾く。かかる場合、専横者は必ず、伝説の神祖授国、天皇神性《マヽ》を表面に振りかざして、之に順はざるものを逆賊の不臣とし懲罰するが故に、愈々反抗を全然不可能にす。是れ正しく去る十余年、軍部の行ひし所……[8]。

天皇の神聖性やそれを支える伝説が「専横者」によって利用され、「横暴の政策」に反対するものが「逆賊の不臣」とされてしまうがために、全く政府への反対ができないこととなる。それこそが軍部が「君民を併せて drive し得るの危難」であった。

こうした天皇制を利用した言論弾圧をともなう戦争の発動への反動として、朝河は共産主義の拡張という占領下の事態を理解していた。天皇を利用しながら軍部が言論弾圧を行ったために、戦後の共産主義者は天皇制廃止を唱えつつ民衆への支持を拡大させたというのが朝河の基本的な日本共産党認識であった。軍部が天皇の神聖を「極度まで drive して exploit した」結果として、「その尊崇とする国家と君とを我が行為の為にのみ」軍部が使うという現象が起きた。そのために「自己の不忠」と「伝説の空洞」とが同時に国民に痛感され、その結果として「直ちに帝政廃止を唱ふる左派の台頭を直接に招来した」とされる[9]。

しかし、朝河による「武力征略の心」に注目した国民心理の展開の分析においては、天皇の存在と並んで重要な要素として「自由」という価値が位置付けられていたことに注目する必要がある。この自由という価値は、封建社会が土地に付属して生み出したというのが朝河の基本的な認識であったが、(10)「自由」は日本歴史に内在するものでありながら、昭和の時代には天皇という聖なる存在によって抑圧されたと位置付けられたのである。

さらに、次節で取り上げるように、日本における自由は本来、天皇への特別な感情とのからまり合いの中で育成されたものであった。それにもかかわらず天皇を政治的に利用した軍部がこの自由を抑圧する側となったことが、日本国民の戦争への真摯な反省の根底となるべきともされていた（後述）。別の箇所では、日米交渉に反対し近衛内閣を倒して「wild 世界戦争を作り出し」た「一九三一〔年〕以後の進化は、軍部のみの作為にして国史の精神趨向に反し、国民全体の情に反し、天皇の心に反する極度不自然の行為」であり、全国民を駆り立てて戦争にまで至ったのは、自由を尊ぶことに反する「民族の妥協、迎合の余弊」と、民族心理の一部に「攻略動機《(ママ)》が残存」したために他ならず、それこそが直視すべき「国民の汚辱」とされている。(11)軍部の主導した戦争への国民的な反省は、「武力征略の心」を主導した軍部に国民が「妥協」「迎合」したことにあり、天皇の「神性」や伝説がそのために利用されたことこそ、もっとも反省すべき重要な点として、朝河によって提示されていたのである。

朝河による国民的反省への期待は、単なる敗戦という事実による反省への期待を超えて、国民心理をより大きな普遍的な価値と結びつける機会への期待に昇華していた。事実による反省を当然視する態度は「旧軍策の首動者の過半は已に解《(ママ)》悟して、〔国民も〕今日の国辱は彼等の作為なることを深刻に認識したるべしと信ず」という言葉に象徴される。この「軍策の迷」が認識され、軍国主義が誤っていたことが認識されたのは、彼らが「全く信を失ひたるの事実の感化による」ものであった。

朝河の反省への期待は、国民的な反省が「果して民主的自由の主義にまでconvertせられしか」否かという点にあった。[12]敗戦という事実の衝撃によって「攻略心ある分子の同化」されたのは当然としても、「将来の日〔本〕と世界とにとりては更に大切なりというべき重〔要〕問〔題〕」は「果して日民は、自由を伸張して民主国民に伍するに至るべき力ありや」という問題であった。[13]つまり、戦争への反省を契機に、自由を行使し得るに足る民主国民として世界の中で認められるようになるかどうかという問題こそが、「武力征略の心」が時代に吸収された以上に日本のみならず世界にとっても大きな問題であると、朝河は警告を発していた。

日本の問題でありながら、それは世界の問題でもあるという指摘の背後には、自由や民主という価値は、それぞれの土着の固有の社会と結合してこそ、初めて機能するという認識があったと考えられる。そもそも朝河の認識では、第二次大戦後の世界は「不平等」を是正し、「人間精神の解放」と自由を制度化する時代であるとされていた。[14]それは例えば、一九四二年三月にイェールの同窓生であるヒューズに「私は今度の戦争は、自由主義そのものの弛緩への刑罰であると見ている[15]」と書いたことや、四四年十一月に友人のクラークに送った「真の自由主義への人間の行進は今やっと始まったばかり[16]」という言葉に示されている。

しかし、朝河の自由主義への期待は、国民という歴史的に形成されてきた文化的集団の倫理観念や「国民心理」の尊重と一体のものであった。自由の前提となるのは「国民的遺産」としての「個々人の道念と責任感」と「誠義」であり、[17]それを守り「創造的人間文化の継続性」に貢献することこそが、自由への道であった。[18]

つまり、自由は抽象的には存在し得ない価値であり、歴史的に形成された「国民心理」や倫理観と結びついて、初めて価値となると考えられていた。実際に朝河は、戦後に日本の友人に対して、国際関係における観察で最も注意を払うべきこととは、歴史的に形成されてきたところの「各国民の心理作用の特徴[19]」であり、国民同士が戦争や通商・

通航などによって相互に交渉した場合の「心の互動」や「心理への反応」であるとし、それが、実際の歴史にどのような影響を与えたのかにも注意すべきと述べている。[20]

さらに注目すべきは、確かに国民相互の接触や比較という視点は客観的な認識の補助とはなるが、歴史的に形成されてきた国民心理は、誰にとっても客観的に認識されるものではなく、それを観察せんとする主体である歴史家という生身の人間の内面の想像力に応じて、その認識される程度は変わると指摘されていた点である。つまり、歴史家のイマジネーション・想像力こそが、国民心理の展開を見抜き、国民性の上に、永久の平和的世界を建設するために重要なのであった。歴史家でありながら政策立案に関与するようになっていく弟子のシャーマン・ケント宛書簡において朝河は、戦後世界の建設に際して歴史家の使命が重要であることを強調し、[21]「歴史的な想像力なしには世界は行動をなし得ない」とし、[22]「歴史的な想像力」こそが、自由の歴史、つまり「各国民がどのように自己解放の道を前進してきたのか」を認識せしめるものであると訴えている。[23]朝河が優れた想像力を有する身近な日本研究者としてあげたのは、文化史を専攻するジョージ・サンソム、歴史を専攻する三人の若手研究者、エドウィン・ライシャワーと、その兄のロバート・ライシャワー、そしてヒュー・ボートンであった。[24][25]

二　日本国民の反省と天皇の役割

朝河の戦後日本社会認識の第二の柱を構成するのが、日本国民としての戦争への反省を支える天皇への「情動」認識であった。

著名な経済学者であるアービン・フィッシャーに宛てた一九四四年十月の書簡で、朝河は「日本史上において、たとえ将軍治下の時代といえども、天皇の支持を欠いたまま、あるいは天皇の名前と切り離されて、政治上の重大決定や永続的な事象の決定が行われたことは何一つな(26)く、天皇以外の「他のいかなる権力による命令」も、「人々に明確な義務感を植え付けることが出来なかった」とし、それを根拠に「天皇の是認と支持」に基づいて戦争終結後に「徹底した改革」を行うことを主張した。そうすれば個々の国民に改革への「明確な義務感」を植え付け、真の改革が可能となるからであった。

天皇が直接権力を行使することなく、詔勅や勅語によって人々の心を揺さぶり、人々に各自の自発的な行動への義務感を与えてきたやり方を(27)、朝河は「受動的主権の行使」と呼び、それが古代以来の日本の天皇を含めた国民の意欲や道義心のあり方、つまりは国民精神というものの本来の展開過程であったとしている。朝河が「新日本展望」（五四―五五頁）の中で新憲法を評価したのはこの文脈による。即ち「帝は国家の simbol なりとし、永久に軍の縁政の害を絶」った点は「受動的主権」の伝統に適合するものであった。

また、「ウォーナー宛長文書簡」でも、自由は象徴天皇制と結びつけて論じられている。特に注目されるのは、古代から近代までを鳥瞰した上で、古代以来日本人の精神的価値の中核にあった天皇制と、明治維新以後の歪められたそれとを区別していること、天皇を価値の中心に置く伝統的な倫理や道義心が存在していたからこそ、立憲制は非西洋世界で初めて受け入れられたのであると繰り返し主張されていたことである。この点は、前掲論文ですでに述べた。

さらに、明治憲法設計時の計画においては、倫理観や道義心を体得していない階層や新しい世代の人間に対しては教育が施されることで、倫理や道義心を有する名望家の周りに、自由を行使するに足る主体性のある国民が生み出され、ゆっくりと自由化が進展していくはずであったことにも目配りがされていた。おそらく、一般大衆が自由を行使する主体としての国民に変化していくイメージの原点には、朝河の父である正澄が福島県の立子山小学校の教師を三〇年近く務め、村民を大いに教化することに貢献した記憶が存在したと考えられる。立子山では小学校期成同盟によって村民が自発的に働いて小学校校舎を建築したり、「特成会」という青年団を創り、その中の農芸部が養蚕に必要な知識を集め、統計部が村政の材料として気象や各世帯の債務統計などのデータを村長に提供したりするようになり、最終的には東京の明治政府からも東北で唯一の優良村として認められたという。正澄の引退に際して村民が多大な寄付と感謝状の贈呈を行い、その際の感謝状を父の手記とともに朝河が死に至るまで大切に保存していたことは、そうしたイメージが存在したことの証拠であろう(28)。

しかし、日本の近代は、各村落の自治の伝統の上に自由を行使する国民が全国的に目覚めるべき契機であったにもかかわらず、実際には天皇の「神性」が利用されることで国民が軍部に付和雷同することとなり、結果として戦争へ進んでしまった。それを正す時こそが、占領期であると朝河は認識していたと考えられる。ゆえに戦後の占領政策において、依然自由を行使するのに未熟な民衆が多い状況のまま、天皇制を取り去ってしまえば、恐ろしい混乱が発生すると朝河は警告したのである。

朝河の自由主義は、伝統的な名望家中心の秩序の肯定の上に成立していた。その他の書簡の中でも、占領改革によって「正当の地主が犠牲(29)」となったことや、衆議院の優越を定めた憲法によって共産主義に踊らされた軽薄な大衆が「跋扈(30)」する恐れがあること、ゆえに「上院」の優越を確立すべきことも述べられている。

また、各国民や民族に自由の扉を開けてくれるものこそが、精神的な価値を育てる人文学であった。終戦直後も「最後の望み」は「時代の人々の教育」にあり、「宗教的で精神的なもの」を基礎とする「人文科学」は、科学を人間の手に取り戻すために重要とされた(31)。

朝河が望んだ、国民精神の展開に即した占領改革とは、あくまでも個々の国民の自発性に立脚し、また道義心や倫理の担い手としての名望家を尊重しつつ、彼らをあたかも結晶の核のようにして、自由を行使するに足る国民をその周囲に徐々に凝集させていこうとするものであった。自由主義は、「個々人の道念と責任」を前提としなければ、単なる欲望の肥大化をもたらすものとなり、「之なくば民主は単の利己となる」[32]という認識の下で、いたずらに占領軍が持ち込んだ「社会工学」的な制度は、かえってこうした倫理や道義という目に見えない側面の荒廃を生み出すと主張されていた。次節で詳説するが、歴史家の想像力に由来する国民心理の上に立った占領改革の対極をなすのが、「社会工学」的手法による政策であった。その典型的産物として憲法九条は位置付けられていたと考えられるのである。

三　憲法九条の背景としての「社会工学」的戦後計画批判

歴史学が、自由主義の展開を支えるところの国民的な道義心や個々人の責任観念を認識するために必要な学問であるのに対して、「社会工学」的手法による占領改革は、個々の道義心を生み出すところの「国民的精神」を解体させ、かえって逆効果を生み出すというのが朝河の基本認識であった。

本来の「社会工学」[33]は、戦争原因と見なされた国際社会の次元における貧困や不平等を除去し、新しい世界を再生させるべくアメリカ国内で戦争中に展開された「戦後」構想の中核を占めていた[34]。朝河は、国際連合の創設をうたった一九四五年七月のサンフランシスコ会議に多大な関心を寄せたが、様々な友人への書簡の中で繰り返し、こうしたアプローチのはらむ危険性に警告を発していた。かつての教え子でもあったエルドリン・グリフィンが国連を中心とした戦後世界構想を書籍として発表したことに対しては、「戦争後には敵国に対して公平であろうとしているのは注目に値しますが、すべては講和がいかに公平であるかにかかっています。最大の難関は、ドイツと日本の歴史的な心的習性を政治家たちが洞察するのはほとんど不可能に近いことです」と書き送っている。[35]

「社会工学」は「本質的に静態的な性格で、荒涼としたものであり、人間の奥深い性格や国家の歴史的精神に対して何らかの暴力を振るう」[36]ものであった。確かに朝河も、今後の戦後世界の運営に際して、経済や法制などの様々な領域で、「戦争に関して、経済及び社会的な調整に関し、また法律、外交あるいは和平の取り決めに関して」、「様々な計画」を樹立していく必要は認めている。[37]

しかし、アメリカの社会工学は、「ブルドーザー的」[38]であって、「青写真」と「安物の機械的計画」[39]によって、「法律を手当たり次第に作り上げ、行政機関をおびただしいほどに組織」[40]することで、カオス的混乱を「創造」[41]してしまい、それが「国民的遺産」と「創造的人間文化の継続性」[42]をだめにしてしまうものにすぎなかった。こうしたアメリカ人の好むところの「社会工学」は、「人間や民族が自らの歴史や個性を持たない無言の野獣であるかのよう」[43]に扱うものであるとも朝河は述べている。

こうした社会工学批判の延長線上に、朝河は占領下の日本では許されていなかった占領軍批判を展開していく。

朝河の新憲法制定についての認識の根底には、民主制は採用（adopt）することはできても、押し付ける（impose）ことができず、忍耐強く自国の力で育成していく以外には実現できないという見解が存在したことが重要である（新日本展望、四七。以下、数字は元資料のページ番号を示す）。こうした民主主義の性格ゆえに、朝河はポツダム宣言にある「民主的傾向の復活と強化」という表現を非常に重視していた。それが「民主諸国民の潜在力を」「日人に悟らしめんとする」ものであり「日人の reason に訴へて降伏の止むを得ず又利なることを反省せしめん」としたものであるために、それはとても現在のアメリカ人の手によるものとは考えられず、イギリスのチャーチルによるものであろうとさえ推量していた（新日本展望、五一―五二）。

当時、アメリカ国内外の世論における対日イメージは、日本大衆の表面的なアメリカへの迎合を民主化と捉える程度の「浅薄」なもので、「20's 末までの半世紀間の日民の広汎なる民主 strivings を度外視して日〔本〕は曽て民主経済も civil liberty も、知りしことなき暗黒の民なりと推論し即言し之を繰り返しつつ」あると朝河の目には映じていた。占領への正面からの批判が、日本列島にあって占領されている日本人に許されていない時代にあって、朝河は同時代において国外から批判を試みようとしていたのである。

こうした認識をにじませながらも、朝河による占領批評の中で、ＳＣＡＰの業績（task）の「消極面」とされたのは以下である。

凡そ四百万の兵を解兵、解体し、公法制なる secret police（憲兵隊―原文）と、私団たる所謂愛国の結社黒竜会等を解消す。経済組織を縮めて平和生活以上に出でざらしむ〔ため〕政治と経済とに交はる財閥を解消す。人権方面には、憲兵隊以下、civil liberty の諸制限を廃却す。宗教と政治とに交はる方面には神道を disestablish（国の幇助を廃―原文）して、一宗教として他と倣《マヽ》はしめ、帝の divinity には触れざれども、自ら進みて renounce せしむ（新日本展望、五三）。

つまり、非軍事化としての軍隊の消滅と財閥の解体、言論の自由などの制限の撤廃、政教の分離、天皇の人間宣言は、人間の自由への侵害を取り除くという効果のみの消極的なものとして朝河には評価された。それに対して、ＳＣＡＰの成すべき仕事（task）の「積極面」とされたのは「民主的国家を造らしむ。民に civil liberty を与えしむ。解軍と賠償との制約、及び現場にある制限との範囲内に、国民に成るべく多くの安固（stability）を与」えたことであった。こうした消極と積極の政策は「両方面が密に相携」えて進行しており、「軍、憲兵隊、重〔工業〕経済等の廃消（ママ）は、同時に人権、自由民生安定を来すべき条件」であるともした。また、SCAPを日本政府が支えているために、こうした功績が上がったことを指摘している（新日本展望、五三―五四）。民主主義を採用しようとする日本政府が間接統治の中で機能しているからこそ、民主主義の押し付けを基本方針とするSCAPの政策やアメリカ人の傲慢な態度にもかかわらず、かなりの成果が挙がっているという指摘である。

しかし、朝河の一貫した態度は「democracy を軽々しく要求し、加乗する」連合国軍総司令部SCAPに対する辟易であり（新日本展望、五二）、民主政治を社会工学的な手法で押し付けようとする政策への批判であった。こうした姿勢が、朝河の新憲法批判へとつながる。

朝河は、新憲法制定のために日本側が独自に用意した案である「枢密院のために近衛等の立てしもの」、および「政府が松本烝治等の立案を基として定めしもの」が、「共に Potsdam に拠りて、民に主権ありとし、帝は国家の symbol なりとし、永久に軍の縁政の害を絶」っていたにもかかわらず、結局実現した政府案は、直接にマッカーサーが「実質的〔に〕指定」したものであることを問題としていた。つまり、近衛内大臣案や松本案が、国民主権を規定し、天皇を象徴の地位に置いていたにもかかわらず、マッカーサー案は国民主権と象徴天皇制を「実質的〔に〕指定」してしまい、そのことで、「押し付け」られた憲法となってしまったと批判されているのである。

〔近衛案・松本案〕共に Potsdam に拠りて、民に主権ありとし、帝は国家の symbol なりとし、永久に軍の縁政の害を絶ちたれども、McA〔マッカーサー〕の裁可したる政府案には、直接SCAPの実質的指定（想ト語―原文〔想像して語るとの意味の補注と思われる〕）を embody す。此の直接干渉の内容と語句とは未だ公表されず。而も新憲法の中の（上記の民主権、帝の新 status の外―原文）特に異常なる下の諸点の如きは、少なくとも其の幾分は、干渉の果なるべし。人が干渉を公言して、SCAPが之を deny せず、むしろ之を誇るに似たる以上は、その干渉の実質を公示するに至るまでは、上の二点及び下の諸点に対して、SCAPは責任ありと見らるべきも抗弁し得ざるべし（新日本展望、五四―五五）。

民主主義を押し付ける側と採用しようとする側との間で、最も政治的な争点となったと思われるのが憲法制定問題と、それと関連した「異常なる」政策であったということができる。朝河によって「異常」な政策として挙げられたのは、第一に「上院を激変して無骨にし、議会の一部にはあらず議会の付属の一機関」としたことであり、第二に憲法九条に関わって「軍制を renounce」して「新に aggressor たり得ざるのみならず、内の治安 police の外は、外国の侵略に対する何等の防衛力なからしめ、国をして外攻の prey たり得せしむるに委任す」としたことであった。第三は、「憲法を可決し、臨時応急の立法を為さしめん為に」一九四六年（昭和二十一）四月の議会総選挙を行わせたことであった。

さらに、財閥解体と、農地解放が不十分なままに実行されたことで、かえって経済が混乱していることも、その異常な政策と関連して論じられている（新日本展望、五五―五六）。つまり、経済が国民生活の安定を支えられなければ、国民は「法を破りても活きんと努むべし」とするから、「何ぞ civic 自由に熱心し、公法権を主張する余暇余力あり得んや」というのが朝河の基本的な視点であった。今日の第三世界の事例が示すように、市民的自由は、経済の安定がなければ、現地に定着しないが、朝河は憲法を上から命令する一方で、経済を混乱させたままにしている占領軍当局を問題視して、憲法問題を広く占領政策全般からとらえたのである。これは、かつて朝河が戦争原因を資源と人口の不平等にあるとした認識にも通じている。

批判の一方、朝河もSCAPが「keenly に之を意識」して日本にガリオア援助を始めたことは意識していた。最初はアメリカの内部で反対を受けたにもかかわらず、「多くの他国の乞食を救はんが為に旧敵国たる日本に食を送る」

ことが実行され、日本がアメリカからの輸入原料である綿花や生産設備を使って「麻布類を製作して之を亜細亜の需要諸域に輸出し、また低度工作物、及び silk を亜又は外国に輸出するを許し、以って貿易 exchange 金をやや得せしめんと試む」という状態になったことを朝河は特筆している。しかし、それがいつまで続くかは不明であり、ＳＣＡＰの意のままにはならないことや、ポツダム宣言にいう貿易への自由なアクセスの保障までには「漠遠にして前途久しく暗からざるを得ず」という状態であったことも指摘されている（新日本展望、五六）。

まとめれば、軍人の信用は地に落ち、新憲法が制定されて市民的自由が「大体は確立」し「法制的方面は resolutely に新史期に進入し、旧制の復生を杜絶《（ママ）》した」ことは「目ざましき achievement」ではあるが、「之に次ぐに経済新生命の建設が主要の業」であり、それはさらに長期間掛かることに思いをはせよと朝河は警告していた（新日本展望、五八）。つまり、占領改革の今後の課題は、長期的建設問題としての賠償問題であった。この賠償問題は、この一九四七年の秋に、大きな転換を迎えようとしていたことに一定の注意が払われるべきであろう(44)。

そもそも第二次大戦後の賠償構想の展開については別稿を参照いただきたいが(45)、一九四七年は、当初に予定していた石油化学・製鉄・工作機械などの工場を撤去して周辺地域に搬出することで賠償を行うという計画それ自体に潜む欠陥が、技術移転の困難さゆえに認識されてきた時期であり、かつ同年初頭は、中国における内戦の激化という冷戦的要因が深化した時期でもあった。この二つが合体したことにより、賠償政策は、ＳＣＡＰの中で根本的な転換を迫られていた。資本賠償によってアジアの水平的な経済統合を実現するのは難しいために、朝鮮と琉球地域を日本と垂直的に結合させ、日本を「アジアの工場」として復興させようとする、いわゆる「逆コース」への転換が行われたのが、朝河の「新日本展望」執筆時の状況であった。

アメリカは、一九四九年四月に、一過性の賠償としての工場設備移転を、極東委員会のマッコイ声明により正式に中止するが、その動きは四七年から始まっていた。その最初のきっかけは、ポーレー賠償使節団とは反対の立場で、日本には余分な工業力が残っていないとするストライク賠償使節団の報告書が一九四七年二月に陸軍省に提出されたことであった。これは当初は公表されなかったために、朝河には伝わっていなかったと考えられるが、問題意識は朝河と同じであった。

ストライク報告書は、特定の純粋軍事施設を除いて重化学工業設備一般の搬出は実行すべきではないとするものであった。当時の日本では、焼け残った工場施設が消耗し修理しなければ使用不可能な状態にあったが、賠償ゆえに新規の投資は行われない状態となっていることが指摘され、また当初の搬出計画が実行されれば、「妥当な期間のうちに自立経済を達成せしめるあらゆる機会は失われる」として、日本からの工場搬出を原則として認めないとしたのであった。(46)

ポーレーとストライクとの論争が展開され、同年四月からの中間賠償と呼ばれる暫定的な賠償措置が実施されるが、(47)この中間賠償には様々な実務的制約が東京のＳＣＡＰによって課された。つまり、搬出費用を受領国が負担することや、詳細な計画の立案が搬出希望国からの申請書に要求されることによって、実質的な重化学工業設備の搬出が困難となった。中間賠償は、まさに占領軍内部の方針が確定していない状態での暫定的な資本賠償の実施政策であった。

ストライク賠償報告書が部分的に公表されたのは、朝河の「新日本展望」が執筆された時期である一九四七年十一月の少し後、翌四八年二月のことであったが、まさに占領当局内部において賠償をめぐる論争が展開されている状態であったといえる。

ストライク報告書は、「日本を強力な工業国にする方が、極東の平和と繁栄とに対して、この広い人口の多い領域に現状通りの不安定と経済的失調状態を続けるよりも、危険が少ないと思われる」という基本的な立場に立っていた。(48)

東アジア地域の経済不安定化によって、極東における政治的混乱がますます拡大するよりも、たとえ軍国主義復活の危険があるにせよ、日本の復興のほうがむしろリスクが少ないとされたのである。

まさに、「新日本展望」が執筆された一九四七年十一月の時点で、朝河が最も懸念していたのは、国民の経済的安定を脅かしかねない賠償問題が、さらに、政治上での反動的な動き、即ち「旧制の復生」を求める右の運動や、他方でロシアと結びついた左の共産主義運動と結合して、再び、天皇制が政治的に利用されることであった。何より、「新日本展望」が懸念していたのは占領終了後の事態であった。朝河はこの草稿を閉じるに当たっても最後に改めて「日族心は、自由の course を persue するに堪ふべきや」という問題を投げかけている（新日本展望、九八）。占領後に急激な揺れ戻しが起こることを、朝河は最も懸念していた。その際に重視されたのは、旧幕政時期の「村政、藩政、幕制《（マヽ）》においては、討論、自営の経験」を、その程度は異なるものの、積んできた歴史的経験であり、その延長に明治以後に、「村町の会、市会、府県の会」が作られたこと、そして一八九〇年（明治二十三）以後は「中央国会」で「代議制の討議を経験」したことであった。明治開始以来六〇年にわたって、「無法制の真底より政党及び法制を建設し、実行し」その最後の一〇年間は、「今日よりは遥に多方面に多元気もて自由的奮闘を行」ってきたこと、「自由焦望」と「自発の自由獲得決心」とが自治的空間の中で進展したことが強調されていた（新日本展望、九八）。

こうした自治的空間の中に日本の国民心理の展開を戻すことが、何よりも朝河にとっては重視されていたのである。「明かに、自由は、当時の国民と、その個々人との業のみ。決して外界より賦与し透徹的に教育し得べきものにあらず」（新日本展望、九七）と朝河は述べている。しかも、こうした自由への自主的進歩を支える要素こそ、国際社会の中で名誉ある地位を得ることであった（新日本展望、九六）。そのために国民的反省は重要であった。軍事的侵略を行ったことは「国辱」であり「首動者の過半は已に解悟」し「彼等の作為」によってその「国辱」がもたらされたことが「深刻に認識」されたという前提に立って、朝河は国民的反省を「民主的自由の主義にまで convert」しようとしていた。

しかしながら、自由という普遍的な価値を日本社会の中で進歩させ育んできた伝統に立ち返り、戦争を心から反省し自由という価値の追求へと国民心理を戻す上で、障害となりかねないものこそ、憲法の問題であった。

独り、憲法が、日を永く無軍力の国と規定したることに、一片の禍機を孕まざるにあらず。左派の跋扈を誘ひ、之を政府が防ぎ得ずして、同時に魯の侵圧甚だしきに至らば、或は右的統制を招来せんの患あり。されども、憲法は、主権体たる国民の合意を以て改正し得べし。現今までの形勢にては今後も同じく国民の常識は左党の横溢を十分に防止するに足るべく、魯の攻出の兆あらば、国民は必ず改憲すべし（次頁引用文に続く）（新日本展望、九四）。

反動が起こりかねないと朝河が懸念していた理由は、「武力征略」という軍国主義の「virus が浄化、同化」されたにもかかわらず、一九三一年の満州事変後に、国際連盟の「待遇に反発し、更に十年後、Hull 政策の米の態度を以て repression すと称して大に反抗」した軍部が国民と天皇とを脅し、国民が付和雷同した事例があるからであった。それと同様に、極端な論者が外国の干渉を口実として、国民の付和雷同する心理を利用する可能性が残っているためであった（新日本展望、九五）。

またその前の部分では、外部から「圧迫さるる程、（軍国主義）解消の成功と見ゆるほど、後日の復活の意志を激成すべし。軍部等を合して全国民の武力攻略《ママ》心理が改悟するにあらずば、必然、反抗を予想するに足る。消極の改悛と積極の自由公正の奮力とは、共に等しく、国民自心《ママ》の力にのみ倚《ママ》り得べきものにして、外部と内政との制抑《ママ》のみにては結局無効にして、その強き程、誘発性大也」として、「永久軍力無き国」を「外部の圧力」で実現したことを批判している。内面の国民心理からの改悟が存在するのに、それに基づかない外部からの圧力は、かえって反発を煽ると予想したのである[49]。こうした文脈においてこそ、朝河は日本を「永く無軍力の国と規定した」憲法は「一片の禍機を孕」むとして、日露戦争以来、再び、「禍機」という言葉を使って、戦後日本への憂慮を表明することになる（注(49)に全文を掲載）。

国内における憲法をめぐる左右の激しい対立については、別の箇所で日本民族の古代以来の「大反発の作用」と「統一的反省行為」との関連からも論じられている（新日本展望、八四）。それによればアメリカという外国への反発が軍事的な完全敗北・焦土化という「暗黒の impasse の高壁に到達」して初めて、日本が「大化にも明治にも」経験したのと同じ「大反発の作用」が敗戦を契機に現れた。しかしその大反発には「反動起こりて之を overcome せらるべきことなきを」保証できない。その反動はフランス革命の際に典型的に現れたということができ（新日本展望、九七）、「今日における日の左派は只、右的（マヽ）が現代の disfavor なる故にこそ、左主義を固執すれども、その行為が右派と同型」であり、これらの「暴力派」は少数であっても、国民の大多数が政治的思考能力に欠ける状態では、「悔悟の自超」がいつまた、反動へと向かって「雷同」するかわからないのであった（新日本展望、九〇―九一）。

また、こうした「雷同」の基盤となりかねないものこそ、経済生活の不安定であった。朝河は経済再建計画を伴わない領土削減も、国民の生活基盤を破壊した「ブルドーザー的」な社会工学的政策の典型として批判している。先に引用した部分において朝河は新憲法を「国民の合意を以て改正し得」るとし、特にロシアが内政干渉をする可能性があれば「国民は必ず改憲すべし」としたが、その理由はその日暮らしの経済的に困窮した付和雷同する民衆が以下のように溢れているからであった。

〔前頁引用文より続く〕もし夫れ、旧軍首動者以外の、旧一般の士卒に至りては、是れ単に号令によりて盲従蠢動したるのと農工商の子弟の群衆にして、思想もなく、軍組織以外には団結の組織もなく、何等自発の動力なくて而して今は解隊され、外戦地よりrepatriate〔引揚〕されて町村の個宅に帰り、個別に明日の生計を謀るに忙殺されつつありて、全然躍起の思想、動機と余力も無きもの也。加之〔之に加え〕、其の過半は過去内外の弾丸、病障に死傷し、帰郷して生存的苦境に身を投じたることを以て、偏に、軍部指導者の為に犠とされしものなるを(justly〔全く正しいことに〕)発見して、或は深く之を怨み、少なくとも殆〔ど〕皆過去を悔悟したるべし。故に身体の環境と心中の開悟《ママ》と、共に吾人をして反動の可能を疑はしめ、残り得べかりし其のvirusが浄化、同化されたるを信ぜしむるに足る。猶も台頭し得べき反動の動機と、energyとを何れの方面に貿《ママ》め得べきや（新日本展望、九四―九五）。

困窮した民衆が存在している状況では、外国の干渉を契機に左右両極の反動が現れ、それらが憲法問題を利用してエネルギーを蓄積していく。ゆえにその前に改憲しておくことが、自由を窒息させないために必要とされたといえるであろう。

憲法における非軍事化の規定である九条は、社会工学的手法により外部から押し付けられた外国の干渉を代表するのみならず、国民心理の大変革にともなう戦争への自発的根本的な反省をかえって、妨害する存在となりかねない「禍機」をはらむものであった。「民族の心理史」から観察される「固有の反省能力」に立った変革を促進していくためにも、天皇への情動と自由への追求を並進させながら、早めに外部からの干渉を象徴している九条を改正することを主張したのである。

こうした反動を誘発しかねないSCAPの誤った政策を是正できて初めて、占領後にも「国体は始めて公然、その真理に成熟したる情愛の基石のみに築かれ」ていくことができ、「自由と進歩と、帝の情的地位の強化とが、正しく並進するを得」ることができると朝河は期待していた（新日本展望、一〇一）。

さらに「遥か未来の現象」とはなろうが、「平服にて民間に歩行、交活」する天皇への「情動」と「国民の自由的自治能力の充実したる時」には、「自由の進歩」はついに、もはや天皇を必要とはしない状態になるとまで論じられている。即ち、「帝制の very worthy〔な〕史的 mission が perform し了られたる時」には天皇は「永く国民の感謝の対象として記憶に留まる」ことになろう。また、その時こそは「帝制の存立が日民の進化に貢献したる量の深遠無辺なる」ことが「国民一般に観得」されることになろう。戦前の国体論を逆手に取り、その「深遠無辺」性は「国民の自由的自治能力」の向上と追求への貢献という遥か未来にあるとしたのである（新日本展望、一〇一）。ただ、「世界上、最も自由の先進国たる英帝国すらも、猶、王制を以って unity の symbolic embodiment として」いる現在において、日本はまだそれに遥かに及ばない状態であったとしている。

おわりに

現代の我々はその後の展開をよく知っているが、朝河の象徴天皇の今日的姿を含めた予言には驚嘆せざるを得ない。まさに戦後保守の中でも戦前への復古をにじませる勢力の復活は、この憲法九条をアメリカによる「押しつけ」と見なして反米ナショナリズムを焦点として行われていったといえるし、その改憲は朝河が恐れたロシアからの影響力拡大の契機、即ち一九五六年（昭和三十一）の日ソ国交正常化と合わせて試みられたといえる。朝河の日露戦争時の門戸開放と機会均等という自由主義的国際秩序の主張は、帝国の時代に遮られ、かつ、敗戦という事態によって、二重の断絶をしてしまっていることは別稿で論じたが[50]、朝河のアメリカ社会と日本歴史を踏まえた自由への追求を核とした占領政策批判と憲法改正論は、現代の混乱に大きな光を投げかけつづけている。

九条の改正を朝河が唱えたのは、外部からの干渉が強ければ強いほど、反発も大きくなるからであった。しかし、その反動への懸念の根底には、自由を自主的に追求すべき価値と見なす信念と、国民心理の展開に即した国民的反省の表出による大転換の存在、さらにそれを維持すべきという認識があったことは重要である。日本の国民心理に現れた大きな変革と自発的な反省を、自由を求める国民の衝動が表出されたものとしてとらえ、それを伸ばしていくために、また、大変革後の揺れ戻し・反動が、外国勢力の干渉を口実として起こされることを回避するために、受動的主権の象徴として大変革を見守る天皇制が必要とされ、同時に干渉の象徴となって反動をもたらす危険性のある憲法九条の改正が主張されたのであった。

賠償や経済問題への関心も、大変革後に起こりがちな反動が起きた場合、対外強硬を唱える勢力に民衆が付和雷同する傾向があるので、事前に民衆の生活の安定を確保することが必要であるという観点から、長期的総合的な視点で経済の問題が重要と判断されていたためといえる。この点は中世における土地所有という経済制度を、自由という価値の基盤と見なした中世史家ならではの視点といえよう。

まとめれば、朝河の占領政策批判とは、国民自身の「奮力」でもって、国民心理という歴史的に形成されてきた社会心理的条件の延長に、自由という価値を伸張させ続けることができる社会的条件を確保するために展開されたものであった。象徴としての天皇、自由を中核とする自主的な憲法、そして経済的な生活の安定、これらを有機的に国民性という概念を使った歴史的手法をベースとしてつなげながら、政治経済社会に渡る占領政策を自由という価値とそれに基づく反省のあり方を中心に論じたのである。それは同時代の政治的な文脈では日本人に許されなかった行為であったが、朝河の「新日本展望」は日本語で執筆され、占領が終了した戦後日本に向けての出版を念頭にしていた。

ゆえに、それは日本の「新禍機」としての反動への備えでもあり、また世界の中で名誉ある立場を回復して欲しいという願いを込めて後世に投げかけられた最後の「光」でもあったということができる。

今日、天皇制が自由という価値よりは、伝統という価値と結びついて、国民心理を独善的な傾向、つまりは、外国の干渉を排除する傾向へと向かわせる時代にあって、朝河の占領下の言論は新鮮な輝きを依然として放っている。なぜなら、それは二度の断絶をこえて、明治初期の日本、帝国としての日本、そして占領下の日本を連結したところから、戦争への反省や国民的名誉をめぐる一連の問題、つまり憲法、象徴天皇、賠償・経済問題を、自由の伸張という価値を軸にした国民性概念で結びつけ、総合しながら、歴史家の模範的あり様を示すかのようにして論じているからである。

朝河が今日の日本を作った朝鮮戦争を知らず、また、自衛隊の前身にあたる警察予備隊の設置が憲法を改正しないままに占領下の最後に行われたことも知らず、改憲を大義名分とした旧勢力の復活という朝河の恐れた事態が半ば現実となり、九条をめぐる言論が神学論争の性格を帯びてしまったことや、さらに九条が逆に防波堤として一部から認識されていることも知らないことは言うまでもない。しかし、その後の経緯を知らない朝河の言論だからこそ、第二次大戦後の原点に立ち返りつつ、「戦後」の歩みを検証するために、彼の言論は現代の論争を紐解く上での重要な基準となることであろう。

最後に、別稿でも論じたが、朝河が「戦後」という時代に作られた日米親善の象徴となっている現在の状態、それ自体を歴史の産物として議論の俎上に載せるために、そして、冷戦後という今日的な視点から朝河の求めたものを検証するために、「新日本展望」は不可欠な資料であることは疑いない。

「新日本展望」に象徴される朝河の日本語による言論は、想像力を鍛えるべき歴史家としての使命感に基づくものであった。それがどのような情報を基にして行われ、実際の占領政策に、アメリカの日本研究者を介してどの程度の影響を有したと考えられるのかについては、前述した戦後の検証と合わせ、新たな課題として挑戦を行っていきたい。

注

（1）本稿に関連する主な研究成果としては、矢吹晋氏の一連の業績（その中でも『敗戦・沖縄・天皇―尖閣衝突の遠景―』〈花伝社、二〇一四年〉は、本稿のきっかけとなった重要資料の一部が独自の翻訳とともに掲示されている）、および、山内晴子『朝河貫一論―その学問形成と実践―』（早稲田大学術叢書七、早稲田大学出版部、二〇一〇年）。後者には注（3）で述べるような根本的問題があるものの、朝河がアメリカ学術団体評議会（ACLS）というアメリカの学術団体の会員として、現実的政策決定者にも知的影響を与える能力を有していたこと、国務省で終戦直前までジョセフ・グルーとともに対日政策に影響力を有したヒュー・ボートンらの若い世代に属するアメリカの親日的政策決定者に影響した可能性もあることが論じられている。

（2）加藤哲郎『象徴天皇制の起源―アメリカの心理戦「日本計画」―』平凡社新書、二〇〇五年。加藤氏には、この著書の出版以前、ウェブサイトにて拙稿を紹介いただいた。また、アメリカ公文書館のアーキビストであった亡きジョン・テイラー氏が、たびたび情報機関の資料の重要性とその使い方を、入院されていたシブレー病院の病床においてさえ、筆者に教えてくださったことにも改めて感謝したい。

（3）「今後の新日本における個人の展望」（イェール大学図書館所蔵、「新日本展望」と略す）は、矢吹晋氏から二〇一五年にPDFで提供を受けた。また、「天皇」こそが民主主義を定着させる大変革に不可欠であると朝河が国民性に基づき主張していたことは、本文で紹介した拙稿（「戦中戦後の朝河貫一」〈『甦る朝河貫一』一九九八年〉）で二〇年前に論じた。しかし、前掲注（1）山内文献においても、その根幹となる研究枠組みと評価された部分で、「天皇」が大変革と民主主義の定着に不可欠と朝河が戦後に主張したことや、シャーマン・ケントとの関係が繰り返されているにもかかわらず、拙稿は引用されず、謝辞一覧に挙げられた私の氏名の表記も間違ったままである。天皇と民主主義との関係を朝河が重視していた点や、シャーマン・ケントとの関係の重要性は、当時誰も論じていない状況で拙稿が初めて指摘したものであり、さらにその枠組みをあたかも自己の主張として借用した点は、博士論文としての審査やその資格にも関わる問題をはらんでいるといわざるをえない。また、基本的な事実の検証なしにGWをラングドン・ウォーナーと断定している点の問題は注(14)参照。
(4)「新日本展望」四七―四八頁(元資料のページ番号を付す)。
(5)C・C・タッカー宛書簡、一九三五年十二月十九日、朝河貫一書簡編集委員会『朝河貫一書簡集』(以下単に『書簡集』と略す)、早稲田大学出版部、一九九〇年、四七八頁。
(6)海老澤衷・近藤成一・甚野尚志編『朝河貫一と日欧中世史研究』吉川弘文館、二〇一七年。
(7)「新日本展望」九二―九三頁。新カナ使いに改め濁点などを補った。
(8)「新日本展望」九九―一〇〇頁。
(9)「新日本展望」一〇〇頁。こうした日本側の戦争原因を論じる一方、朝河は戦争の原因は連合国の側にもあり、「強大で富裕な民族」が「自衛と政治的使命という理念のために戦争を行う可能性」も認めると同時に、「自由」のために戦争が展開されるケースも存在することを指摘している。経済的格差は、貧しい側からの侵略戦争を引き起こすのではなく、豊かな側にも戦争への誘惑を起こさせることを指摘している(前掲注(3)拙稿)。「新日本展望」(九五―九六頁)の他の部分でも、自由のために世界戦争が行われたことがあると指摘されており、安易な自由賛美は戒められている。
(10)朝河貫一著、矢吹晋翻訳『入来文書 *The Documents of Iriki*』柏書房、二〇〇五年、五九二―九三頁。
(11)「新日本展望」九三頁。しかし同時に忘れてならないことは、「攻略心」を「忠君愛国」の行為とすることは、それまでの平常の「〔民〕族心〔理〕」に逆行するものであったこと、民族心理と国史とは「敏感、同情、妥協、和合を本性と」しているとも述べられている。
(12)「新日本展望」九四頁。
(13)「新日本展望」九五頁。
(14)G・W宛書簡(案)、一九四五年四月五日、『書簡集』六七一頁。G・Wはグレッチェン・ウォーレンであることが、以下の論文で論証された。甚野氏からこの書簡集の原本の複写をお貸しいただいたこと、感謝申し上げる。甚野尚志「朝河貫一とグレッチェン・ウォレン(Gretchen Warren)との文通―イェール大学バイネッケ図書館所蔵「朝河発グレッチェン宛書簡集」について―」(『WASEDA RILAS JOURNAL』NO.6、二〇一八年)。
(15)阿部善雄『最後の「日本人」』岩波書店、一九八三年、二六九頁。

(16) G・G・クラーク宛書簡、一九四四年十一月五日、『書簡集』六五九頁。
(17) 村田勤宛書簡、一九四七年十一月三十日、『書簡集』七一二頁。
(18) G・W宛書簡（案）、一九四五年八月十九日、『書簡集』六七八頁。
(19) 滝川政次郎宛書簡、一九四八年六月二十七日、『書簡集』七二三頁。
(20) 前掲注(19)書簡。
(21) シャーマン・ケントとは、イェール大学の歴史学部のかつての朝河の教え子であり、この書簡の直前まで歴史学部の講師として同僚であった人物である。彼は、日米開戦後ワシントンのドノヴァン機関と呼ばれたCOI（Cordination of Information）、のちのOSSの要員としてハーバード大学歴史学部長のランガーが長をつとめる分析調査課に勤務し、主にヨーロッパ・アフリカ戦局の情報分析、および戦後構想の樹立に関わり、戦後はCIAの国家調査局長として活躍した。彼の歴史学方法論に関する著書『歴史研究の方法』（建設社、一九四八年）は、終戦直後の日本にも紹介され社会科学的な方法論による歴史を日本人が学ぶ上で貢献したとされてもいる。朝河とケントとの交遊の詳細は不明であるが、家族ぐるみの交際をしていることは確かであり、戦後に朝河が近衛文麿のメモアールや、鈴木貫太郎内閣書記官長であった迫水久常手記を手に入れたのもこの人物を通じてのものであった可能性が高い。
(22) 詳しくは、浅野豊美「珠玉の言葉四六　シャーマン・ケント」（朝河貫一研究会編『甦る朝河貫一』一九九八年、五一頁）。
(23) T・ローウェル宛書簡（案）、一九四二年一月二十一日、『書簡集』六一六頁。
(24) 前掲注(23)書簡。
(25) レン某宛書簡（案）一九四四年十一月二十八日、『書簡集』六六三頁。中国研究者としては、賠償使節団に入ることになるオーウェン・ラティモアを一時期、朝河は尊敬したが、すぐにその期待は裏切られ、ラティモアは、ジャーナリスティックな政治的研究者と見抜かれた。『書簡集』六六二・六六六頁。
(26) I・フィッシャー宛書簡、一九四四年十月二日、『書簡集』六五四頁。
(27) 井上毅の詔勅政策もこの方策に則っている（坂井雄吉『井上毅と明治国家』東京大学出版会、一九八三年）。朝河が明治憲法の制定過程に興味を抱いたのも、古代の天皇制原理が近代的なものに置き換えられていく過程を実証的に分析したいという傾向の現れであったといえよう。朝河が伊藤博文に送った書簡には、『帝国憲法』制定過程の資料をぜひ公開してほしいと書かれており、公開すれば、一般の日本人ばかりでなく、欧米の比較政治学者や法制学者にも、莫大な利益を与えることになるであろうと記されていた（前掲注(15)阿部文献、六四頁）。

(28) 甚野尚志「ふくしまから世界へ—立子山の偉人・朝河貫一の歩み—」（朝河貫一博士没後七〇年記念講演会in立子山、二〇一八年十月十三日）。朝河正澄は、二本松藩の藩士として江戸に一〇年余も滞在して儒学と砲術学を学び、戊辰の役にも従軍して生き残った元藩士であった。その事績を中心に編纂された『朝河正澄手記』（福島県立図書館）を元に、最近、以下の復刻が行われている（頁は模範村の記述箇所）。武田徹・梅田秀男・安西金造・佐藤博幸『朝河正澄—戊辰戦争、立子山、そして貫一へ—』朝河貫一博士顕彰協会、二〇〇六年、七五—一〇一頁。

(29) 竹内松治宛書簡（案）、一九四八年四月十一日、『書簡集』七一八頁。

(30) 村田勤宛書簡、一九四七年十一月三十日、『書簡集』七一二頁。

(31) 前掲注(18)書簡。

(32) 前掲注(18)書簡。戦後日本の倫理的な荒廃を阻止すべく、朝河は儒教の倫理を土台とした上で、改めて儒教がかつて家産関係の教義であった点を、「基督の個霊尊重」の伝統を取り入れることで矯正し、個々人の責任と「誠義」を涵養する必要を唱えている。

(33) モーガン宛書簡、一九四二年一月十一日、『書簡集』六一二頁。

(34) 以下の中西論文によれば、社会工学と呼ばれた社会制御の思想が、自由という価値と対立的に論じられる傾向があるのは、自由主義が前提としていた理性的な個人に立脚したところの個と全体との調和というものが「実はその自由主義が及んでいない領域、つまり伝統的な権威や慣習と言った社会調和メカニズムに支えられていた」ことによる。しかし、自由主義によって個人の解放が進み社会の合理化が徹底されていけば、伝統的な権威や慣習という、かつては背後から自由主義を支えていた調和のメカニズムは廃れていく。ここにおいて権威や慣習といった前提がない状態で、個人と社会との調和はいかに可能かという問題が提出され、「それが社会に対する何らかの制御の思想を生み出すに至った」。こうした思想の流れを汲むものが、朝河が「社会工学」と呼んだアメリカのプラグマティズムであり、またヨーロッパのファシズムや共産主義であった（中西寛「二十世紀国際関係の視点としてのパリ講和会議（一）」〈『法学論叢』一二八―二、一九九〇年、五一—五五頁〉）。社会を自立的な存在としては見なさない点で、これらは共通しており、朝河は、日本社会の自立性や調和を天皇という伝統的な権威に依拠して守ろうとしたといえる。
(35) E・グリフィン宛書簡（案）、一九四二年十二月二十九日、『書簡集』六四四頁。グリフィンは、一九三七年に朝河が指導して東アジアの居留地・領事制度についての博士学位を取得した。この『勝利を取りつけること（*Clinching the victory*）』は一九四三年に出版されている。もう一冊教育に関する本も書いたが未刊に終わったという。
(36) A・E・モーガン宛書簡（案）、一九四二年一月十一日、『書簡集』六一二頁。
(37) T・ローウェル宛書簡（案）、一九四二年一月二十一日、『書簡集』六一七頁。
(38) 前掲注(14)書簡、『書簡集』六六九―七二頁。
(39) 前掲注(18)書簡。
(40) 前掲注(14)書簡。
(41) 前掲注(14)書簡。
(42) 前掲注(18)書簡。
(43) 前掲注(14)書簡、『書簡集』六六九―七二頁。
(44) 浅野豊美「東アジア工業化の国際環境と戦後日本」（堀和生・萩原充編『世界の工場への道』京都大学出版会、二〇一九年刊行予定）。
(45) 浅野豊美編『戦後日本の賠償問題と東アジア地域再編―請求権と歴史認識問題の起源―』慈学社出版、二〇一三年。
(46) 大蔵省『賠償関係条約集（中）』大蔵省理財局、一九五三年、一一六頁。
(47) マイケル・シャラー『アジアにおける冷戦の起源』木鐸社、一九九六年、一七五頁。
(48) 前掲注(46)『賠償関係条約集（中）』三〇頁。
(49) 「新日本展望」（九二頁）では、以下のように「改悛」と「奮力」、そして「反発」という三つの感情の関係が憲法九条を囲むようにして述べられている。また、前掲注(1)矢吹文献（二〇九九―三〇二頁）においても、以下の箇所は幅広く前後の文章を含めて矢吹氏によって現代語に改められ、小見出しも付されているために、「新日本展望」全体の中で当該部分を概観するために非常に役に立つ。ただ、判読しにくいと思われた箇所が飛ばされたり、現代人が理解しづらい賠償問題等が省略されたりしているため、矢吹文献が「新日本展望」を紹介した「補章」全体でも、原文全体の半分程度しか訳出されておらず、その意味を論理的に把握するのは困難である。今後、本格的な復刻に向けて努力を続けていきたい。

軍部と所謂愛国諸団との絶滅は、殆ど全然透徹したが上に、新憲法によりて、日〔本〕国を永久軍力無き国たらしめたり。然るに、余惟ふに、単に外部の圧力のみによりて、成功すべしと想ひ、又之によりてのみ今までの成功を得たるなりと想ふは、等しく浅思迷想の甚しきもの也。もし反発の動機強くば、圧迫さるる程、解消の成功と見ゆるほど、後日の復活の意志を激成すべし。軍部等を合して全国民の武力攻略《マヽ》心理が改悟するにあらずば、必然、反抗を予想するに足る。消極の改悛と積極の自由公正の奮力とは、共に等しく、国民自心《マヽ》の力にのみ倚《マヽ》り得べきものにして、外部と内政との制抑《マヽ》のみにては結局無効にして、その強き程、誘発性大也〔傍点―筆者〕。

(50)　浅野豊美『帝国日本の植民地法制』名古屋大学出版会、二〇〇八年。

朝河貫一の戦後構想「民主主義」とOpen Letter（回覧書簡）の役割

山内晴子

はじめに

朝河貫一イェール大学教授（一八七三―一九四八）は、一九〇三年に英文の博士論文『大化改新』を出版し、二九年に『入来文書』を英米で出版して、日本史を世界史の中に位置づけた日欧中世比較法制史学者である。彼は一九〇〇年の「年頭の自戒」[1]で「全人類の生存と運命の真相に対する組織的な貢献」をしようと決意して人生を送ったことから、今でいう国際政治学者でもあり、文化の相互理解を通して平和を追求した文化的国際主義者[2]と分類できる。

朝河の外交理念が彼の理想とする「民主主義」であることは、一九四六年夏のラングドン・ウォーナー（Langdon Warner, 1881–1955）宛長文書簡[3]に「私は民主主義の重要性に気づいて以来、アメリカにおける私の長い生涯の間、個人的行動で決して妥協しませんでした。……もし日本が真に民主主義国になりたいのなら、民主主義は他の政治形態にまして、市民にふさわしい良心をもとうと、市民一人ひとりが個人的責任感をもって初めて成り立つと固く信じております」と記されていることから明白である。朝河の外交提言の目的は、立憲主義に基づき集団ではなく個人を尊重し、思想・言論・報道の自由を重んじ、真実を共有し、多様性と寛容な精神を奨励する「民主主義」を根付かせることである。彼は日米戦争阻止と戦後構想の説得にOpen Letter（回覧書簡）という、信頼する複数の宛先に同じ内容の書簡を送り、回覧を依頼し考えを共有してもらう当時知識人に流行した方法を多用した。拙著『朝河貫一論―その学問形成と実践―』(4)では、朝河がOpen Letterで戦後構想を欧米人に説得し天皇制民主主義の学問的起源となったと論証した。以下は、その要旨である。

一九四一年十一月十八日、ウォーナーが朝河に日米開戦阻止のため天皇への大統領親書を提案したのは、同年十月十日付金子堅太郎宛朝河英文Open Letter(5)のみに加筆したA sanction, I entertain no doubt, would be most graciously granted.を読んだからである。ウォーナーは朝河の天皇制度に関する学説（拙著『朝河貫一論』第八章）を熟知していた。朝河は『大化改新』からの著書や論文で、日本の歴史で圧倒的に優れた異文化を受け入れ、修得し適応する制度的大変革の大化改新と明治維新を成功させたのは、天皇個人ではなく天皇制度であったと一貫して指摘していた。ウォーナーがワシントンに持参した朝河の大統領親書草案はローズヴェルト大統領、スティムソン陸軍長官、ハル国務長官などの政府高官が読んでいる。(6)朝河の草案は実際の親書に一部使われたが、彼が意図した内容ではなく、親書が届けられたのも開戦後で開戦阻止はできなかった。しかし、十二月十日付ウォーナー宛書簡を、朝河はMan proposes, God disposes (Proverb 16: 9) と書きはじめ、Diplomacy consists in gaining one's point through an understanding of the view of the other party. と提言して、「民主主義」と天皇制度という異文化融合の戦後構想を精力的に説得し続けた。その影響が知られていない理由は、朝河の弟子で、後にＣＩＡの大御所となるシャーマン・ケント（Sherman Kent, 1903–86）の一九四二年一月四日付書簡にあるように「先生のご要望（名前を伏せること—

筆者注、以下同様〕を十分尊重」したからである。[7] 一九四二年二月二十二日付ウィルコックス（William B. Willcox）宛書簡には、天皇によってのみ軍部の追放が可能で、現状は六四五年と一八六八年と同様だと解説した。一九四四年十月二日付フィッシャー（Irving Fisher, 1867–1947）宛書簡では、徹底した改革がいかなるものでも天皇の是認と支持が必要と説得した。フィッシャーは同期のスティムソン陸軍長官（Henry Lewis Stimson, 1867–1950）と共に、イェール大学の秘密結社でアメリカを牛耳るエリート集団スカル&ボーンズのメンバーであるから、[8] 朝河の Open Letter は影響力がある。朝河は一九三〇年にACLS（全米学術団体協議会）日本研究委員会（委員長ウォーナー）が創立された時の七人のメンバーの一人として、三六年七月まで記録が残る。同委員会が最初に日本に送った留学生ヒュー・ボートン（Hugh Borton, 1903–95）、エドウィン・O・ライシャワー（Edwin O. Reischaure, 1910–90）、チャールズ・B・ファーズ（Charles B. Fahs, 1908–80）は、二・二六事件に遭遇した。彼らは一九三七年以降四一年までに日本研究委員会のメンバーとなり、[9] 極東政策の立案と遂行を通して朝河の学説に基づく天皇制度と「民主主義」の異文化融合の戦後構想を貫いた。朝河は、天皇制民主主義の学問的起源である。

日米開戦前後の外交提言に関する朝河書簡の先行研究は多いが、[10] 本稿では、日本側で戦前に朝河 Open Letter を多くの友人に回覧し続けた村田勤（一八六六―一九四七）と朝河との往復書簡を検討し、知られていない村田のプロフィールも明らかにする。

現在、自国第一主義を振りかざす大国覇権主義による貿易戦争を回避する英知が必要である。また、幼稚園児に教育勅語を暗誦させていた森友学園への国有地売却をめぐる財務省公文書改竄や南スーダンPKO自衛隊「日報」隠蔽問題など「民主主義」の原点ともいうべき記録が危機に瀕している。したがって本稿も、朝河が東京専門学校とダートマス大学で体得した彼の理想とする「民主主義」の確認から始めなければならない。

一　朝河貫一の理想とする「民主主義」

1　朝河在学時代の東京専門学校の立憲主義とキリスト教

大隈重信（一八三八―一九二二）の国会早期開設と議員内閣制を主張した憲法意見書が、明治十四年の政変で葬り去られ、下野した大隈は一八八二年（明治十五）に、近代的な立憲主義国家を建設するため、英国流の政党政治の実現と、その担い手の立憲国民の育成を目指して、東京専門学校（現早稲田大学）を開設した。立憲主義とは、憲法によって政治権力を規制する政治原則である。朝河貫一が、立憲主義の担い手として教育されたことは重要である。もう一つ朝河の生涯に決定的な影響を与えたのは、プロテスタントの本郷教会で受洗し、教育勅語が「民主主義」の精神に反すると学んだことである。

山県有朋内閣で一八八九年大日本帝国憲法が発布され、九〇年十一月二十九日第一回帝国議会が開催された。教育勅語が発布されたのは、その直前の十月三十日である。翌一八九一年一月十九日に、内村鑑三不敬事件が起きた。第一高等学校で教育勅語奉読式が行われ、天皇の署名に対して内村が「敬意を表してお辞儀はしたが、宗教的な『礼拝』になる程深く頭を下げて最敬礼はしなかった」ことが問題となった。内村は「神に対する礼拝（WORSHIP）と天皇に対する尊敬（RESPECT）とは、あくまで別である」という考え方であった。内村が重い流感で意識不明の間に、何者かが弁明書を新聞に掲載し、学校に辞職願を提出し、それが受理されてしまう。同年九月に井上哲次郎東京帝国大学教授が『勅語衍義』で教育勅語を注釈し、翌年十一月『教育時論』に「教育ト宗教ノ衝突」の連載を開始して「基督教の非国家主義、非世間主義、博愛主義は、日本の国体の国家主義、現世主義、忠孝の精神に反する」と攻撃した(11)。本郷教会（現弓町本郷教会）横井時雄牧師（一八五六—一九二七、小楠長男）は一八九一年『六合雑誌』に「忠孝と基督教」、翌年「徳育に関する時論と基督教」などを発表し、国家主義教育に対する日本キリスト教の態度を表明した。井上によって、キリスト教徒故に帝大を追われた大西祝（一八六四—一九〇〇）が、坪内逍遥の招きで東京専門学校の哲学講師に着任すると、批判的精神が誕生して早稲田の学風となった。大西は、新島襄が同志社の後継者と考えていたほどの日本初の本格的な哲学者であった。内村鑑三は、一八九二年『六合雑誌』に「日本国の天職」でキリスト愛国の精神を表し、五月には『基督教新聞』紙上で横井らと「理想的伝道師論」を論じ、五回にわたって連載した。

その一八九二年の秋に、元二本松藩士朝河正澄の長男朝河貫一が上京したのである。福島県尋常中学校（現福島県立安積高校）二年まで同級だった竹内松治が、朝河に横井時雄牧師を紹介してくれた。朝河は横井が編集長の『六合雑誌』で編集アルバイトをし、坪内逍遥が開設した文学科に三回生として、十二月、東京専門学校に入学した。

翌一八九三年、井上哲次郎が『教育ト宗教ノ衝突』を出版すると、大西は「教育勅語と倫理説」「耶蘇教問題」「当代の衝突論」で反対の論陣を張り、倫理とは超国家的・超時代的・普遍妥当的なもので「倫理の争は之を個人間の自由の討究に委ねて可なり。勅語を以て倫理上の主義の争を為すは、不可也(12)」と説いた。教育勅語は「キリスト教をはじめとして、思想、信教の自由を圧迫する『臣民道徳』の経典となる素質をその当初から持つものであった(13)」。

一八九三年朝河は「基督教に関する一卑見」を書き、大西講師に見せると、横井は『六合雑誌』五月号と六月号に掲載し、六月本郷教会で朝

東京専門学校	イェール大学
1892.12入学 1895.7 卒業	博士 1900–02
1905早大講師 西洋中世史	修士 1901–03
1906–07 課外講師＊	神学部

専門学校—校則・学科配当資料—』

表1　朝河貫一・村田勤・横井時雄の略歴

氏　名	生没年	略　歴	受　洗	同志社
朝河貫一	1873–1948	1907イェール大学講師・イェール大学図書館初代東アジア部長 1937イェール大学歴史学教授	1893 本郷教会 横井時雄	
村田勤	1866–1947	著述家．1904–11／1921–42日本女子大学教授 1904–08／1920–42麻布中学教師 1912–20 明治中学教頭	1884 宣教師 ラーネッド	1882入学 1887卒
横井時雄	1857–1927	1879今治教会牧師．1887本郷教会牧師．『六合雑誌』『基督教青年』編集長．第３代同志社社長（総長）．1903–09政友会衆議院議員．姉崎正治と『時代思潮』出版	1879 新島襄	1877入学 熊本バンド 1879卒

＊「明治29年度から明治30年度—資料44：学校改正規則および講師—」（早稲田大学大学史編集所編『東京
163頁）．

河に洗礼を授けた。朝河は「基督教に関する一卑見」で、神道を国家宗教として立てることは、識者は既にやめよといっている。儒教は、忠孝を諸徳の根本にしているために多くの衝突と理にもとる頑なさを生み、権謀策略を生んだ。儒教のように独断的に忠孝を唱えず、人は神に出会うことによって、最も善く、最も愛のある忠孝を行える。キリスト教に入って初めて心が晴れ晴れとし、真正な自由を得、欧米の自由な空気・進歩の勢いが我が物となり、本当の謙遜の美を知り、快活・和楽・満足の情が湧き、友情も社会に対する徳義も倍に深まった。キリスト教を信じるのは、思想と言論の自由を失うためではなく、円満に成長させるためであると書いた。

大西は、海老名弾正（一八五六―一九三七）の講義所（本郷教会の前身）に、田口卯吉（一八五五―一九〇五、経済学者）・松本亦太郎（一八六五―一九四三、心理学者）・麻生正蔵（一八六四―一九四九、日本女子大学第二代学長）と共に、一八八六年から通っていた。横井が海老名に代わって講義所の牧師になったのは、翌一八八七年である。横井は、一八八九年教会堂建設寄付金募集のために渡米し、翌九〇年一万ドルを得て帰国。一月に内村鑑三不敬事件が起きた一八九一年四月、東竹町に本郷教会が落成した。土曜日には学術講演会がしばしば開催された。金井延法学博士、中島力造哲学博士、元良勇次郎文学博士、箕作佳吉理学博士、大西祝文学士、井上哲次郎文学博士と東京帝国大学と東京専門学校の学者が講演し、必ずしもキリスト者の講演ではなく伝道集会ではなかった。十二月の演題は、大西祝「先哲スピノザの性向」と井上哲次郎「王陽明の学を論ず」であるから驚く。聴講券は一回五銭であったが、向学心に燃える東京帝国大学や東京専門学校の学生の関心を呼び、毎回二〇〇～三〇〇人と集まるのも頷ける。東京専門学校の学生が一〇〇〇人程の時代である。横井牧師も、東西の思想を語り、天下の形成を論じては満座を魅了する第一線の思想家で「教壇での風采は颯爽、講演は卓越せる見聞の閃《ひらめき》あり、示唆《しさ》的、自由、かつ新味、書生的で、先生振らず、海外形勢に通暁す」と麻生正蔵は語る。[14]

横井は同志社社長（総長）を勤めた後、衆議院議員となり、東京帝国大学教授姉崎正治と共にキリスト教と仏教の精神で国民精神を浄化すべく、約三年間『時代思潮』を刊行した（表1）。

本郷教会は、同志社系の組合教会である（表2）。日本のプロテスタントは、アメリカの宣教師によってもたらされ、「アメリカではリベラリズムとしてのプロテスタンティズムが主流派」である。一六二〇年ピューリタンが「メイフラワー誓約」を作成し「そこに

学　　校	機 関 誌
同志社（西京）／神戸英和女学校／梅花女学校（大阪）	『基督教新聞』『六合雑誌』
明治学院（東京）／女子学院（同）／フェリス女学校（横浜）／共立女学校（同）	『福音週報』
東洋英和学校〔麻布中学の前身〕（東京）東洋英和女学校〔東洋英和女学院〕（同）	『護教』『野声反響』
東京英和学校〔青山学院の前身〕	
立教学校（東京）	『公会月報』
駿台英和女学校（東京）	
普連土女学校（東京）	

学　　校	機 関 誌
新教神学校	『真理』
	『ゆにてりあん』
自由神学校	『自由クリスト教』

84-85頁.

表2　基督教分派表

新教派《プロテスタント》

教　派	牧師及宣教師
組合教会《コングレゲーション》	小崎弘道，宮川経輝，海老名弾正，横井時雄，綱島佳吉，浮田和民，原田豊，市原盛宏，グリーン，デビス，ラーネッド等
日本基督教会《プレスビテリアン》（一致教会）	植村正久，服部綾雄，吉岡弘毅，田村直臣，井深梶之助，押川方義，フルベッキ，ノックス，ヘボン等
日本メソジスト（カナダメソジスト）	平岩恒保，渡瀬寅二郎，小林光泰，イビー，マクドナルド，カックラン，ホイッテントン等
メソジスト	本田庸一，栗村左衛八，山鹿旗之進，山田寅之助，小方仙之介，ソーバル，コレル
日本聖公会《エピスコパル》	早乙女豊秋，田井正一，ビショップ，ピカスタス，ウ井ルアムス
浸礼教会《バプチスト》	ホワイト
クエーカー	

自由派《リベラル》

教　派	牧師及宣教師
普及福音教会	三並良，シュミーデル，ムンチンゲル等，外ニ有名ナルハ丸山通一，向年治，ミッスヂルク
ユニテリアン	高田太郎，マコーレー，ローレンス
ユニバーサリスト	ペリン，吉村秀造

出典　東京専門学校『早稲田文学』第2号，1891年(明治24)10月30日，52–55頁．山内晴子『朝河貫一論』

は、公正と平等とが重んじられること、法に基づいて理想社会を建設する精神が重視されること、人々はイングランドでの身分ではなく、同じ目的を持った個人として、互いに尊重され、共同体を形成すべきことが記されており、それは神の名の下でなされる社会契約という形式をとっていた(15)」。

大西は朝河の卒論を指導し、朝河や一年先輩の島村抱月（一八七一―一九一八、文学部教授）・金子馬治（文学部長、理事）・五十嵐力（文学部長）らの哲学会を導いた。朝河らの卒業論集「おもかげ」には、大西の哲学の講義は「その熱烈なる雄弁　滔々《とうとう》禦《ふせ》がんと欲してふせぐ能《あた》はざるの勢は　そゞろに当年の松下村塾における松蔭の風貌を想起せしめたり(16)」とある。夏目漱石も「大学生のまま、大西に招かれて英語講師として教えていた。……自分の担当を終えると、学生と一諸に逍遥の講義を聴いていた」(17)。島村によると「要するに講義を聴く方もやる方も一種自由奔放の気に充ちて、乱世の天下を切り取り勝手といふ趣が溢れて居た。夢のようなロマンチックな時代であった」という(18)。東京専門学校時代の朝河を取り巻く人々からは、後に朝河が指摘する妥協・追従・黙認の日本人の習性は見当たらない。

朝河の教育勅語に対する姿勢は、生涯変わらなかった。彼が日露戦争後の第一回帰国で目の当たりにしたのは、ロシアの利権を継承し傲慢になった日本人の精神的荒廃であった。朝河は島村に促され『早稲田学報』一九〇七年三月巻に「日本現今の基督新教」を寄稿し、「武士道は都合よく忠君愛国と化し」日露戦争に勝ったが、「国家教育と称する……公立学校における道徳教育」は平和時代の国民の道徳を担う資格を持っていないと指摘した。忠孝を道徳の基本とする国家主義教育の教育勅語は、民主主義に反するからである。

一九四七年十一月三十日付村田勤宛朝河書簡で、「支那の儒教が、長者の利を根本として築造したる道義なるを改むるの要あるは勿論です。畢竟、基〔督〕教の個霊尊重を採り、その忍辱の弊を去り、以て儒道の誠義と調和することゝなりませう」と日本が民主主義国家として成り立っていくための倫理を説いた。亡くなる八ヵ月前でも、朝河が最も大切と思っていたのは、個人の尊重であった。忠孝を重んじる国家主義の教育勅語は、妥協・追従・黙認を日本人の習性となし、日本の敗戦の最大の原因となったと朝河は考えた。個人の尊重は、「民主主義」の基本である。

2　ウイリアム・タッカー学長から体得した朝河の理想とする「民主主義」

朝河は、横井のアンドーヴァー神学校時代の友人のダートマス大学学長タッカー牧師（William Jewett Tucker, 1839–1926）から、理想とする「民主主義」を体得した。それは、寛容なプロテスタントの倫理から生まれた「民主主義」であった。国家至上主義の対極にあって、集団ではなく、個人一人ひとりを大切に考え個人相互の敬愛と信頼に重きを置き、寛容な精神と神の前には何人も平等であるという大前提を抜きにしては成り立たない「民主主義」である。特権を与えられた人間は責任を担い、責任は犠牲を伴い、差異と多様性を重んじ、反対の論も「平気に淡白に面と向って説くことができる」批判精神を奨励し、他人の成功を喜ぶ度量の広さと常にユーモアを忘れない「民主主義」である。[19] ダートマス大学は会衆派（組合教会派）の大学で、当時アイヴィー・リーグや州立大学の学長は、ペンシルヴァニア大学を除いて全てプロテスタントの牧師で、[20] 一日は礼拝から始まった。

朝河は、一九四〇年一月九日付A・E・モーガン宛書簡にあるように「西洋民主主義国において効果的な生活様式は、実際に建設的であると同時に極めて説得力のあるキリスト教の実践形態でなければならないと信じ」ていた。一九四〇年三月十日付C・M・アンドルーズ宛書簡には、民主主義は「用心深さと積極性を欠くならば、……右翼であれ左翼であれ自暴自棄な者が現れて、……つかの間の効率を達成するため『新秩序』を樹立しようとする……とどのつまり民主主義とはモラル」であると書いた。一九四〇年九月二十九日村田勤宛書簡では、英米仏で民主主義が道徳的に弛緩した間に、日本は民主主義を放棄して日独伊三国軍事同盟を結んでしまったと分析している。日米開戦後一九四二年一月二十一日付T・ローウェル宛書簡でも「欧米の自由は、主としてキリスト教の基礎の上に立っています」と考え、「世界は現在、歴史的な想像力なしでは立派な行動をなしえない……その歴史的想像力というのは、おのおの国の遺産に関するものであり、一人ひとりの人間が過去において、いかようにして自己の解放の道を前進してきたかについてのもの」で、「戦争直後の最も微妙な問題の一つは……枢軸諸国をどのように取り扱うかという問題で」あると指摘した。一九四二年四月五日付W・B・ウィルコックス宛書簡では、新しい国際連合には「アメリカにおける民主主義の独学を急がせる必要が」あり、青年の教育が重要と主張しており、いずれも現代にも通じる提言である。

二　戦前日本への外交提言——朝河貫一の Open Letter の役割と影響——

1　一九三二年の大久保利武宛朝河長文書簡二通

学問に没頭していた朝河貫一は、一九三一年九月十八日満州事変（柳条湖事件）が勃発すると日本に向かって Open Letter を頻繁に出すようになる。一九三二年一月三日関東軍が錦州を再占領し、七日にスティムソン国務長官が満州の新事態不承認を通告したが、十八日日本海軍は上海で日中両軍衝突の第一次上海事変を起こし、国内では血盟団により二月九日井上準之助が暗殺された。

二月十四日付大久保利武（利通三男）宛長文書簡で朝河は「日本の根本の誤ハ、日支間の難局を兵力ニて一気に解決し得べきものと思ひしことニありと存候。……正直の論を試むる勇気ある人あるを聞かざるを憾み候。日本将《（ママ）》来のために、かかる強制的沈黙こそ最も危険なるべきを信じ候」と提言し、天皇の信頼厚い兄の内大臣牧野伸顕伯爵（吉田茂岳父）に回覧を依頼した。二月二十一日付大久保宛朝河長文書簡でも、日本の行為はパリ条約（一九二八年の不戦条約）違反で、突然日本が単独で軍事的解決を試み国際連盟成立以来の「世界大最悪と見られ」ていると知らせた。朝河の主張は、牧野から天皇及び吉田茂に伝わったと考えられる。三月五日に団琢磨（金子堅太郎の妹の夫）が暗殺され、五・一五事件で犬養毅首相が射殺されると、政党内閣が終焉し、五月二十六日に元朝鮮総督で枢密院顧問官の斎藤実海軍大将（一八五八—一九三六）の挙国一致内閣が成立。アメリカ特命全権大使ジョセフ・C・グルー（Joseph C. Grew, 1880–1965）が東京に着いたのが一九三二年六月六日。七月十三日グルーは牧野伸顕を表敬訪問し日支間の問題を話し合った。翌十四日には連盟の満州調査団長リットン卿主賓の英国大使館の晩餐会に牧野は出席し、満州問題に関して「日本は全世界を向ふに回」していると昂憤するリットン卿の様子を日記に残している。[21] 朝河が憂慮した方向に日本は突き進み、軍事費の膨張を政治力によってある程度食い止めた高橋是清が二・二六事件によって葬り去られると、一九三一年に三一％であった軍事費は、三六年には四七％へと急膨張し軍部の独走は止められないものになっていった。

2　村田勤と朝河 Open Letter の役割と影響

戦前日本で朝河の Open Letter の意図を真摯に受け止めた村田勤が、精力的に回覧した朝河宛書簡（福島県立図書館所蔵）に関して、阿部善雄『最後の「日本人」―朝河貫一の生涯―』に一部紹介されているが日付の記載はない。筆者も前の論文「朝河貫一の生涯」（海老澤衷・近藤成一・甚野尚志編『朝河貫一と日欧中世史研究』吉川弘文館、二〇一七年）で簡単に論じたが本節では、村田書簡の日付を記載し、回覧先を明らかにし、朝河との往復書簡を詳しく検討したい。村田書簡は日中戦争中の庶民生活を伝えており、一方、村田への朝河の民主政体に関する回答は、現代へのメッセージでもある。まず、表3「朝河宛村田書簡から分かる村田宛朝河 Open Letter の回覧先一覧」をご覧いただきたい。これだけの人物に、朝河書簡を回覧できる村田勤とはどのような人物なのか、今まで明らかにされてこなかった。以下は村田が勤務していた明治中学、麻布中学も取材した結果である。

村田勤のプロフィール

村田は三重松坂油商の長男で、家は浄土宗であった。父の勘七が一八七九年（明治十二）頃よりキリスト教に興味を感じ、離れに住む伝道師の服部直一と、アメリカン・ボードのJ・H・デフォレスト（John H. Deforest, 1844–1911）により伝道された。

父から『勧善訓蒙』『育英新聞』などキリスト教の入門書を与えられた勤は、一八八二年、同志社に入学し、寺町丸太町の会堂でラーネッドから受洗した（①、注(22)の参考文献は以下①〜⑩と記す）[22]。一八八七年麻生正蔵、丹羽清次郎と共に同志社を卒業した村田は（⑤）、熊本英語学校の教師となり（③）、九〇年からは伝道事業に従事した（①）。同級だった徳富蘆花の尽力で博文館から『マルチン・ルーテル』を出版し（②）、一八九一年ジェローム・D・グリーン著『新島襄先生之伝』を松浦政泰と共訳出版（⑤）、九六年『親鸞真伝―史的批評―』、翌年『マルチン・ルーテル伝』を出版した（①）。一八九九年に同志社教師に赴任したが（④）、徴兵猶予の特権を得るためキリスト教的綱領改正問題に関してアメリカン・ボードからの分離独立問題（同志社事件）で紛糾し、村田は横井時雄同志社社長と、

受　洗	同志社	早　大	イェール
1884海老名弾正	1889 卒		
		1894東京専門学校法卒	1902-04 修士
		1911早大専門部政経卒	
1890小崎弘道		1890東京専門学校卒	
1901神戸美以教会	同志社中卒	1905早大政経卒 1909教授	
孫３人東洋英和入学		1908講師 父和夫は 1890-1907 第三代校長	父和夫は 1878修士
			1889 修士
新島襄	1884卒 95講師	1899東京専門学校講師	
	1891卒		

表3　朝河宛村田書簡から分かる村田宛朝河 Open Letter の回覧先一覧

村田書簡日付	回覧先	生没年	略　　歴
1935.1	柏木義円	1860–1938	1904日露戦争から非戦論者．1897-1935安中教会牧師．1897『上毛教界新聞』創刊，廃娼運動，鉱毒・未開放部落・朝鮮人虐殺・植民地伝道・軍部を批判
1937.5.6 1939.12.21 1940.6.22–27	斎藤隆夫	1870–1949	衆議院議員・弁護士．反軍演説．第一次吉田内閣と片山内閣国務大臣・衆議院内閣委員長
1937.5.17 1938.7.24	緒方竹虎	1888–1956	朝日新聞副社長．小磯内閣国務大臣兼情報局総裁，東久邇内閣国務大臣兼内閣書記官長，吉田内閣国務大臣・北海道開発庁・内閣官房長官．自由党総裁
1937.5.17	田川大吉郎	1869–1947	1904尾崎行雄東京市長の助役．19尾崎と渡欧．23日本基督教連盟常議員．25明治学院大学総理．47衆議院議員に当選，在職中に死去．
1937.8.24 1940.9.7	永井柳太郎 →近衛首相	1881–1944	オックスフォード大学留学後早大で社会政策を講じながら『新日本』主筆．1920～衆議院議員．民政党幹事長．斎藤内閣拓務大臣・第1次近衛内閣逓信大臣・安倍信行内閣鉄道兼逓信大臣．
1937.8.24 1939.9.9 1939.12.21 1940.6.22–27	鳩山一郎	1883–1959	1915～衆議院議員．27田中内閣書記官長．31犬養内閣文部大臣．46-51公職追放．54-56首相．56日ソ共同宣言．（1891年から本郷教会近くの音羽に永住し，教会に家族で出入り）
1939.9.9 1939.11.7	岩波茂雄	1881–1946	岩波書店創業者．『思想』『科学』『文化』『岩波文庫』『世界』．貴族院多額納税者議員，文化勲章
1939.11.7	大久保利武	1865–1943	鳥取県，大分県，埼玉県，大阪府知事．日本イェール協会会長．侯爵．貴族院勅撰議員(大久保利通3男．兄牧野伸顕は内大臣・吉田茂岳父)（1932.2.14 朝河書簡→兄牧野伸顕に回覧依頼→天皇）
1939.12.21	金子堅太郎	1853–1942	1878ハーバード(小村と同宿）卒．86憲法・皇室典範作成に参与．90貴族院勅撰議員．98伊藤内閣農商務大臣　1900司法大臣．04日露講和会議ルーズベルトと交渉．06枢密顧問官．15『明治天皇紀』編集局総裁．17日米協会会長．32二松学舎舎長
1939.12.21	安倍磯雄	1865–1949	早大野球部初代部長・早大図書館館長・1928～衆議員議員．社会民主党党首，戦後社会党顧問
1939.12.21 1940.6.22–27	深井英五	1871–1945	経済学者．1935-37日銀総裁．37貴族院議員．38枢密院議員

受　洗	同志社	早　大	イェール
1876新島襄	1876入学 熊本バンド 中退		
		早大 英文科卒	
1886高崎教会 小崎弘道			小崎弘道は 1893-94神 学部

版部，1988年，168頁.

東京専門学校講師に招聘された浮田和民や安部磯雄と共に同志社を去った。村田は、ロムバート教授（F. A. Lambert）の紹介で奨学金を得て、一九〇一年イェール大学大学院に留学（⑤）、教会史学者ウィリストン・ワーカー（Williston Walker）の下で一九〇三年修士号を取得した。つまり、朝河と同時期にイェール大学大学院に在籍していた（表1）。朝河の博士論文『大化改新』は、ハドレースカラーとして五〇〇〇ドルの助成を得て同年出版された。

Asakawa Papers の中で最初に村田勤の名前が出てくるのは、一九〇三年七月一日付坪内逍遥宛村田書簡である。朝河の『大化改新』の印刷のため、早稲田大学宛の秀英舎第一工場の御積書四枚が同封されている[23]。日本語部分の印字がなかったため、坪内の指示の下、一九〇三年帰国後の村田が窓口となって秀英舎[24]で印刷し、早稲田大学出版部が『大化改新』を出版した。

村田は、早稲田大学で講師も勤めていたことが、一九〇五年講義録『西洋中世史』が前編著者浮田和民、後編著者村田勤として早稲田大学出版部から出版されていることから今回判明した（⑦）。『弓町本郷教会百年史』によると村田は本郷教会で一九〇三年から一〇年まで五回説教し、一九〇三年十月二十五日の「人の尊厳」は参列者二〇七名である。一九〇六年の海老名弾正の説教は、礼拝出席者四五〇名で[25]、日露戦争に協力した組合教会派本郷教会の隆盛期である。

村田は一九〇三年から、麻布中学校（現麻布学園）校長の江原素六（一八四二―一九二二）と教頭の清水由松（一八六五―一九五〇）に私淑し、青年教育に身をささげる決意をする（②⑩）。江原と清水はキリスト者で、

村田書簡日付	回覧先	生没年	略　歴
1939.12.21	徳富蘇峰		1886平民主義の『日本乃将来』. 87-98『国民乃友』. 90 1929『国民新聞』. 93『吉田松陰』. 日清戦争中94『大日本膨張論』. 96国民新聞社員の深井英五と世界旅行，留学直後の朝河を訪問. 1911貴族院勅撰議員. 31満州事変後軍部と結び，41東条の依頼で開戦の詔書添削. 43文化勲章,46返上. 1918-51『近代日本国民史』平泉澄の校訂で100巻刊行
1940.6.22-27	菊池義郎	1890-1990	日大講師. 1947～衆議院議員自由党. 日本商科大学(廃校) 学長
1941.2.8-11	竹越与三郎 →近衛首相	1865-1950	歴史学者. 1902～衆議院議員. 22宮内庁臨時帝室編修館長・貴族院勅撰議員. 40枢密顧問官

出典　東京専門学校と1902年からの早大卒業生については，早稲田大学編『図録　大隈重信』早稲田大学出

共に後に貴族院議員となった。村田は一九〇四―〇八年麻布中学で英語と修身を教え（⑧）、〇四年から一一年まで日本女子大学校で西洋史教授も勤めた（③⑥）。一九〇九年留学の成果『宗教改革史』を出版し、再洗礼派への言及は欧米より一〇年早いと評価された。朝河が『日本の禍機』を出版した年である。一九一〇年、村田は『近世欧羅巴の基礎』『フローレンス・ナイチンゲール―クリミヤの天使―』『慈愛の涙』を出版。一九一二年開校の明治中学教頭に招聘され、キリスト者の鵜沢聡明校長が西園寺公望や原敬のブレーンの衆議院議員で、幸徳秋水や尾崎咢堂らの弁護士として多忙であったため、二〇年（大正九）まで学校運営を任された。鵜沢は後に極東国際軍事裁判日本側弁護団長となった人物である（②⑨）。

二〇一七年は、宗教改革五〇〇年の年であったが、一九一七年夜、東京キリスト教青年会館で内村鑑三と村田が開催した宗教改革四〇〇年記念講演会は、大盛況であった。当時、村田は番町教会所属である（①）。一九二〇年に明治中学教頭を辞任した村田は、江原素六の遺言によって修身科教師として麻布中学に復職し（⑩）、四二年（昭和十七）清水由松第二代校長引退まで務めた。一九二一年から日本女子大学校にも戻り、七十七歳になる四二年まで勤めた。村田は、一九三五年に『江原素六先

生伝』を三省堂から出版した。アメリカ留学中に次男を亡くした村田は、一九三七年『子を喪へる親の心』を鈴木竜司と編集した⑽。中野正剛・内村鑑三・安倍磯雄・高楠順次郎・西田幾太郎・市川三喜・坪田空穂・留岡幸助・島崎藤村など六十余名が執筆し岩波書店から出版された。一九四七年二月腎臓炎が一時回復した時、「東京軍事裁判の弁護団長をしていた鵜沢博士〔初代明治中学校長〕が巣鴨拘置所より特に許可を得て雑司が谷の先生宅に見舞いにこられ涙の対面」をし⑵、同年十二月二十七日、八十二歳で亡くなった。村田は反戦思想が強く、憲兵に捕まるのではないかと周囲が心配していた⑽ことは、後掲の書簡からも推測できるであろう。

朝河 Open Letter の回覧先

【(1) 一九三五年柏木義円が読んだ朝河 Open Letter】　判明している最初の村田宛朝河書簡回覧記録は、安中教会柏木義円牧師の一九三五年二月十一日の日記「前橋教会ニオケル信徒懇談会ニ臨ム。余ハ朝河貫一氏ノ書簡ヲ朗読ス」(26)である。日記には、同志社同窓の徳富蘆花夫妻と村田の名前が度々でており、朝河書簡も村田からの回覧と思われる。柏木は同志社で新島襄の薫陶を受け、同志社予備校主任・熊本英学校校長代理を務めた。一八九三年『同志社文学雑誌』に、井上哲次郎の教育勅語を批判して「勅語と基督教」を著した。一八九七年安中教会牧師に就任すると『上毛教界月報』を創刊し、時代批判を続けた(表3)。柏木は朝河書簡を読んだ年の六月牧師を引退し、軍部批判の『月報』は翌年発禁が重なり、廃刊となった。

【(2) 一九三七年の朝河 Open Letter】　一九三七年五月六日付朝河宛村田書簡は旅順二〇三高地記念碑の絵葉書で、朝河書簡を読んだ斎藤隆夫書簡の要点が書かれている。「朝河氏書面委細拝受　近来軍部の政治推進害に概歎に不甚、必竟政党無力の計致　我等が国民に対し面目なきこと、……時世も漸次変遷可致悲観すべきにあらずと思ひ駑馬に無知打折候」と、軍部の政治干渉に対抗する斎藤の決意を記している。朝河や村田とほぼ同時期に、斎藤はイェール大学法科大学院に留学している（表1・3）。[27]

五月十七日付朝河宛村田書簡には、村田宛緒方竹虎書簡と村田宛田川大吉郎[28]書簡が同封された。緒方は、朝河の手紙と米紙の切り抜きの礼を述べ、「問題は如何に朝河氏の所謂『眼の明らかなる人』の勢力を探し時期を早むるかにありと存じ候　神風号の成功[29]はまことに重荷を下ろしたる感……」とあり、朝河 Open Letter の回覧が民主主義勢力拡大を意図していることが分かる。田川は、朝河の「軍部の空虚なスローガンを白日に晒せよとの御警戒にも全然賛成です」と書き、今議会に「二・二六事件に座し処刑せられたる者の憧抱した政治意見の要領を発表すべしとの決議案を提出しました。しかし上程されませんでした。若し上程さるれば、小生はその空虚なる革新政策なるものの正体を検討すると共に　軍部が有りもしないものを有るものの如く……誤魔化して居る欺瞞の態度を難詰する積もりでした。又、昨春の議会にも小生は吏道粛清と士風刷新を提出しましたが、それも上程されませんでした。（……中には小生に危険だぞと注意して下された方がおりました）。……日独防共協約は彼等に取り重大な決意計画があるものと思われます。……当面の関係は支那ですが、……基調は……その防共という建前に在ると存じます。……朝河兄より此の方面に関しご教示を仰ぎ賜れば幸甚です」と述べる。村田は「H首相（林銑十郎首相）の心理状態　国体なり憲法なりに関する考方はとても当人と違っているやうに存じます。軍部の代表としてその後援の下に総理を頑張るつもりらしく思われます　矛盾も反論理も違憲も眼中にないやうです……独逸と提携したために満ロ関係がダンダンむつかしくなりました。いくら笑顔をみせても二一ヶ条以来の日本の鉄拳の振り方を見ては支那も容易に日本を信頼」しないでしょうと事態を正確に把握している。林首相は一二三日間で、六月四日近衛文麿第一次内閣へ交代し、七月七日に盧溝橋事件が勃発して日中戦争に突入した。

八月二十四日付村田書簡では、四月中旬の朝河書簡を国務大臣を二度務めた永井柳太郎[30]に回し、六月の朝河書簡を鳩山一郎不在のため夫人に渡した所、一郎は自由主義の傾向があり軍部に睨まれているという。右二通の朝河書簡は所蔵なし。「北支事変〔日中戦争〕が始まってこのかた雑誌の幹部はその筋によばれてきびしい命令をうけ……一向活気なく又真実がわからず世論もボツボツしかわかりません……事変は戦争と言っても宣戦布告はまだでません　戦費は躍進するが　その為め生ずるケーザイ上の打ゲキ　日支双方或は外国人の財産の破滅　人命の損失……どう改める考か　戦争の目的が殆ど国民にもわからず議員にもわかっていません……外国から来る新聞雑誌も……発禁」と村田は朝河に嘆く。

【(3)一九三八年の朝河 Open Letter】　一九三八年七月二十四日付朝河宛村田書簡で、村田はタイムズの切り抜きも緒方に送ったと報告する。日支事変後一年、物資の不足が目立つ。朝河の友人三宅駿一〔京都帝国大学農学部教授〕君に会った所、都新聞の代表として他社と米国経由で独伊に来月上旬にいく。同窓の牧野虎二氏が同志社の総理心得となり、総理を迎える準備に京都に行った。横山昌次郎氏[31]が少し快方に向かった。管制以外のニュースを聞く自由がなく、外国の新聞も雑誌も検査があり読めず、国民精神総動員法の締め付けが甚だしく、独伊の模倣が多い、といった情勢を伝えている。十九日に同志社クラブ会員二一名が集まり、独伊を訪問した中野正剛氏[32]の現内閣や外交に関する講演があり「同君がローマ滞在中に起こったファネー〔パネー〕号撃沈事件の陳謝バイ償が弱腰すぎると若いチアノ外相〔Gian G. Ciano, 1903–44〕に散々つっこまれた。膨大な費用を使ひ支那から賠償金はとれず下手すると先方から損害賠償を要求されるかも……中支北支に果たして日本と提携する新政権成立するや否や」抗日が盛んになるかもしれず「宇垣〔一成〕外相の声明に対し英国その他から祝電」が来ているのは、「実は組みしやすしと見て取った結果ならずや……秋から年末ごろ本事件の落着する時期であろうかと申されました」と講演内容を伝えた。また、日本人選挙民の三分の二は確実に戦争に反対で「政治圏内の人々を引きづって来た軍部の中　誰が真の主力であり　指導者であったかどうもはっきりしないらしい。五・一五事件に関係のあったといふ板垣〔征四郎〕をわざわざ戦地から呼び寄せて陸相」にする程人がいない。憲政五十年に政党勢力がどん底のアイロニーと、軍部を非難した。第一次近衛文麿内閣改造で、板垣は六月三日に陸相兼対満州事務局総裁に就任した。

【(4)　一九三九年の朝河 Open Letter】　一九三九年五月十二日ノモンハンで日ソ両軍が衝突し、天津英租界で親日派の程錫庚が殺害され、六月十四日日本は英租界を封鎖。七月二十二日に有田八郎外相とクレーギー駐日英国大使が会談し、日本軍に対して敵意を排除する必要を認める協定が成立していた。その四日後の二十六日に、アメリカは日米通商航海条約破棄を通告した。七月二十九日付村田宛朝河書簡で、朝河は「日英会談に英国の譲歩致候は、……英の古来の内政、外交は妥協の連続と申すべく、今の世上最も堅実なる民主政体を築き得たるは実に此によること甚多しと存じ候。而してその譲歩妥協は弱きが為ならず、強者なればこそ為し得る所、又大なる目的ある為にこそ敢て為す」英国の民主政体の堅実さを理解すべきだ。日米通商条約破棄は議会でも皆賛成で「従来頻りに英を罵り、米の好意的中立を頼み候は、……日本が客観的に現実を観る眼が塞がれてありしかを示し候。……政治家が活眼ある史家的素養を要すると信ずる」と提言した。

七月三十日付朝河宛村田書簡は明治神宮南神門の絵葉書で「日英交渉　米国の……〔通商〕条約の廃止　日独の接近　ダンチッヒの戦雲、世界変事であります……同志社時報を送」るとある。八月二十三日独ソ不可侵条約調印、三十日平沼騏一郎から阿部信行内閣へ。九月一日、独戦艦 Freie Stadt Danzig がポーランド軍駐屯地を砲撃。三日英仏が対独宣戦布告を行った。

九月九日付朝河宛村田書簡には「世界は東も西も変事であります。……六日藤原〔銀次郎〕氏の一行に御供した友人福喜多〔靖之助〕[33]氏の留守宅をとひ〔寿重子〕夫人にきゝましたら　一行はスウェーデンに訪ずれるとのことです。

鳩山君へは切り抜きも送りましたが、岩波〔茂雄〕氏は非常にせわしい方ゆえ」手紙だけ届け、代筆の岩波氏の礼状を「お目にかけます」とある。「独がポーランドを武力であっぷく《（ママ）》して属国（名義はどうでも）としたならば、日本の支那を料理する上に生きた先例となり国際間の条約はホゴ同様になりませう。英仏米がどうするか世界の大問題かと思はれます」と記している。

十月八日付村田宛朝河書簡に「英仏両国民の心は戦は禍であるに相違なく甚だ忌むべきことであるが、その外に民主文化の生存の道なきゆえに必然の禍として戦争を甘受する……民主国民が平和を愛するということだけを知って、戦争を覚悟したことの深さを」ヒットラーは悟らず、日本もこの事実を理解する「修養が肝要」とある。朝河は民主主義は平和を求めるが、民主主義擁護のためには戦争も辞さない場合があることを教えている。Mein Kampf の原書を読んだ朝河のヒットラーの本性と生涯の分析が続き、八月二十三日の独ソ不可侵条約と九月二十八日の独ソ友好条約は「あまりにもあわてた失策」と断罪し、最後に朝河はヒットラーの自殺を予言した。

十月二十二日付村田宛朝河書簡には、ロンドンタイムス日本支局長による外務省のストライキの新聞記事とグルー大使の演説を同封し、「日本の新秩序は……それ事態《（ママ）》が武力と莫大の殺戮と破壊とに生れたものである故に、……恐るべき日本国難を生ずべきものと信じます……今日正直に論議して当局に迫るべき筈だと思ひます。前線の戦士があはれにも毎瞬生命を賭して居るに比べれば、直論による危険の如きは云ふも足らざるごとく思はれます。もし新聞が掲載を憚るならば、自分で刊行することも出来ませう。……かかる反省が現時の支那戦局の終決の方法に直接に関する故であります」と知識人の責任を提言した。

十一月七日付村田書簡は朝河への返信で、統制経済で日々困窮する現状や「中学生を軍部のさしがねで盛んに演習をさせ」、身体検査が重視されて入学試験がなくなり、神社崇拝が奨励されていると知らせた。朝河の書簡（十月二十二日付書簡）の「ヒットラアの心理考察　奥深く拝読し、その論法が　日本が英米に向かっているところとまるで瓜二つのやうに思われる　次第にその師にまさらずの感があり」。義俠心のある岩波君、日本エール会会長大久保利武侯などに回覧する。「ドイツにすっぽかされても反独感情は起らぬやうです。かりに外交上大転向をしたと仮定すると外相も首相も二・二六事件の悲命を覚悟せねばなるまい　軍部が佐官級のものに動かされる傾あり」と実情を正確に書く。

十一月七日付朝河宛村田書簡で、グルー大使と野村外相の文書が新聞に出て、日支事変への見解が根本的に違うことが明瞭になった。ノモンハンの大敗は小学生でも知っている。小松原道太郎の「夫人と夫人の実父は近所におられます。大人は女子大で私の弟子でした。実に気の毒です。本当は陸軍首脳部の責任ですが、小松原氏が引き受けねばなるまい」と政府も軍部も首脳部が無責任体制になっていると報告している。小松原陸軍中将は一九三八年七月に第二三師団長としてハイラルに駐屯、三九年五月、外蒙古兵が越境し、師団は満州軍と撃滅すると打電しノモンハン事件が勃発したが、壊滅的な打撃を受けて九月ソ連軍に敗北。事件勃発時の首相は平沼騏一郎、陸相は板垣征四郎である。

十二月二十一日付朝河宛村田書簡で、朝河の書簡の「最初のはストークス氏のものと貴箋とを同封して伯〔金子堅太郎〕へ送り　二回目の貴箋を葉山あてに発送したところ　本月四日伯より来信あり　ス氏希望の文をうつしとりて直接貴下へ郵送したと申越されました故　私へご依頼の件は終了したことと考へお返事おくれました」とある。一九三八年十二月三日付朝河宛金子書簡[34]には、朝河の書状と「ストークス氏より貴下宛之書状先日村田勤氏より送致され候ニ付　日露戦争中之滞米日記[35]よ里書き抜き御送付致し」とある。このストークスの依頼は、難航のすえポーツマス条約が締結した要因の一つ「いわゆるイェール・シンポジューム」(the so-called Yale Symposium) についてである

（拙著『朝河貫一論』第五章、二三六—四二頁）。十二月二十一日付村田書簡には、続いて、「去る一五日同窓の深井英吾君　枢密院議員に挙用されましたので祝賀会を開きました。そのせつ私は同君が金子伯にお話しの折があったら（二〇日宮中でお出あひのことを伺っていましたので）これこれの事情であるから伯へ私のお礼を伝へて下さるように頼みました」とある。朝河の書簡（十月二十二日付書簡）と新聞の切り抜きを「斎藤隆夫君　鳩山一郎君　安倍磯雄君　深井英五君等へ送って読んでもらった　今は徳富蘇峰氏の手にあります」と伝えた。そのあと、村田が矛盾に満ちた世相を記している。「五・一五事件及び二・二六事件で　衆議院と政党を威嚇して置き　軍閥と官僚を合同してあらゆる機関　方法を尽くしてすべてのものを統制し　ファッショ式の国家主義を実現してをる有様　可なり不自由であり無理があり　失策があるやうです。片輪景気で　花柳界や劇その他の娯楽場は大繁昌を極めてをるとのことであります。新聞紙の社会面は戦と勇士に関する事柄をトップにかゝげ　演劇　落語　講談　浪花節までも駆使して戦争熱をあおり国債募集を奨励しています。国民全体としては深い関心を有していないやうであります。目的がはっきりしないし　どこまですゝむのか　いつまでかかるのか漠然としてをり　又家族の中の壮丁　大事な親、子、夫、兄をとられて心配をするし　統制のため生活に困り……戦の早く片つくのを願っているやうです。何しろ五千年の歴史と四億の民衆に深い国民性がありませう。パール・バックの小説にもそれがよくでています。新政府　日満支の合同が上手く行くでありませうか　殊に英米仏の権益を奪って日本がライオンのわけまへをとること果たして近い将来に実現されるであろうか」と危惧した。

【(5) 一九四〇年の朝河 Open Letter】　一九四〇年一月二十八日付鳩山宛朝河書簡で、朝河は東亜新秩序の理屈はドイツの「新秩序」建設とそっくりで「新秩序」は危機を日本にもたらすと忠告する。二月十九日付鳩山書簡で、鳩山は「御友人と存ずる斎藤氏舌禍日飲すら起る現状〔二月二日反軍演説〕……御筆面は村田君に本日回送可仕候」と返信した。

六月二十三日—二十七日付朝河宛村田書簡に「私の同情は英米仏に傾きます」とあり、英皇帝の勅諭・ローザベルトの声明・貴下のお考えに共鳴しましたと述べる。「本日〔二十三日〕の紙上に日本がいよいよ独伊に加担する態度を深めるように閣議で決したとあります。双方特使を交換……蘭印にも野心あり　重慶屈服に馬力をかけていますから同じ道をたどりませう。……岩佐《ママ》内大臣〔湯浅倉平内大臣〕の辞職と辞爵には政治的意味ありとのうわさがあります。(36)〔湯浅が〕親英派の人といふのが理由　実は皇室の方々が親英に傾きをられると申す事です」とあり、村田は、昭和天皇の反軍姿勢を把握している。六月二日の朝河書簡（所蔵なし）を「初めの二枚を除いて菊池義郎元公使に送りました」と伝え、斉藤君、深井、鳩山へ回覧するという。「これまで応召しなかった近衛まで兵を召集しています……重慶も大体抑へてしまったと思はれるこの頃どうして兵力が入《ママ》るのでせうか。近衛公の進退〔第二次内閣、一九四〇年七月二十二日発足〕米内〔光政〕首相〔一九四〇年一月十六日就任〕との意見不一致　新党の出現の徴　何かの変化を予表するものでなかろうかと思われます」。早大の津田左右吉（一八七三—一九六二）の著書が不敬だという理由で、出版した岩波氏の予審が始まると聞く。田川大吉郎の関西演説中に陸軍刑法九条にふれ問題になりそうだ。「独伊の成功〔六月十四日ドイツ軍パリ占領〕が軍部の態度を強硬にしたことは明らかです……本日満州皇帝が御着きでここ数日賑やかでせう。(37)　重慶を援けるあらゆる道をふさいで　蔣政府の息の根をとめようと全力を尽くしてをるやうです」と情報が正確である。

九月七日付朝河宛村田書簡に「七月二一日の御書〔所蔵なし〕は八月一七日拝見しました。……民主主義に改正を加ふる必要ありと見られる心ありませんか。……新聞紙の報道が　偏してをる軍部の笛に合わせて太鼓を打ち　人民を躍しのせようとするのです。具現者もありますが、黙っています。朝日は一番公平かと思ふ　鈴木大史郎の報道と観察は暗示にとんでいます」とある。ラジオの爆撃・破壊・捕虜何人と聞いても「ピリッと来ないのです。重ケー〔慶〕政府が坑日だからこれを潰す為に都市住宅軍事施設をハカイし　支那を押さえつけなければならぬといふのでせうが　ひつたり《（ママ）》心をうちませんやうです。国民に……それ以上それ以外は知らせないといふ方針下に　精神が一致合同して熱心なることを求めるのは　無理ではなかろうか。『国民は倦みつかれてをる』と、数か月前　蘇峰君が日々の夕刊で発表したが、正さしく同感だ。日頃物資の欠乏……これを日支事変の結果と見る。……新体制……の発表を今か今かと待ってをると　抽象的な美辞を短く並べたきりで　沢山の準備委員をあげて下相談　雑多な大小の天狗の集まりだから　議論が幾つもにわかれて纏まらずどうなることやら　永井〔柳太郎〕君が〔近衛〕首相を訪ねて永久的のもの且つ大衆的のものにとの進言　衆議院や政党を敵視し、或は無視して大衆を心服させる新体制はむつかしい相談かと思はれる……日本は抗英米である　新体制の大方針は鮮明を欠くやうであるが　反キリスト教で　少なくとも反英米の宣教事業であることはあきらかである　田川議員も睨まれた　賀川豊彦〔一八八八―一九六〇〕も切られた……ミッション諸学　学に外貨を受け取ることを禁ぜんとし　救世軍の七要人は七月三十一日に挙げられ……英国の若い士官は不快を感じて帰国した……日本人は……偉大国民性を欠いてをる……協同力は強いが　意見主張を抱容する度量がない。英大使館から毎日発行するバレチンを〔日やうは休み〕よんでいます……今日の分が二九八号……私はこれに信を置」いていると、送ってほしい二冊の英書の題名を書き「斎藤隆夫君　れいの質問演説を印刷して送ってくれましたから送ります」と伝えた。

　日独伊三国軍事同盟調印の二日後の九月二十九日付村田宛朝河書簡は、右記書簡への「民主主義」に関する回答である。「小生の旨意は、自由政体は今日までに人類の到達したる最高度の最自然有理の政体なると共に、又最難の政体にして、最も内より失敗するの危険多く、此政体の根本地盤たる個々人責任の心は最も弛み易く、是によりて最多く不断の自省自奮を要する政体也……民主が根本的に道義的なること正く……自由憲法を造れば　それにて能事が畢《おわ》るにあらず、自由は毎日個人の責任犠牲を以てのみ買ひ得べき最高値の貨物也と存じ候……〔斎藤隆夫の〕演説も拍手も反対も何れも、皆現前の大事につきて徹底的思考を為さず、中途的なるの印象を与へ候。是れ近年の日本政情の通患なるが如く、将来の危機の原因茲に在りと思はれ候。半熟及び雷同が　あまりに日本を支配し居るに似候。小生は今日日本の心の惰性的盲動的にして臆病なるが為に、両眼を閉じて禍難の深淵に馳せ向いつゝあるに　戦慄致居候。かの英仏の如きは目下自心の奥底まで反省致居候」。これは現代への朝河のメッセージでもある。

十月五日付村田宛朝河書簡には「攘夷の固陋に立戻りの形勢也との御述懐、共鳴仕候」とあるが、その村田書簡は所在不明。朝河はドイツが「我のみが君主族にして、〔他は〕一切奉仕族」と「自族充実主義ノ奴隷」となった理由は、統一できなかった歴史を持つドイツの「劣等偏僻」の国民性に「自己団体的習気」と「攻撃的態度」が加わったからで、「欧の他国にとりて常恒に危険の源となり候。先度の大戦の失敗に対するなち《（ナチ）》反動の形態」に他ならないと分析した（右二書簡、片仮名を平仮名に変換）。

【（6）一九四一年の朝河 Open Letter】　一九四一年一月十九日付村田宛朝河書簡で「日本国民も亦無理の政策に随行したことの天罰を避け得ますまい。……かゝる不詳に見舞はれずば、国民の健全の反省の機に至るまいと恐れます。実に戦慄すべき予想です」と書くが、日独伊の敗北は朝河の予言どおりになる。

二月八日―十一日付村田書簡はその返書で、「去年枢密院に入られた竹越与三郎氏[38]へ送ります　貴下のご意見を近衛首相に伝へてもらはうと思ふのであります」。英米に対する国民感情が悪化し、市中に打倒英米の大きな立て看板があらわれ、「暴民が英大使館をおそひ大使に危害を加えんとする暴漢さへ」でた。「数十年来日本の為に巨大な資力と労力を以て日本に尽してくれた人々を敵視したり厄介扱ひするなどは言語道断であります。……四〇余年前から熊本市で癩病人救済の為にその一生をさゝげた故ミス・リデルの事業をうけついだ姪のミス・ライトが資産を村にきふして」離日を余儀なくされ「悲壮ではありませんか」と訴えた。日本の人口の増加を解説し、秋田の飢饉の悲惨な記事を同封した。

表3にまとめたように、朝河 Open Letter の村田による回覧先は、主に東京専門学校・同志社・本郷教会関係・プロテスタントの受洗者で、衆議院・貴族院・枢密院議員も多い。朝河は横井時雄を通じて、宣教師を含む同志社や東京専門学校の人々と生涯を通じて交流したことを物語っている。村田書簡が朝河に伝えた日本事情は、ウォーナーにも伝わり占領政策立案に役立ったと思われる。一九四二年七月二十六日付 Dear Friend（ウォーナー）宛書簡で、朝河は、戦後構想に役立つ日本に関する知識と意見を、書簡を通して語ることは、自分の使命であると思っていると、Your Correspondent's Enterprise（ウォーナーの書簡の企画）を受けているからである。しかし朝河は、プロパガンダは評価しない。ウォーナーは連合軍の美術顧問として一九四六年二月から八月まで日本に滞在したが、九月二十六日付朝河宛書簡に「わが軍の軍人の驚きようはご想像にまかせます。……全国民がまったく勤勉さと知力で日本をこの泥沼から引き上げようとしていることです。彼らはその可能性を信じきっています。私も同感です」と、日本人の復興にかける能力が十分あるとの朝河の予測はあたっていたと知らせている。

おわりに

日米戦争阻止と戦後構想の説得をするための Open Letter（回覧書簡）における朝河貫一の提言は、今でいう国際政治学者としての働きである。日欧中世比較法制史学者として尊敬されていたからこそ、朝河の提言には説得力があった。「はじめに」に紹介したAsakawa Papers所収の一九四六年夏のウォーナー宛朝河長文書簡は、占領政策が日本国民にとって良い政策となるよう、朝河に助言を依頼したウォーナーの要請に答えて書かれたOpen Letterである。出版も考えたこの書簡には、朝河の二つの目的が示されている。[39]

一つは、敗戦後に日本に導入される民主主義が、「市民にふさわしい良心をもとうと、市民一人ひとりが個人的責任感」(『朝河貫一文書』三〇四六三頁)をもつ朝河の理想とする「民主主義」になるための提言である。朝河は、アジア太平洋戦争の原因は、「妥協・追従・黙認」の日本人の習性から、国民が議論せず、権力者によって整えられ表現された命令を無抵抗に遂行し、知識人はそれを説明することで忠実に支えたことにあると分析した(同三〇四七三頁)。今でいう「忖度」である。朝河はその理由として「日本の文化的歴史が、法律と政治の分野で、……不愉快な対決の危険を冒しても、個人の権利や信念を守ろうとする頑健な個人的義務感を育てる機会が殆どなかったことは、嘆かわしい事です」と書いている(同三〇四八九頁)。Open Letterの後半には、軍部が政府を掌握する過程を詳しく解説した(同三〇五二一—四四頁)。

もう一つの目的は、日本が民主主義国に円滑に移行するためには天皇制度の存続が必須であると説得することであった。親日派で天皇存続論者のジョセフ・C・グルーは一九四四年十二月から国務次官であったが、エドワード・R・ステティニアス(Edward R. Stettinius)国務長官が辞任し、一九四五年七月三日にジェームス・バーンズ(James Byrnes)が国務長官に就任し、八月十五日に辞任したグルーに代わってディーン・アチソン(Dean Acheson)が国務次官となった。国務省は、天皇廃止論者の手に移っていたのである。朝河は、すでに一九四二年二月二十二日付ウィルコックス宛Open Letterで、「たった一つの私の小さな望みは、軍部を改心させることではなく、彼らを追い払うことのできるただ一つの権力、すなわち天皇による追放の可能性でした。……現状は西暦六四五年と一八六八年と同様です」と天皇の勅旨発布による日米戦争阻止を主張していた。Open Letter を通して、朝河は、開戦は天皇への軍部簒奪者の不忠な裏切りであり、戦後は天皇勅旨によってのみ日本国民が円滑に民主主義国家として再生できると、アメリカの指導者や知識人の意志決定の土台を築く努力を精力的に続けた。

朝河の Open Letter は、日米で朝河を軸とした「民主主義」へと導く知のネットワークであった。朝河は、日本側には世界は日本の侵略をどう見ているかを知らせ、戦後の「民主主義」への方向性を示した。米国側に天皇制度と「民主主義」の異文化融合の戦後構想を説得したのは、敗戦後の日本の混乱と共産主義化を防ぐためであり、朝河にとって「全人類の生存と運命の真相に対する組織的な貢献」を意味した。朝河の Open Letter は、彼の戦後構想「民主主義」実現のプラットフォームの役割を果たした。

Asakawa Papers 所収の一九四六年夏のウォーナー宛朝河長文書簡は Moreover で終わっており、実際の書簡の所在は判明していない。今後も朝河書簡は新たに発掘され、解読も進むであろう。ゆくゆくは朝河貫一と受信者との往復書簡を、『朝河貫一書簡集』の続巻として、朝河貫一研究者それぞれが専門分野を分担し、知恵を出し合い協力して出版することによって、文化の相互理解を通して平和を追求した文化的国際主義者朝河貫一の実像に近づくことができるであろう。

注

（1）朝河貫一書簡編集委員会編『朝河貫一書簡集』早稲田大学出版部、一九九一年、七三一頁。以下、朝河書簡で特記がない場合は『書簡集』収録書簡。

（2）入江昭『歴史を学ぶということ』講談社学術文庫、二〇〇五年、一四八頁。

（3）Microfilmed By Yale University Microfilming Unit 1986, Yale University Sterling Memorial Library, Manuscripts and Archives, Manuscript Group Number 40, Kan'ichi Asakawa Papers by William E. Brown, Jr., New Haven, Connecticut, June, 1984, Series I, Box 3, Folder 34 (here after Asakawa Papers).『エール大学所蔵朝河貫一文書』早稲田大学アジア太平洋研究科資料室所蔵、三〇四五〇―五四五頁（以後『朝河貫一文書』と略記）。同書簡の筆者による翻刻・翻訳は、山岡道男・増井由紀美・五十嵐卓・山内晴子・佐藤雄基『朝河貫一資料　早稲田大学・福島県立図書館・イェール大学他所蔵』早稲田大学アジア太平洋研究センター、研究資料シリーズ五、二〇一五年、三〇四―五六頁に収録（以後『朝河貫一資料』と略記）。

（4）山内晴子『朝河貫一論―その学問形成と実践―』早稲田大学学術叢書七、早稲田大学出版部、二〇一〇年（以後山内『朝河貫一論』と略記）。

（5）Asakawa Papers, Series I, Box 3, Folder 31, 42.『朝河貫一文書』二一〇四九―五四頁・四〇〇六―八八頁に五種類のタイプ原稿がある。

（6）山内『朝河貫一論』第九章、表二七、五二三―二四頁。

（7）Asakawa Papers, Series I, Box 3, Folder 33.『朝河貫一文書』三〇一一〇―一二頁。

（8）Robert Loring Allen, *Irving Fisher: A Biography*, Blackwell, Cambridge MA & Oxford UK, 1993, p. 34, p. 97, p. 258. Fisher's correspondence with, p. 246, p. 284.

（9）ACLS Bulletin. 山内『朝河貫一論』第六章・第九章。

（10）朝河貫一書簡編集委員会編『幻の米国大統領親書』北樹出版、一九八九年。朝河貫一研究会編『朝河貫一の世界』早稲田大学出版部、一九九三年。金子英世「大統領親書懇請運動をめぐって」・浅野豊美「戦中戦後の朝河貫一」・鵜木奎治郎「朝河貫一の歴史哲学」（朝河貫一研究会編・発行『甦る朝河貫一』一九九八年）。朝河貫一研究会編・発行『朝河貫一研究会ニュース　第一―六〇号』二〇〇七年。山内『朝河貫一論』第七―九章。

（11）弓町本郷教会百年史委員会編『弓町本郷教会百年史』日本基督教団弓町本郷教会、一九八六年、三〇―三一頁（以後『弓町本郷教会百年史』と略記）。

（12）『大西祝全集　第六巻』警醒社、一九〇四年、復刻版一九八五年、五九―六〇頁。

（13）石関敬三・紅野敏郎編『大西祝・幾子書簡集』教文館、一九九三年、六三八頁。

（14）『弓町本郷教会百年史』二〇―三七頁。

(15) 深井智朗『プロテスタンティズム—宗教改革から現代政治まで—』中公新書、二〇一七年、一六八—六九頁。
(16) 徳差鐵三郎・綱島栄一郎・朝河貫一・坂田文治・水口鹿太郎・渋谷剛編「おもかげ」一八九五年、九—一〇頁。
(17) 奥島孝康・中村尚美監修『エピソード稲門の群像』早稲田大学出版部、一九九三年、三七頁。
(18) 早稲田大学大学史編集所編『早稲田大学百年史』早稲田大学出版部、一九七八年、六七五頁。
(19) 『国民新聞』に掲載の朝河の留学記と朝河の論文「クラーク大学講演大会に発せられたる米国人の清国及び日本に対する態度に注視せよ」(『実業之日本』一九〇九年十二月号) より。
(20) 森本あんり『アメリカ・キリスト教史』新教出版社、二〇〇六年、八六頁。
(21) 伊藤隆・広瀬順皓編『牧野伸顕日記』中央公論社、一九九〇年、五〇六—〇七頁。
(22) ①復刻・警醒社編『信仰三〇年基督者列伝』大空社、一九九六年、一四七頁。②二〇一二年明治大学学長式辞「ある教育家の横顔—村田勤先生のこと—」(『明治大学付属明治高等学校・中学校同窓会』明治大学付属明治高等学校・中学校同窓会總明会、二〇一五年、一一二—一三頁)。③日本女子大学編『日本女子大学学園辞典』二〇〇一年。④日本女子大学教授村田勤氏談「余が宗教改革史を著述するに就ての経験」(承前)(日本女子大学『家庭週報』明治四十二年五月十五日号、二頁)。⑤村田勤「愛の人　松浦泰政君」(『家庭週報』大正九年二月十三日号、四頁)。⑥村田勤「その頃の思出」(『家庭週報』昭和十五年一月一日号、四頁)。⑦村田勤講述「西洋中世史　後編」(『早稲田大学三十八年度歴史地理科第二学年講義録』)。⑧麻布学園百年史編纂委員会編『麻布学園の一〇〇年』一九九五年。⑨藤田昭造「明治中学校初代教頭　村田勤先生『日記』について」(『明高研叢　創立一〇〇年記念』一一、二〇一二年)。⑩『明治高校・中学校六〇年史』一四—一八頁。麻布学園図書室の鳥居明久先生、明治大学付属明治高等学校・中学校事務室の寺土博昭先生、日本女子大学総務部人事課の竹部公悦先生のご教授に深謝。
(23) 一九〇三年七月十三日坪内逍遥宛村田勤書簡、Asakawa Papers, Series 1, Box 1, Folder 7.『朝河貫一文書』一〇三三六—四一頁。
(24) 秀英舎は『国民新聞』印刷、『基督教青年』出版。一九三五年から大日本印刷。社長増田義一。
(25) 『弓町本郷教会百年史』三一七—二七頁。
(26) 片岡真佐子編・解説『柏木義円資料集』行路社、二〇一四年、二八九頁。

(27) The Yale Association of Japan, *Directory of Members of Yale Association of Japan*, 1938, p. 47.

(28) 田川大吉郎は一九四二年翼賛選挙に非推薦立候補、盟友の尾崎行雄が応援演説で政府を批判し尾崎不敬事件となり、落選した田川は官憲から逃れ翌年上海に出国。尾崎行雄は一八七四年慶応義塾に入学、翌年英国聖公会宣教師の英語教師アレキサンダー・ショーから受洗。白井堯子『福沢諭吉と宣教師たち』（未来社、一九九九年、九六頁）。

(29) 朝日新聞神風号は、ジョージ六世戴冠式を機に一九三七年四月六—十日訪欧飛行に成功。

(30) 永井柳太郎の長男で三木内閣の永井道雄文部大臣によると、名演説家でキリスト者の永井柳太郎は、演説の前には必ず「一人でも多く良い影響を与えられますように」と祈っていたという（一九八二年五月三日放送、NHK特集「昭和の名演説」）。永井道雄は朝河貫一書簡集刊行会会長、『朝河貫一書簡集』の序と朝河英文書簡の Preface 執筆。

(31) 横山昌次郎は同志社出身。一九〇四年イェール大学で博士号取得。フィッシャー著、横山昌次郎訳 *The Nature of Capital and Income* (Macmillan, N. Y., 1906)。『資本及び収入論』大日本文明協会、一九一三年。

(32) 中野正剛は早稲田「大学部政治経済学科卒（明四二）朝日新聞記者から『東方時論』主筆を経て社長。大正九年以来衆議院当選八回。東方会を結成。昭和十七年の翼賛選挙後、軍閥官僚政治の批判〔東条打倒運動〕により〔一九四三年〕検挙され、帰宅直後に〔自宅監視下で〕自決した」（早稲田大学編『図録　大隈重信』早稲田大学出版部、一九八八年、一六八頁）。中野の修猷館一年後輩が緒方竹虎。

(33) 藤原（銀次郎、一八六九—一九六〇）は富岡製糸場支配人・新王子製紙社長・貴族院議員、米内・東条・小磯内閣で大臣、慶応義塾大学工学部となる藤原工業大学設立、戦前財界の篤志家。福喜多（靖之助）は小崎弘道第二代同志社総長時代の学生。卒業後小崎牧師の霊南坂教会会員。スタンフォード大学をファイ・ベータ・カッパ卒業。王子製紙藤原社長の秘書兼外国課長。米国大使館通訳（『故福喜多靖之助氏追悼会』昭和廿九年十二月十七日於日本工業倶楽部）。

(34) 一九三九年十二月三日付朝河宛金子書簡、『朝河貫一資料』一二九頁。

(35) 金子堅太郎報告書『日露戦役米国滞留記　第五編』。

(36) 六月一日親英派の湯浅倉平元会計検査院長が病気を理由に内大臣を辞任し、木戸幸一侯爵が就任。

(37) 一九四〇年は皇紀二六〇〇年。満州国皇帝溥儀は、タイ王国と汪兆銘政府の中華民国の首脳陣と奉祝のため、六月二十六日に再来日。当時中国は、汪兆銘南京政府と蒋介石国民政府と毛沢東の共産党（八路軍）の三勢力。

（38）　竹越与三郎『日本の文明史の経済的側面』の朝河による書評。Asakawa Papers, Series Ⅲ, Box 7, Folder 71.『朝河貫一文書』六〇四七六―八二頁。

（39）　前掲注(3) Asakawa Papers, Box 3, Folder 34.『朝河貫一文書』三〇四五〇―五四五頁。同書簡の筆者による翻刻・翻訳は『朝河貫一資料』三〇四―五六頁。山内『朝河貫一論』五六八―八二頁。

社会学と社会的福音

――ＩＰＲ結成前の加州人種問題サーベイをめぐる学界とキリスト教界――

陶　波

はじめに

太平洋問題調査会（Institute of Pacific Relations: IPR）は、戦前から戦後初期にかけて、強い国際的影響力をもった非政府組織（ＮＧＯ）であった。アメリカ外交史と日米関係史の大家入江昭氏は、『グローバル・コミュニティ』（早稲田大学出版部、二〇〇六年）において、民間の専門家が個人の資格で出席し、自国の政府の立場に固執することなく自由に意見交換ができる枠組み（のちにトラックⅡ外交と呼ばれる）を先駆的に創出した団体として、ＩＰＲの歴史的意義を積極的に評価している。[1] ＩＰＲの活動に関しては、これまで政治・経済・外交などの角度から多くの考察がなされている。たとえば片桐庸夫氏が『太平洋問題調査会の研究』（慶応義塾大学出版会、二〇〇三年）で、国際連盟脱退後孤立してしまった日本にとって、ＩＰＲは非公式レベルでの国際交流を保ったための貴重な窓口であったと指摘している。

それにもかかわらず、ＩＰＲ創設の複合的要因に関する研究はまだ十分に行われていないようである。従来のＩＰＲ研究ではコロンビア大学、ハワイ大学およびブリティッシュ・コロンビア大学の関連アーカイブズで保管されているＩＰＲ会議録を一次資料とし、一九二〇年代から一九五〇年代まで数年おきの頻度で開かれた各国代表による本会議（「太平洋会議」ともいう）での討論内容を主な分析対象としてきた。(2) その際、ＩＰＲ創設の前史として、一九二五年七月にホノルルで開催された第一回ハワイ会議とそれに至るまでの一連の有識者会議のみが取り上げられた。だが実際には、一九二四年にアメリカで新移民法（「ジョンソン・リード法」、日本での通称は「排日移民法」）が可決される前後の時期から、一九二五年にＩＰＲが恒常的な機関として設置されるまでの間に、ある重要な取り組みが展開されていた。それは、The Survey of Race Relations on the Pacific Coast（以下、「サーベイ」と略す）という、社会学者とキリスト教界が共同で実施した臨時調査プロジェクトであった。このサーベイは北米の太平洋沿岸＝西海岸における中国や日本などのアジア系移民の増加に伴う一連の人種差別問題を調査対象とした、画期的なものであった。(3)

この事実の重要性は、ＩＰＲが英語圏におけるアジア・太平洋の地域研究（エリア・スタディーズ）に先鞭をつけたという歴史的背景をふまえると、より一層際立ってくる。ＩＰＲはその広範囲にわたる国際会議、定期刊行物、図書コレクションおよび研究助成を通して、「アジア・太平洋研究（Asian and Pacific Studies）」という専門分野を開拓したといっても過言ではない。(4) 現在に至るまで広く読まれている学術雑誌 *Pacific Affairs*（『パシフィック・アフェアーズ』）は、ＩＰＲの機関誌として一九二八年に創刊されたものである。(5) オーウェン・ラティモア（Owen Lattimore, 1900–89）やＥ・Ｈ・ノーマン（E. H. Norman, 1909–57）などによる、今となっては中国学や日本学の古典的な著作も、元々はＩＰＲによる後援の下に書き上げられたものである。(6) これらの学術活動の出発点には、グローバル化の進展につれて顕在化した異民族・異文化間の衝突という新たな課題と、それに対処しようとする、宗教と学問という二つの分野の者たちによる共同プロジェクトがあったのである。

同時代にイェール大学で教鞭をとっていた朝河貫一（一八七三―一九四八）は、直接的にIPRの活動に参加することはなかった。しかし、彼はアメリカ屈指の名門大学の歴史学部教授として、*The Documents of Iriki*（『入来文書』一九二九年）などの著作を通して世界史の中の日本の位置を提示するだけでなく、イェール大学図書館の日本語コレクション構築のための資料収集・整理を積極的に行い、北米における日本研究の草分け的役割を果たした。朝河もIPR発祥の地であるアメリカで、英語圏における日本学（厳密にいえば日本史研究）の基礎を固める仕事を同時代的に行っていた以上、IPRの源流を問い直すことは、北米の東アジア学界における朝河の立ち位置の明確化にもつながるはずである。

本稿では、IPR設立のもう一つのルーツを探るため、また北米のアジア・太平洋研究に関する学界の中での朝河の立場を相対化するため、サーベイの功績を改めて考えてみたい。

一　アメリカの国際主義と北米アジア学の源流

1　アジア系移民排斥に対する反対運動の歴史的意義

二〇一七年一月、ドナルド・トランプがアメリカ合衆国大統領に就任して以来、移民問題はアメリカ政治の一つの大きな争点となっている。トランプ政権が導入した複数のイスラム圏の国々の出身者に対する入国規制は、多くの識者の非難を浴び、二〇一八年七月にはホワイトハウスに隣接する公園で約三万人規模の反対デモが展開されたほか、全米各地でも抗議運動が繰り広げられた(7)。高等教育界もこの問題については強い関心を示している。前述の入国規制の合法性を問う裁判では、イェール大学を含む全米三〇校の高等教育機関が「法廷助言者（amicus curiae）」という立場で連邦最高裁判所に意見書を提出し、宗教や人種を理由に入国を制限することはアメリカ憲法の精神に反しているだけでなく、海外の優秀な人材の誘致や学術交流の妨げにもなると指摘している(8)。

連邦最高裁判所は、入国規制執行の法的根拠となっている大統領令（Executive Order 13769）が、テロ対策のために必要であるという政権側の主張を支持する判決を下した。これは結果として、「テロ対策」の名のもとに、アメリカ合衆国建国の時代から続く人権尊重の伝統に背く判決となった(9)。

2　S・W・ウィリアムズと中国人移民のための連名書簡

むろん、多民族国家であるアメリカの歴史の中で、移民問題が論争の的となったのは今回がはじめてではない。学者や宗教者は、これまでも民間人の立場から、自国の移民や外交政策につねに関心を寄せ、不満がある場合はそれを変えるための努力を行ってきた。

S・W・ウィリアムズ（Samuel Wells Williams, 1812–84）はその最たる例であろう。なぜなら、彼は宗教者と学者の両方を経験し、いずれの分野でも優秀な成績を収めただけでなく、日米外交史を語る上でも重要な人物だからである。ウィリアムズは一八三三年、アメリカン・ボードの印刷工として中国広東に派遣され、同宣教団の出版事業に取り組み、*The Chinese Repository*（『中国叢報』）という現地の有力な情報誌の編集にも参画した。彼は中国語の知識を持っていただけでなく、一八三七年に日本人漂流民の送還に関わることにより、ある程度の日本語も習得していた。また、その言語能力を買われ、ウィリアムズは一八五三年・五四年に来日したペリー艦隊の首席通訳官を務めた。また、一八六〇年から七六年までは北京駐在米国公使館の上級秘書官や代理公使を務め、外交経験も豊富であった。

ウィリアムズは一八七六年にアメリカに戻り、イェール大学最初の中国言語文学の教授となった。彼が宣教師や外交官といった本業のかたわらに執筆した、*The Middle Kingdom*（一八四八年）や *The Syllabic Dictionary of the Chinese Language*（一八七四年）などといった中国の歴史や言語に関する多くの学術的著作が高く評価されたからである。[10] さらに、彼の息子であるF・W・ウィリアムズ（Frederick Wells Williams, 1857–1928）もイェール大学の教授（東洋史）となり、留学生時代の朝河の指導教官を担当した。

S・W・ウィリアムはイェール時代に一つの特筆すべき署名運動を起こしている。それが一八七九年のヘイズ大統領宛ての連名書簡である（図1）。その内容は、中国人移民の数を制限するべく、一度にアメリカ本土に上陸できる中国人の数を船一隻あたり一五人と規定する法案をアメリカ議会が審議していることに対する抗議文であった。この際、ウィリアムズが呼びかけ人となり、同大学の教授や役員たちに署名を募り、当時の大統領であったラザフォード・B・ヘイズ（Rutherford B. Hayes, 1822–93）宛てに、一八七九年二月二十一日付の書簡が送られた。署名は全部で五〇名ほど集められ、中にはイェール大学学長（Theodore Woolsey）やイェール・ロー・スクール学長（Francis Wayland III）の名前も見られる。[11]

アメリカへの中国人移民は、一八六五年の南北戦争後に奴隷制が廃止されたのを契機に、黒人奴隷に取って代わる安い労働力（いわゆる「苦力《クーリー》」）として、南部のプランテーション農園および西部のゴールドラッシュタウンに集中するようになった。[12] 彼らは大陸横断鉄道を完成させる上で労働力の大半を提供するなど、アメリカ工業化・近代化の一翼を担った。しかし、やがて人種的差別の対象となり、ウィリアムズたちの努力もむなしく、一八八二年には中国人移民排斥法（Chinese Exclusion Act）という法案が可決された。これは、特定の国・地域（この場合は中国）からの労働移民を全面的に禁止したという点で、アメリカ移民史の上でも画期的な法律となった。ウィリアムズが亡くなる二

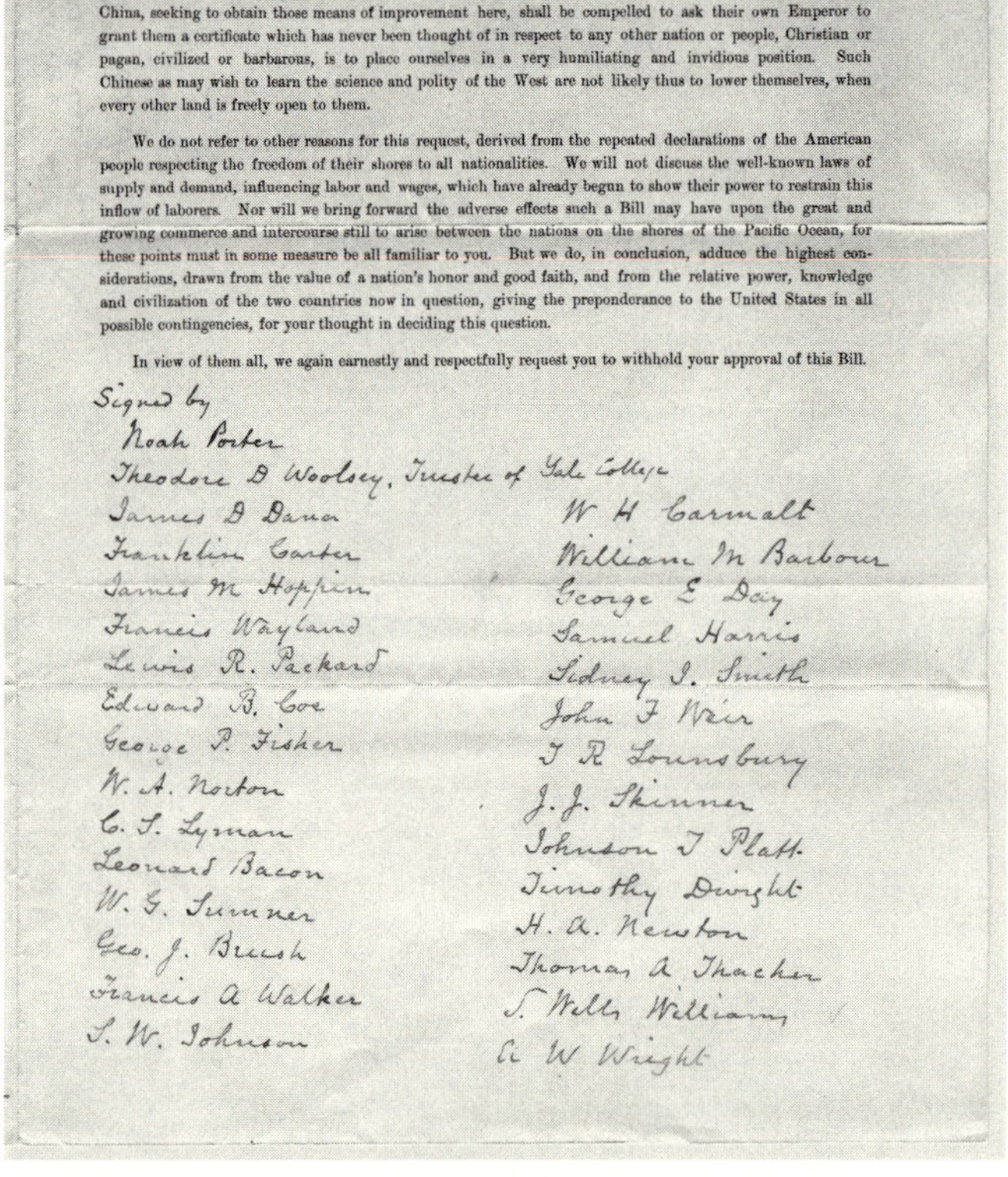

If this Bill becomes an Act, some results may ensue which should be considered. The privilege of self-government depends at present upon the sanctity and stipulations of the treaty of 1858. The Chinese Government has never shown any intention to abrogate those treaties forced from it by western nations, though its authorities chafe under the confessed disabilities it places them in regard to complete jurisdiction on their own soil. Therefore, if the first step be taken by our Government in changing treaty stipulations, we furnish the other party with all the example and argument needed, according to the usages of international law, to justify it in abrogating this principle of ex-territoriality. To do so will throw out our countrymen living in China from the protection of our laws, and neutralize consular interference in upholding them, thereby turning the residents over to the provisions of Chinese law, and the usages of Chinese Courts administered by ignorant or prejudiced officials.

Many of these our fellow-citizens live in districts remote from the open ports, and are engaged in benevolent works of various kinds among the people. Much of their success has been owing to the feeling of security which these treaty rights have thrown over them in their distant homes, and were recognized by the local rulers. Under the operation of this treaty, natives who have attacked our countrymen have been punished, some capitally, and indemnity made for property destroyed. To approve this Act will give them the excuse to cancel what irks them, though we do not presume to say how soon or how far those results will follow.

In addition to these reasons for withholding your approval, we add one which is local, and has had its influence in presenting this letter. The Chinese Educational Commission located in this State is an experiment of a graduate of this University. Its object is to extend, under the sanction and with the funds of his own Government, the knowledge which he obtained years ago. His enterprise has thus far proved successful, and he hopes that these students will return home qualified to become benefactors to their countrymen. Some have entered this college, and others are preparing to do so. We know that an amendment to the Bill makes an exception to others who may desire to gain a like education in this land. Yet to require that young persons from China, seeking to obtain those means of improvement here, shall be compelled to ask their own Emperor to grant them a certificate which has never been thought of in respect to any other nation or people, Christian or pagan, civilized or barbarous, is to place ourselves in a very humiliating and invidious position. Such Chinese as may wish to learn the science and polity of the West are not likely thus to lower themselves, when every other land is freely open to them.

We do not refer to other reasons for this request, derived from the repeated declarations of the American people respecting the freedom of their shores to all nationalities. We will not discuss the well-known laws of supply and demand, influencing labor and wages, which have already begun to show their power to restrain this inflow of laborers. Nor will we bring forward the adverse effects such a Bill may have upon the great and growing commerce and intercourse still to arise between the nations on the shores of the Pacific Ocean, for these points must in some measure be all familiar to you. But we do, in conclusion, adduce the highest considerations, drawn from the value of a nation's honor and good faith, and from the relative power, knowledge and civilization of the two countries now in question, giving the preponderance to the United States in all possible contingencies, for your thought in deciding this question.

In view of them all, we again earnestly and respectfully request you to withhold your approval of this Bill.

Signed by
Noah Porter
Theodore D Woolsey, Trustee of Yale College
James D Dana
Franklin Carter
James M Hoppin
Francis Wayland
Lewis R. Packard
Edward B. Coe
George P. Fisher
W. A. Norton
C. S. Lyman
Leonard Bacon
W. G. Sumner
Geo. J. Brush
Francis A Walker
S. W. Johnson

W H Carmalt
William M Barbour
George E Day
Samuel Harris
Sidney I. Smith
John F Weir
T R Lounsbury
J. J. Skinner
Johnson T Platt
Timothy Dwight
H. A. Newton
Thomas A Thacher
S. Wells Williams
A W Wright

大統領宛ての連名書簡（1879年）
Folder 27, Manuscripts and Archives, Yale University.

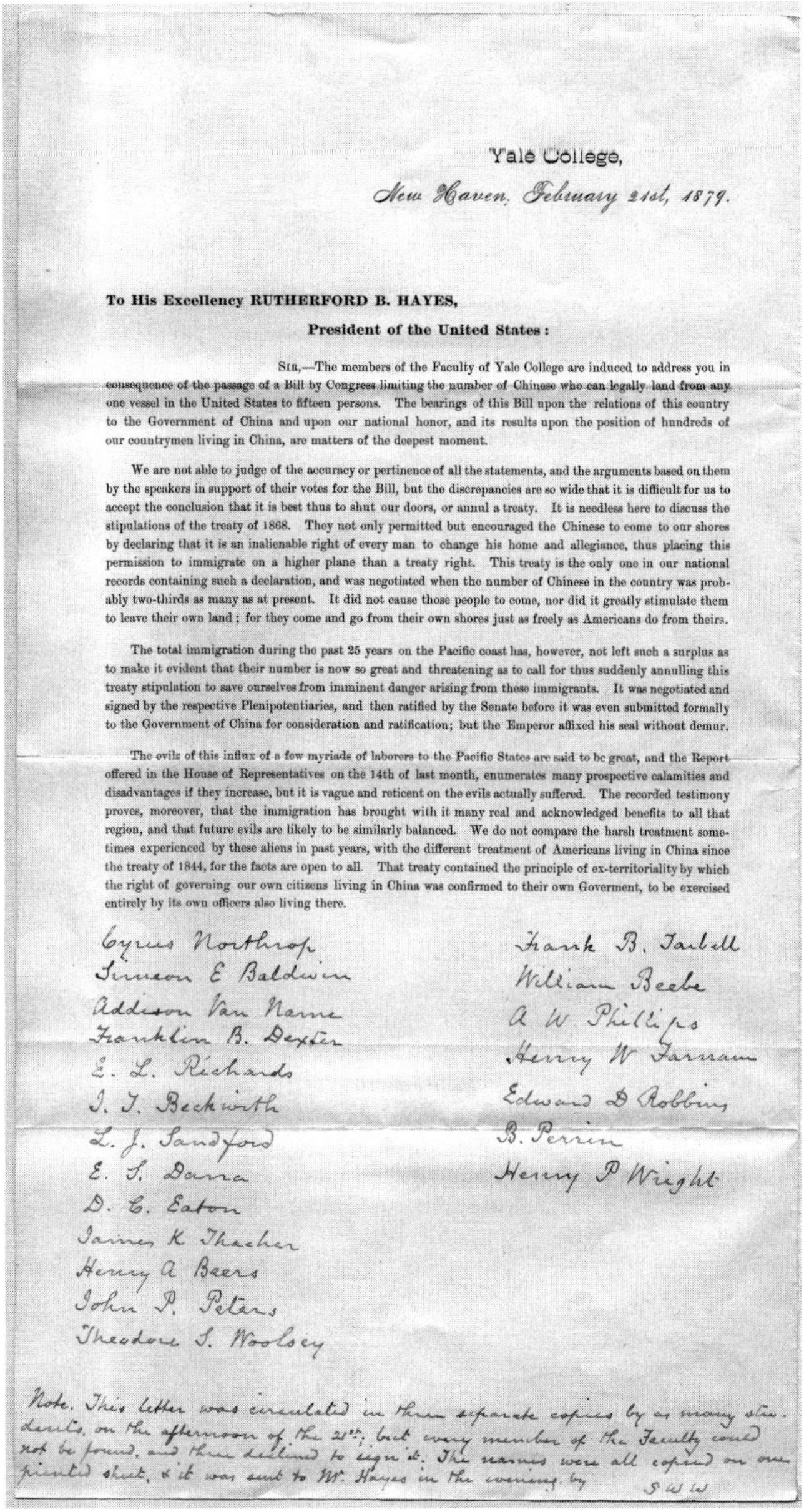

Yale College,

New Haven, February 21st, 1879.

To His Excellency RUTHERFORD B. HAYES,

President of the United States :

SIR,—The members of the Faculty of Yale College are induced to address you in consequence of the passage of a Bill by Congress limiting the number of Chinese who can legally land from any one vessel in the United States to fifteen persons. The bearings of this Bill upon the relations of this country to the Government of China and upon our national honor, and its results upon the position of hundreds of our countrymen living in China, are matters of the deepest moment.

We are not able to judge of the accuracy or pertinence of all the statements, and the arguments based on them by the speakers in support of their votes for the Bill, but the discrepancies are so wide that it is difficult for us to accept the conclusion that it is best thus to shut our doors, or annul a treaty. It is needless here to discuss the stipulations of the treaty of 1868. They not only permitted but encouraged the Chinese to come to our shores by declaring that it is an inalienable right of every man to change his home and allegiance, thus placing this permission to immigrate on a higher plane than a treaty right. This treaty is the only one in our national records containing such a declaration, and was negotiated when the number of Chinese in the country was probably two-thirds as many as at present. It did not cause those people to come, nor did it greatly stimulate them to leave their own land ; for they come and go from their own shores just as freely as Americans do from theirs.

The total immigration during the past 25 years on the Pacific coast has, however, not left such a surplus as to make it evident that their number is now so great and threatening as to call for thus suddenly annulling this treaty stipulation to save ourselves from imminent danger arising from these immigrants. It was negotiated and signed by the respective Plenipotentiaries, and then ratified by the Senate before it was even submitted formally to the Government of China for consideration and ratification; but the Emperor affixed his seal without demur.

The evils of this influx of a few myriads of laborers to the Pacific States are said to be great, and the Report offered in the House of Representatives on the 14th of last month, enumerates many prospective calamities and disadvantages if they increase, but it is vague and reticent on the evils actually suffered. The recorded testimony proves, moreover, that the immigration has brought with it many real and acknowledged benefits to all that region, and that future evils are likely to be similarly balanced. We do not compare the harsh treatment sometimes experienced by these aliens in past years, with the different treatment of Americans living in China since the treaty of 1844, for the facts are open to all. That treaty contained the principle of ex-territoriality by which the right of governing our own citizens living in China was confirmed to their own Goverment, to be exercised entirely by its own officers also living there.

Cyrus Northrop
Simeon E Baldwin
Addison Van Name
Franklin B. Dexter
E. L. Richards
I. T. Beckwith
L. J. Sandford
E. S. Dana
D. C. Eaton
James K Thacher
Henry A Beers
John P. Peters
Theodore S. Woolsey

Frank B. Tarbell
William Beebe
A W Phillips
Henry W Farnam
Edward D Robbins
B. Perrin
Henry P Wright

Note. This letter was circulated in three separate copies by as many students on the afternoon of the 21st; but every member of the Faculty could not be found, and three declined to sign it. The names were all copied on one printed sheet, & it was sent to Mr. Hayes in the evening. by S W W

図1　ウィリアムズの呼びかけによるヘイズ

Samuel Wells Williams Family Papers (MS 547), Series II, Box 13,

年前のことであった。

3　日系移民の味方としてのシドニー・ギューリック

アメリカ行きの移民の出身地には時代による波がある。アジア系移民に限っていえば、一八八二年に移民が法的に禁止された中国人労働者とほぼ入れ替わるタイミングで急増したのが、日本人移民であった。そして、日系移民に対する排他主義的運動が台頭した際にも、ウィリアムズがそうであったように、一部のアメリカ宣教師はアジア系移民の味方として積極的に活動した。

そのうちの一人として、シドニー・ギューリック（Sidney Gulick, 1860–1945）があげられる。ギューリックはウィリアムズと同じアメリカン・ボードの宣教師として、一八八八年に渡日し、京都帝国大学講師や同志社大学神学部教授などを歴任しながら、キリスト教の布教に努めた。彼は一九一三年の一時帰国中、アメリカでの排日熱が高まっていることを知り、これに危機感を覚え、日本人移民のイメージ向上のために働きかけた。*The American Japanese Problem*（Charles Scribner's Sons, 1914）という本を出版することで、日本人はアメリカの社会や文化に「同化できる（assimilable）」という立場を表明し、日系移民を援護する論陣を張った。(13) ギューリックはその後、自身も会員であった帰一協会を通じて交流のあった渋沢栄一（一八四〇―一九三一）と協力し、友情人形（通称「青い目の人形」）の贈答活動などを推進し、日米関係の改善に尽力した。(14)

このように、アメリカの宣教師はしばしば国際主義の観点から自国の閉鎖的な移民政策を非難してきた。その背景には、国境をまたいでの布教活動を専業としていた彼らにとって、アメリカが諸外国とオープンな関係を保つことは、海外におけるキリスト教の宣伝活動を行う上で有益であったという事情もあるだろう。しかしそれだけではない。ここで紹介したウィリアムズとギューリックは、いずれもアジアで長期滞在した経験があり、中国と日本の人びとや文化にそれぞれ深い理解があった。そのため、彼らは自国において不当な処遇を受けていたアジア系移民に同情し、移民たちの人権侵害を糾弾した。そしてそれは、結果的にアメリカ人によるアジア学の嚆矢となる研究（ウィリアムズの場合は歴史・言語学的視点から、ギューリックはより社会学的なアプローチから）の誕生を可能にした。

二　「排日移民法」と加州人種問題サーベイの功績

1　「排日移民法」の衝撃とその背景

朝河と同じくイェール大学歴史学博士号（アメリカ史）を取得した麻田貞雄氏が『両大戦間期の日米関係―海軍と政策決定過程―』（東京大学出版会、一九九三年）において、日本人移民の問題はアメリカ史の中でも「ユニークな位置を占めている」とし、「その待遇をめぐって深刻な外交問題が生じ、国際的な危機、さらには開戦説（ウォー・スケア）まで唱えられるにいたったのは、日本人移民のケースだけであった」としているように、戦前の日米関係において「排日移民法」は後の日米開戦につながる重大な出来事であった。

そもそも一九二〇年代初頭のアメリカでは、ウィルソン大統領が発表した「十四か条平和構想」に代表される第一次世界大戦後の国際主義とは正反対な、孤立主義的風潮が支配的であった。その端的な表徴は、ウィルソン大統領が発起人の一人であった国際連盟に、アメリカの議会が参加しないことを決議したことである。そんな風潮の中に一九二四年の新移民法が生まれたのであった。これは日本では一般的に「排日移民法」として知られているが、実際はそのような名前の法律は存在しない。現在日本で「排日移民法」と通称されているものは、正式には一九二四年移民法

（その提案者にちなんで、ジョンソン＝リード法〈Johnson-Reed Act〉とも呼ばれる）という、より広範囲で包括的な法律の一部であった。その主な内容としては、国別に移民割当（quota）を設定し、イギリスやドイツなどの西ヨーロッパ諸国からの移民を優遇する一方、南ヨーロッパ・東ヨーロッパ・ロシアなどからの移民を制限した。アジアに関しては、当時アメリカの植民地だったフィリピンを除いて、移民がほぼ全面的に禁止となり、その中に日本も含まれた。(15)日本は、それまで一九〇八年の日米紳士協定を通して自主的な移民制限を図ることにより、法律で明文的に移民規制の対象とされるという外交上の「不名誉」を避けてきたが、一九二四年の移民法により、その「面子」がついに潰された格好となった。(16)

このような「排日移民法」の成立は、日本の識者に大きな衝撃を与えた。大正リベラリストの一人であり、のちに日本IPRの理事長ともなった新渡戸稲造（一八六二―一九三三）は、同移民法の可決を「青天の霹靂にひとしく、肺腑をえぐる痛撃」と表現した。『国民新聞』などを通して国家主義のスポークスマン的役割を担っていた徳富蘇峰（一八六三―一九五七）は、同法が施行された七月一日を「国恥の日」と呼んだ。また、それまで三度の訪米を通じて日米親善事業に貢献してきた渋沢栄一も、この「問題の解決を見ざる間は瞑目し兼ねるが如き感じ」である、と嘆いた。(17)

2　社会学と社会的福音――学者と宗教者の共通意識――

日本で驚愕と憤慨を招いた新移民法だが、アメリカでは、同法の制定をめぐる議論は人種問題に対する関心を活性化させ、学者と宗教者の壮大な共同プロジェクトへとつながっていった。

このプロジェクトの発案者は、J・メルル・デイビス（J. Merle Davis, 1875–1960）をはじめとしたプロテスタント宣教師グループであった。メルル・デイビス（図2）は、新島襄とともに創設期の同志社を支えたジェローム・ディーン・デイビス（Jerome Dean Davis, 1838–1914）というニューヨーク出身のアメリカン・ボード宣教師の長男として京都に生まれ、自身もYMCAの幹事として東京などで働いた。彼は当初から社会科学的手法に興味を持っていたらしく、一九一八年、多くの貧困層が居住していた東京深川区（現江東区北西部に相当）の社会や経済状況を独自に調べた「深川サーベイ」（Fukagawa Survey）というレポートを作成した。当時の東京市役所などがこのレポートを広く取り上げたおかげで、深川区が社会活動家たちの目に留まるようになり、同地域における社会事業の発展の大きな要因となった(18)。このように、深川区での経験を通じて、社会調査という方法の持つポテンシャルを実感したデイビスは、次のプロジェクトでも類似した、しかしより大がかりなアプローチを推進することになる。

一九二三年、小児白血病を発症した娘の療養のため、家族とともに移り住んだ先のカリフォルニア州で、デイビスは激烈な排日運動を目の当たりにする。当時のカリフォルニアでは、労働組合やNative Sons of the Golden Westなどといった愛国主義団体が排日運動の主体であった(19)。サンノゼ郊外のサラトガに家を構えて間もなく、デイビスは日本YMCA時代からの宣教師同僚、ゲイレン・フィッシャー（Galen Fisher, 1873–1955）から相談を受ける。フィッシャーは数年前からニューヨークに新設されたInstitute of Social and Religious Research

図2　J・メルル・デイビス
J. Merle Davis, *An Autobiography*, Tokyo: Kyo Bun Kwan, 1959.

という研究機関の責任者で、当該機関はロックフェラー財団を主なスポンサーとした、潤沢な資金源を有するプロテスタント・キリスト教系のシンクタンクであった。

詳しい事情を聞くためにニューヨークに赴いたデイビスは、そこでフィッシャーのほかにも、世界ＹＭＣＡの指導者ジョン・Ｒ・モット（John R. Mott, 1865–1955）や、ロックフェラー財閥の次代当主となるジョン・Ｄ・ロックフェラー・ジュニア（John D. Rockefeller Jr., 1874–1960）などと会談し、彼らが西海岸における人種問題調査を企画していたことを知る。これは、過熱のあまり感情論に走りがちであった移民排斥運動に対抗するため、冷静な実証主義的立場から、カリフォルニアを中心とした西海岸の人種問題を調査し、厳正な学術研究に裏打ちされたデータを示すことにより、そうした対立を解消させることを目的としたサーベイであった。

その背景には、一九世紀後半から北米で影響力のあった社会的福音（Social Gospel）という、貧困・犯罪・人種問題・戦争などの社会的問題にキリスト教の教義を適用させようとする宗教的思想があった。それはまた同時に、より良い知識の探求と人類社会の進歩は相補的関係にあるという観点を体現したものであり、その根底にある進歩主義的考え方は当時の社会科学者の多くに共有されていた価値観でもあった。

3　サーベイの企画とシカゴ学派の影響

客観的な「事実」を提示することによって、問題の当事者の間に対話を生み出し、和解を図るというサーベイの目標を実現するため、デイビスは必要な人員を招集した。この際に大きな役割を果たしたのがスタンフォード大学学長レイ・ライマン・ウィルバー（Ray Lyman Wilbur, 1875–1949）であった。のちに連邦政府の内務長官になるウィルバーは、元々の職業は医師であったが、学長就任以降は社会問題にも強い関心を示し、西海岸の人種関係サーベイが同地域の将来にとって重要であると認識していた。日本から帰還した宣教師で、地元に有力なコネクションを持ち合わせていなかったデイビスにとって、ウィルバーの理解と助力は代えがたいものとなった。そして、この協力関係は、のちの太平洋問題調査会（IPR）にも受け継がれることになる。

一方、サーベイの実施者として選ばれたのは、ロバート・エズラ・パーク（Robert Ezra Park, 1864–1944）シカゴ大学社会学教授であった。シカゴ大学は当時の先端分野であった社会学に積極的に投資しており、その結果、同大学を拠点とした「シカゴ学派（Chicago School of Sociology）」という社会学者グループが形成されるに至り、パークはその中心人物のひとりであった。彼は都市部における人種問題を専門とし、特にアフリカ系アメリカ人に関する多くの事例研究を行った。彼の代表的な仮説としては、「人種関係サイクル（Race Relations Cycle）」があげられる。これは、アメリカにやってくる移民が、競争・衝突・順応（適合）・同化という四つの段階を経て、多数派の白人社会に受け入れられるという過程を理論化したものである。この「アメリカ化」のプロセスは、パークのもう一つの関心分野であった移民研究にも関係していた。彼はかねてからアメリカ南部におけるアフリカ系アメリカ人や、一九世紀末から二〇世紀初頭にかけて増加傾向にあった東ヨーロッパからの移民を研究対象としてきたが、アジア系移民については、これまで取り上げたことがなかった。そのため、デイビスら宣教師が立ち上げたサーベイは、パークら社会学者にとって、西海岸におけるアジア系移民と白人との間の人種関係を直接調べるという、新しい研究分野を切り開くための絶好の機会でもあったのである。(20)

4　サーベイの帰結──社会学者と宣教師の決別とＩＰＲ創設への布石──

社会科学の力を借りて西海岸におけるアジア系移民排斥の傾向を緩和させるという当初の期待とは裏腹に、サーベ

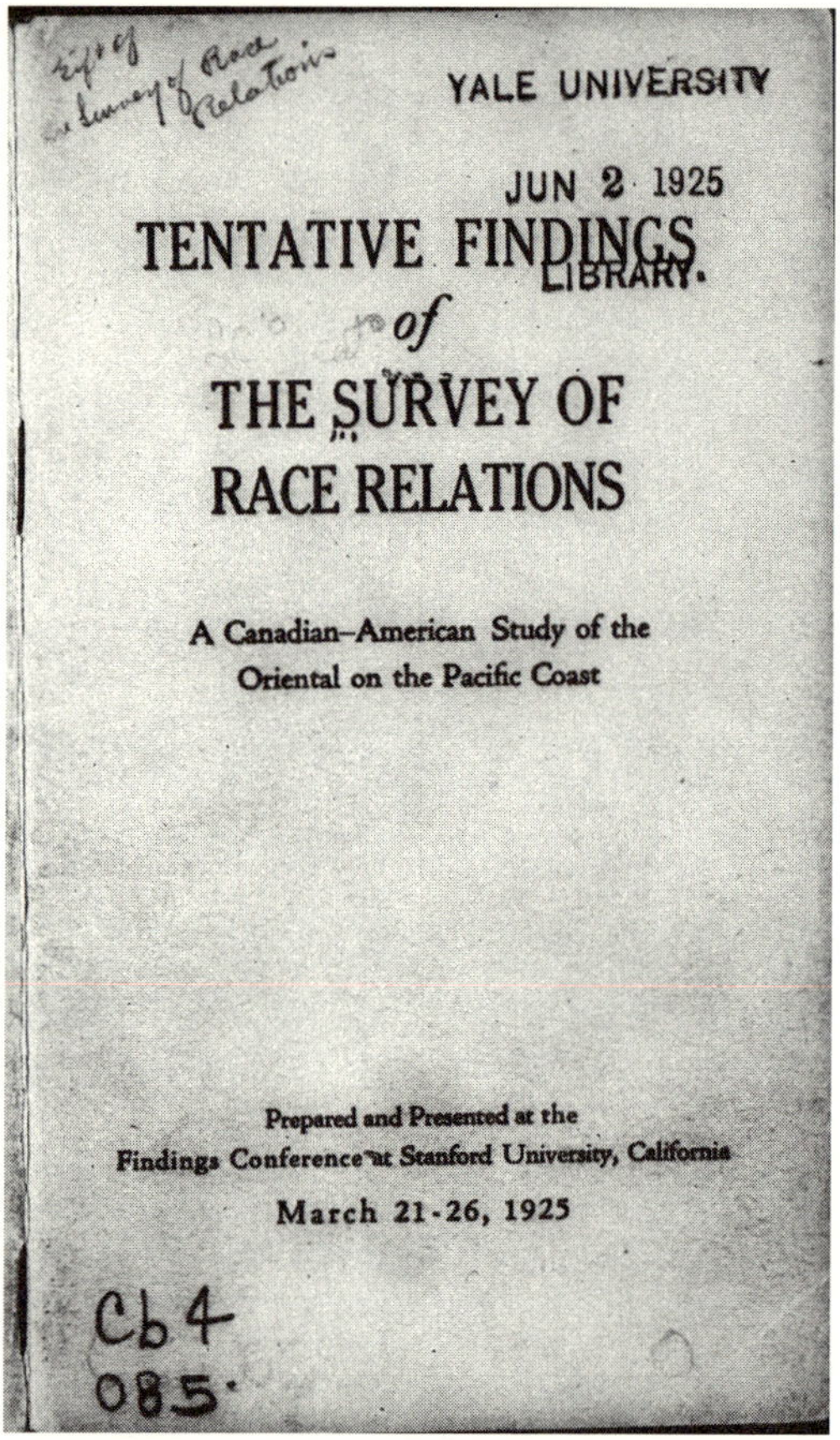

図3　サーベイの中間発表の内容をまとめた冊子

Survey of Race Relations ed., *Tentative Findings of the Survey of Race Relations: A Canadian-American Study of the Oriental on the Pacific Coast*, Stanford, Calif.: Stanford University, 1925.

イは宣教師たちの思惑通りにはいかなかった。その理由の一つは、サーベイが実施されている間（一九二四年一月—二五年三月）、アメリカ議会ではすでに新移民法の審議が進められていたからである。結局、調査の結果公表よりも、移民法制定の方が先に決定されてしまい、サーベイに期待されていた政治的効果は発揮できなかった。

二つ目の理由は、社会学者たちが導き出した意外な調査結果に起因する。一九二五年三月二十一日から二十六日にかけて、ウィルバー学長主催の下、スタンフォード大学でサーベイの中間発表会が開かれ、多くの関係者が見守る中、これまでの調査に関する報告がなされた（図3）。その場で共有された主な内容としては、西海岸における中国人や日本人の人口の減少や、アジア系移民によるアメリカ社会への順調な文化的同化と、それに伴う白人の排外的感情の緩和などがあげられる。しかし、「アメリカ市民権取得の資格のない者」（つまり日系一世）の土地所有権をはく奪した「外国人土地法（Alien Land Laws）」や、その他の排他主義的法律がかえって白人の「日本人に対する融和的感情を促進させた」とするパーク教授たちの結論は、宣教師たちには受け入れがたいものであった。なぜなら、長年アメリカの移民排斥運動と闘ってきた宣教師にとって、アジア系移民の排斥を基本とした移民法を肯定するような調査結果は、これまでの彼らの努力と実績を実質的に否定するようなものであったからである。

サーベイが予想外の結末を迎えた三つ目の理由は、宣教師と社会学者の目的意識の微妙な違いに求められる。宣教師側にとって、サーベイはアメリカ人の日系人に対する批判的世論をなくし、日米関係を改善させるという目的を達成するための手段であった。しかし、社会学者側にはもとよりそのような政治的意図がなく、サーベイはあくまで科学的調査としてそれ自体が価値あるものなので、データの収集・分析と結論付け以外の事柄には関与すべきでない、というスタンスを取っていた。ここに見られる両者の認識の食い違いは、最終的にサーベイそのものの継続と遂行を不可能にした。中間発表会の二週間後、フィッシャーはパーク教授に、「今回の結果報告の内容は誤解を招きかねない」という理由で、ニューヨークのInstituteが今後の資金提供を打ち切りにしたことを通告した(21)。結局、パークはサーベイで集めたデータの大部分をそのまま持ち帰ってしまい、他の参加教授が*Survey Graphic*という雑誌上で個別に発表した数本の論文を除いて、サーベイの結果が正式に公表されることはついになかった(22)。

このように不本意な帰結を迎えたサーベイであったが、一方でそれはもう一つの、より大規模な組織的取り組みへの地ならしの役割を果たした。右記のスタンフォード中間発表会からさかのぼること約五ヵ月、ハワイYMCA理事長フランク・C・アサートン（Frank C. Atherton, 1877–1945）は、アジア・太平洋諸国間の政治問題を考究する会議を民間有志で組織するにあたり、デイビスの協力を仰いだ。のちに環太平洋会議（Pan-Pacific Conference）として知られることになるこの会議の案については、一九二三年六月にオーストリアの避暑地ペルトシャッハ（Pörtschach）で開催されたYMCA世界大会ですでに承認を受けており、それに次いでモットの呼びかけで、翌一九二四年九月二十一日にニュージャージー州アトランティックシティーにて予備相談会が開かれていた。(23) しかし、実際に環太平洋会議を開くまでには相当の準備が必要であり、その実務方面の責任者としてデイビスに声がかかったのである。

デイビスはサーベイで得た人脈や経験を生かし、環太平洋会議の準備を整えた。デイビスはアサートンから打診を受けた時点ではまだサーベイの統括者だったので、残りの任務を別の担当者に引き継いでもらい、環太平洋会議の仕事に専念することとなった。この際、彼はスタンフォード大学のウィルバー学長に真っ先に相談に行き、「今回の人種問題サーベイは、環太平洋地域のより広範囲な取り組みに役立てられる知識と経験を蓄積するという意味では、とても有益な実験（pilot-project）であった」というアドバイスを受けた。(24) つまり、西海岸の人種問題サーベイの結果はどうであれ、それは今度デイビスが担当することになった新たなプロジェクトのためのよい予行演習と基礎作りだった、というのである。ウィルバーは個人的にも環太平洋会議の開催に積極的で、自ら同会議のアメリカ代表の任を引き受けた。

その後、デイビスはウィルバーの協力を得ながら、順調に役員と資金を集めた。一九二五年二月二十二日、ニューヨークのイェールクラブ（イェール大学関係者のための社交団体）で本番の環太平洋会議前の最終的な予備相談会が開かれた。この日は奇しくもアメリカ初代大統領ジョージ・ワシントンの誕生日であった。会合では、同会議に否定的な態度をとっていた国務省の意見を受けて、実際に開催に踏み切るかどうかが協議された。議論も山場にさしかかった頃、議長を務めていたウィルバーはサーベイの例を引き合いに出し、違った立場を持つ者同士が、科学的な方法によって得られた事実をもとに討論をし、互いに理解を深めることは有意義であるとし、開催の必要性を訴えた。[25] 他の参会者もこれに賛同したため、本会議は無事開催されることになった。

環太平洋会議は一九二五年七月にホノルルのオアフ・カレッジ（Oahu College）で開催された。この学校は会衆派系（Congregational）の米国宣教師によりハワイ王国時代の一八四一年に設立され、中国の「国父」孫文もかつてここに学び、近年ではバラック・オバマ元大統領などを輩出した名門である。[26] そこでの二週間にわたるセッションの末、同会議を恒久的機関として継続することが満場一致で可決され、その母体としてＩＰＲが設立されるにいたった。[27] その後デイビスの努力によりホノルルにＩＰＲの国際事務局が設置され、彼が初代事務局長に就任した。これを機に、サーベイに参加した多くのシカゴ学派の社会学者も、東西文明の中間地点にあるハワイという土地柄に興味を持ち、ＩＰＲ初期の研究プロジェクトに広く携わった。[28]

ハワイは太平洋諸国の友好的な交流を主旨としたＩＰＲの草創期を象徴する拠点となった。もとよりハワイはその地理的位置のおかげで、アジアにとってのアメリカへの「玄関口」、またアメリカにとってのアジアへの「玄関口」の役割を果たしており、太平洋横断客船が必ず立ち寄る中継地でもあった。また、当時のハワイ大学には、同大学で東洋学部を創設した原田助（一八六三―一九四〇）がいた。原田は熊本出身のキリスト者で、一九二一年にハワイ大学初の日本学教授として赴任する前は、日本でも最大規模の教会であった神戸教会の牧師や、同志社大学の総長（一九〇七―一九年）などを歴任し、シカゴ神学校やイェール大学にも留学していた。[29] 原田はＩＰＲに結成段階から参画しており、第一回ホノルル会議（一九二五年七月）と第二回ホノルル会議（一九二七年七月）では日本代表、第三回京都会議（一九二九年十月―十一月）にはハワイ代表として出席し、ハワイＩＰＲの唯一の日本人正式会員として活躍した。[30] 原田の経歴に体現されるように、ハワイでは日米の宗教者や学者が一同に会し、学術交流を行うための環境が整っていた。挫折や失敗とも見なされる加州人種問題サーベイも、太平洋の中心地ハワイで形を変え、その基本的精神を受け継いだＩＰＲを誕生させるための一つの布石であったとすれば、評価が変わってくるのではないだろうか。

しかし、こうしたＩＰＲの性格も長続きしなかった。これまで見てきた通り、ＩＰＲの創設に際して、ＹＭＣＡを中心とした宣教師グループが重要な「取りまとめ役」、ないし「産婆役」を果たした。(31)彼らは、ハワイＹＭＣＡのアサートン理事長などに代表される「ハワイ・グループ」と、東海岸の Institute for Social and Religious Research のフィッシャーやインドＹＭＣＡで活躍したエドワード・Ｃ・カーター（Edward C. Carter, 1878–1954）などを筆頭とした「ニューヨーク・グループ」に大別できる。もとはニューヨーク・グループに属していたメルル・デイビスも、アジア系移民排斥という問題に対処すべく社会学者と共同で立ち上げた加州人種問題サーベイで得られた人脈を生かし、ハワイ・グループともうまく協力することで、ＩＰＲの創設に貢献し、その初代国際事務局長の座に就いた。そこには、デイビスら宗教者と、パーク教授およびウィルバー学長などの学者の間に存在した、進歩主義的価値観に基づいた理想があった。しかし、会議の回数が増え、参加国の数も増加するにつれて、ＩＰＲの政治的性格は次第に強まり、それと反比例するようにＹＭＣＡを含めた教会関係者の参加者は減少していった。(32)デイビスは一九二九年の第三回京都会議をもって国際事務局長を辞任し、その後任には、アメリカＩＰＲの代表でニューヨーク・グループのカーターが選ばれた。カーターはデイビスと同じくＹＭＣＡ出身であったが、彼はＩＰＲを単なる意見交換の場ではなく、外交政策の決定に直接影響を与えられるような機関にしようと構想していた。(33)その方針転換を象徴するように、それまでホノルルに設置されていた国際事務局は一九三四年にニューヨークに移転され、ハワイを中心とした初期ＩＰＲの時代は幕を閉じた。これを境に学者や宗教者などの民間人が交流する場としての性格は影を潜め、ＩＰＲは国際政治の駆け引きの場へと変化していった。

三　ＩＰＲ結成後の朝河貫一の立ち位置

1　「排日移民法」に関する朝河貫一と賀川豊彦の言説

ところで、朝河は「排日移民法」に対してどのような見方をしていたのか。それは彼の一九二四年六月二日付の徳富蘇峰宛書簡を読めばよくわかる。

　排日法の原因ハ種々あり候へども、所謂紳士協約なる先年来の愚策が確かにその一因と存候。かくの如く煮え切らざる「義理」がましき方法の人を服しがたきハ最初より明かニ有之、小生は前々より不賛成ニ候（中略）小生の年来希ふ所ハ、人道論、感情論ハ全く差し抑へて、全然正義《ジャスチス》を中心として、之をのみ主張することニ御座候。即ち、米国が自ら移民法を立つるの権あることを認むる由を今日より明白に宣言し、又日本人が自ら進みて米国に多数ニて入込む希望ハ毛頭なきことをも同じく明言し、只今他の諸国民と全く同様の制限を与へられんことを望むことを正面より熱心に集注的ニ成功するまで不断ニ主張することニ候。是のみ今日ニ在候てハ米国々民を動かし得るの望ある点ニ候。[34]

ここで朝河は「紳士協約」を「義理がましき方法」であると批判し、そのような妥協がかえって逆効果であると指摘する。彼がいうには、「人道論」や「感情論」は全く排し、あくまでもアメリカ人の「正義」の心に訴えることが肝要であり、そのために日本人が「他の諸国民と全く同様の制限」を望んでいることを強調すれば、アメリカ側も公平な判断を下してくれる、というのである。ここで朝河は、彼らしく日本にも「人道」や「感情」ではなく、「正義」に基づいた外交を行うように求めている。

しかし、この主張を当時のアメリカ政治と照らし合わせると、やや的外れな部分が浮かび上がってくる。第二節でも示した通り、いわゆる「排日移民法」というのは、一九二四年に可決された広範囲で包括的な移民法の一部分であり、その主な内容として一年間に移民として入国できる人数を国別に制限している。出身国ごとに違った上限数を設け、それを移民割当（quota）という形で数値化することにより、同法は当時のアメリカから見た世界各国のヒエラルキーを明確に打ち出した。つまりそれは朝河が想定した、日本が他の諸国民と同じ制限を受けることができるような性質のものではなく、むしろ国ごとに違った待遇を設けることを前提としたものであった。

ここに見られるのは、朝河の人種問題への認識の薄さではないだろうか。朝河は排日運動が激化しはじめた時期に渡米したとはいえ、日本人労働者が多く居住し、日系コミュニティーが形成されていた西海岸ではなく、そこから大陸を跨いだ反対側の東海岸に住んでいた。東海岸ではそもそも日本人の数が少なかったため、彼が直に移民排斥の声に触れる機会はなかったかもしれない。また、ダートマスやイェールでの学生時代にも、タッカー学長などの人格的に優れた良師に恵まれ、自身ものちに大学教員という社会的に高い地位に就いたことによって、日常生活の中で人種差別を受けることは稀であったのではないかと推察される。そんな朝河の社会的立ち位置を考える上で参考になるのが、賀川豊彦（一八八八―一九六〇）の次のような言説である。

ニューヨークでは二五〇家族位の日本人が白人と結婚しているので、排日問題などを気にしていません。そのために加州の感情と全く逆です。私は米人のわけのわからないのに驚いてしまいました。然し日本に来ていた宣教師は日本人以上に排日問題に努力している事は感謝の外ありませぬ。アキシリング、ギューリック、ライシャワー、テニーなどがその主なる者で猛烈にやっています。

一九二五年三月十八日アキタニア号にて(35)

賀川は神戸出身のキリスト教社会活動家で、アメリカの宣教師と密接に連携しながら国際的に活躍していた。彼は前出の朝河書簡が書かれた約半年後にカリフォルニア州アシルモアで開催されたYMCA学生大会に参加するために渡米しており、次いで東海岸（ニューヨーク）でも講演旅行を行っている。右の一文はその後アメリカからヨーロッパへ向かう客船上で書かれたものであり、当時のアメリカ事情を知ることができる貴重な証言である。

まず気になるのは、「ニューヨークでは二五〇家族位の日本人が白人と結婚している」という点であり、これは朝河が一九〇五年に現地で知り合った白人のミリアム・ディングウォール（Miriam Dingwall Asakawa, 1879–1913）と結婚していたことを想起させる。少なくとも賀川の印象では、東海岸ではこのように日本人が白人社会にうまく適応し、移民排斥が高潮していた「加州の感情」とは正反対であったという。彼はまた、宣教師が「日本人以上に排日問題に努力している」とし、その名前をいくつかあげている。そのうちの一人は第一節で取り上げたギューリックである。ほかには賀川の同僚でバプテスト系の宣教師であったウィリアム・アキスリング（William Axling, 1873–1963）や、長老派系の宣教師で、後の駐日米国大使エドウィン・O・ライシャワーの父、A・K・ライシャワー（August Karl Reischauer, 1879–1971）などがあげられている。ここでも日本での滞在経験を持つ宣教師が日本人移民の味方として奮闘している様子が伝わってくる。

賀川の証言は、東海岸と西海岸の人種問題に対する認識の違いを裏付けている。朝河は東海岸の、それも全米屈指のエリート校の大学教授であったため、あからさまな人種差別とは縁のない生活を送っていたのではないだろうか。それは、同時代にアメリカで生活していた西海岸の日本人の大多数が経験していた、人種＝レイスを根源的な理由とした「排日」の実状とはほど遠いものであり、朝河が戦前のアメリカ日系人社会において特殊な存在であったことを浮き彫りにしている。

2　朝河と賀川をめぐるＩＰＲ関連の人脈

朝河と賀川は生涯直接的な交流を持つことはなかったが、宣教師やＩＰＲ関連の人脈を通して、間接的につながることはあった。当時のアメリカ社会における朝河の立ち位置をより明確にするため、ここにその一例を示しておこう。「排日移民法」の施行から約二年後の一九二六年一月、イェール神学校学長チャールズ・Ｂ・ブラウン（Charles Reynolds Brown, 1862–1950）のところに一通の書簡が届いた。差出人はバプテスト派の婦人宣教師で、幼少時代を日本で過ごしたヘレン・タッピング（Helen Topping, 1889–1981）であった。彼女はイェール大学歴史学部の朝河と、同神学校のジェローム・ドワイト・デイビス（Jerome Dwight Davis, 1891–1979）の下で博士課程に進学したいと考えており、その件についてブラウン学長に打診したのである。ここに出てくる神学校のデイビス教授というのは、サーベイとＩＰＲの実現に奔走したメルル・デイビスの実の弟で、「政治性の強い社会的福音」を信奉する彼は、一九二四年からイェール神学校に勤めていた（図4）[36]。普段の仕事ではあまり接点がなかったと考えられる朝河とデイビスだが、この件について二人は直接協議した。その結果、タッピングの希望していた近代日本社会に関する博士論文を作成する研究環境として、イェールは不適切だという理由で、彼女の申し入れを謝絶した[37]。しかし、彼女の手紙には、朝河の立ち位置を相対化する上で参考になる、いくつかの興味深い点がある。

そもそもタッピングがイェールを志望した理由は、彼女が「ジェローム・デイビスの兄であるメルル・デイビスとは知り合い」だったからであり、ここに日本を中心とした宣教師ネットワークの影響が垣間見える。また、日本の近代社会に関する研究テーマを考えていた彼女にとって、「日本人教授がいる」大学を選ぶことは重要であり、当時のアメリカでその条件を満たしていたのは「イェールとスタンフォード」だけであるとも書いている[38]。前述の通り、一

図4　ジェローム・ドワイト・デイビス

Yale Divinity School Memorabilia (RG 53), Series I, Box I-1, Special Collections, Yale Divinity School Library.

九二一年にハワイ大学教授に就任していた原田助も本来はこの中に数えられるべきであるが、ハワイはこの時点ではまだ「準州」扱いだったため、アメリカ本土に限ると、やはりイェールの朝河と、一九一三年からスタンフォード大学で日本学講座を受け持っていた市橋倭（一八七八―一九六三）の二人だけが該当者となる。(39)つまり、朝河は戦前のアメリカのアカデミアでは非常に稀な日本人教授の一人だったのである。

このように、朝河はIPRに直接関与しないまでも、その関係者と学術的および宗教的ネットワークを通してある程度つながっていたということがわかる。朝河が最終的にタッピングの申し入れを断ったのは、彼がこの時期に新設した中世欧州の封建法制史に関する授業の準備や、数年後に出版することになる『入来文書』の執筆などで多忙だったからかもしれない。(40)イェールで博士になる夢が叶わなかったタッピングは、この手紙を出した一年後再び日本に渡り、賀川の英語秘書として活動をすることになる。

おわりに

本稿では、アメリカのアジア系移民排斥に端を発した宗教者と社会学者の動向を検討してきた。この両者の結びつきは、一九二四年の移民法をめぐる論争の盛り上がりの中で強化され、やがて西海岸における人種問題サーベイ、ひいては太平洋地域全体の問題を包括的に研究・討論する場としてのＩＰＲの誕生へとつながった。その根底には、移民や異文化間の衝突などの複雑な社会問題も、最新の学説や理論に基づいて科学的に検証することによって、解決に導くことができるという進歩主義的な価値観があった。

当時のリベラルなプロテスタント系知識人の間で流行していた社会的福音にも通じるこの考え方は、初期ＩＰＲへのキリスト教関係者の積極的な参画を促した。しかし、一九三〇年代以降、ＩＰＲが学問の場から国際政治の場へと様変わりすると、同会議へのＹＭＣＡ関係者の参加者も次第に減っていった。一方、純粋な学問研究を重んじる傾向のある朝河は、勤務先のイェールでＩＰＲ関係者が周りにいたにもかかわらず、当初からこれらの活動とは距離を取っていた。それは、朝河が宣教師たちの標榜していた、ややもすれば政治的色彩を帯びてしまう社会学の手法とは一線を画し、あくまでアカデミックな歴史学の立場から、北米における日本研究を開拓しようとする決意の表れであったかもしれない。

注

（1）　原著は Akira Iriye, *Global Community: The Role of International Organizations in the Making of the Contemporary World*, Berkeley: University of California Press, 2002, pp. 27–28.

（2）　山岡道男『アジア太平洋時代に向けて―その前史としての太平洋問題調査会と太平洋会議―』北樹出版、一九九一年。赤見友子氏の研究書にも、サーベイに関する言及は見られない。Tomoko Akami, *Internationalizing the Pacific: The United States, Japan and the Institute of Pacific Relations, 1919–1945*, London: Routledge, 2002.

（3）　Henry Yu, *Thinking Orientals: Migration, Contact, and Exoticism in Modern America*, Oxford University Press, 2001. この書の主旨は、アジア系アメリカ人の歴史の文脈からアメリカにおける「東洋（Oriental）」に関する知識体系の生産過程を明らかにすることであり、サーベイに参加したアジア系移民の子弟であった大学院生たちをアメリカの社会科学史におけるアジア系アメリカ人の先駆としてとらえている。しかし、サーベイとＩＰＲとのつながりの究明はその主眼ではない。

（4） ＩＰＲの当事者であり、研究者でもあるPaul Hooper氏は、一九二〇年代以前にはアジア・太平洋の問題を専門的に研究できる環境が整った機関はほとんどなかったとし、その後の発展の大部分はＩＰＲの貢献によるものだと指摘している。Paul F. Hooper, “The Institute of Pacific Relations and the Origins of Asian and Pacific Studies,” *Pacific Affairs* 61, no. 1, 1988, pp. 98–121.

（5） *Pacific Affairs* の前身としては、一九二六年五月から不定期刊行されていた *Institute News Bulletin* がある。本誌は一九二八年五月から現誌名に改称され、月刊誌として正式に創刊された。

（6） Owen Lattimore, *Inner Asian Frontiers of China*, New York: American Geographical Society, 1940; E. Herbert Norman, *Japan’s Emergence as a Modern State: Political and Economic Problems of the Meiji Period*, New York: International Secretariat, Institute of Pacific Relations, 1940.

（7） 「米の移民政策強化　七〇〇ヵ所で反対デモ」（『朝日新聞』二〇一八年七月二日付）。

（8） Brief for the Colleges and Universities as Amicus Curiae, International Refugee Assistance Project v. Trump & State of Hawai’i v. Trump, 16–1436 & 16–1540, 2017.

（9） Arthur M. Schlesinger Jr., “Human Rights and the American Tradition,” *The Cycles of American History*, Boston: Houghton Mifflin Company, 1999, pp. 87–110.

（10） *The Middle Kingdom*（New York: Wiley and Putnam, 1848）は中国の歴史や風土を詳細に記した著作で、『中国総論』として一八八七年に日本語に部分的に訳されている。*A Syllabic Dictionary of the Chinese Language*（Shanghai: American Presbyterian Mission Press, 1874）は『漢英韻府』という中国語の題で出版された。

（11） 陶徳民編『衛三畏在東亜—美日所蔵資料選編—　巻下』（鄭州、大象出版社、二〇一六年、六三六—三七頁）。「衛三畏」はウィリアムズの中国名である。

（12） Moon-Ho Jung, *Coolies and Cane: Race, Labor, and Sugar in the Age of Emancipation*, Baltimore, Md.: Johns Hopkins University Press, 2006.

（13） Sidney Lewis Gulick, *The American Japanese Problem: A Study of the Racial Relations of the East and the West*,

New York: Charles Scribner's Sons, 1914.

(14) 是澤博昭「コラム　シドニー・L・ギューリック」(見城悌治編『渋沢栄一と「フィランソロピー」2　帰一協会の挑戦と渋沢栄一―グローバル時代の「普遍」をめざして―』ミネルヴァ書房、二〇一八年、一一六―一八頁)。

(15) Mae M. Ngai, *Impossible Subjects: Illegal Aliens and the Making of Modern America*, Princeton, N. J.: Princeton University Press, 2004.

(16) 一九二四年の移民法でも、「日本からの移民を禁止する」という表現は使われておらず、「帰化不能外国人」(aliens ineligible for citizenship) という、当時の日本人も含まれていたカテゴリーの国からの移民を禁止するかたちをとった。

(17) 麻田貞雄『両大戦間の日米関係』東京大学出版会、一九九三年、三〇八―一〇頁。

(18) J. Merle Davis, *An Autobiography*, Tokyo: Kyo Bun Kwan, 1959, pp. 71–72.

(19) Roger Daniels, *The Politics of Prejudice: The Anti-Japanese Movement in California, and the Struggle for Japanese Exclusion*, Berkeley: University of California Press, 1962.

(20) 前掲注(3)Yu, *Thinking Orientals*, pp. 38–42.

(21) 前掲注(3)Yu, *Thinking Orientals*, pp. 73–74.

(22) 前掲注(18)Davis, *An Autobiography*, pp. 80–81.

(23) J. Merle Davis, "The Institute of Pacific Relations," *International Conciliation*, no. 218, March 1926, p. 8.

(24) 前掲注(18)Davis, *An Autobiography*, pp. 83–84.

(25) 前掲注(18)Davis, *An Autobiography*, p. 86.

(26) 「オアフ・カレッジ」という名称であるが、実際には大学ではなく、幼稚園から高等学校までの教育を行う一貫校である。一九三五年以降は学校の名前を「プナホウ・スクール」(Punahou School) に改称している。

(27) 環太平洋会議は、IPR設立後、「第一回ホノルル会議」として改めて位置づけられることになる。

(28) ハワイはIPRの設立を境に、多くのシカゴ学派に属する社会学者が集う、まるで「巡礼地」(pilgrimage site) のような場所となり、パーク教授もアジアに調査に向かう途中で何度か立ち寄っている。前掲注(3)Yu, *Thinking Orientals*, pp. 80–83.

（29）太田雅夫「原田助とハワイ大学」（『キリスト教社会問題研究』四六、一九九八年、一八七頁）。原田は一九二一年一月にハワイ大学教授として正式に講義を始める直前、渋沢栄一の肝煎りで一旦アメリカ本土に渡り、日米関係委員会の名義で、カリフォルニアの排日問題に関するアンケート調査を行っていた。この調査は一九二一年二月に、原田助『米国加州排日問題調査報告』（日米関係委員会）として刊行されており、翌年にはサンフランシスコで英語版が出版されている。Tasuku Harada, *The Japanese Problem in California*, San Francisco: The American Japanese Relations Committee, 1922.

（30）前掲注（29）太田論文、二〇七頁。

（31）山岡道男『「太平洋問題調査会」研究』龍渓書舎、一九九七年、二九頁。

（32）前掲注（31）山岡文献、四五頁。

（33）前掲注（4）Hooper, "The Institute of Pacific Relations and the Origins of Asian and Pacific Studies," pp. 108–10.

（34）朝河貫一書簡編集委員会編『朝河貫一書簡集』早稲田大学出版部、一九九一年、三二六―二七頁。

（35）賀川豊彦全集刊行会編『賀川豊彦全集』二四巻、キリスト新聞社、一九六四年、四二頁。

（36）Judith Ann Schiff, "Firing the Firebrand," *Yale Alumni Magazine*, May/June 2005（http://archives.yalealumnimagazine.com/issues/2005_05/old_yale.html、最終閲覧日：二〇一八年九月二十一日）。

（37）この件の詳細な経緯については、拙稿「朝河貫一と賀川豊彦―学問と対米工作から見えるつながり―」（『朝河貫一研究会ニュース』八七、二〇一六年）を参照されたい。

（38）Helen Topping to Dean Brown, 7 January 1926, 34/1/7, Helen Faville Topping Papers, Special Collections, Southern Illinois University at Carbondale.

（39）市橋倭がスタンフォードに着任した経緯については、辻直人「日米教育文化交流史における朝河貫一の役割」（『朝河貫一研究会ニュース』八一、二〇一三年）を参照。

（40）前掲注（34）『朝河貫一書簡集』三三九―四五頁。

朝河貫一と国際補助語協会

——朝河とアリス・V・モリスとの関係を軸に——

中村治子

はじめに

本稿では主としてイェール大学図書館に所蔵されている「朝河貫一文書」を活用しながら、国際補助語協会（International Auxiliary Language Association: IALA）の共同創設者であるアリス・ヴァンダービルト・シェパード・モリス（Alice Vanderbilt Shepard Morris, 1874–1950）と朝河貫一の関係性を探りたい。朝河貫一（一八七三—一九四八）は、アメリカにおける東アジア研究の先駆者の一人である。優れた歴史家であり、イェール大学で日本人として初の歴史学教授として、三五年以上にわたり教鞭をとった。また貴重な日本コレクションを築いた朝河は、日本列島の歴史資料を管理する責任者として、実に四二年間にもわたり、イェール大学東アジア図書館のキュレーターを務めている。さらに公的な活動にも熱心だった朝河は、日米、そして世界の人々の間に存在する様々な誤解を解き、平和を促進することに強い意欲を持っていた。このように旺盛な行動力の持ち主であった朝河は、世界中の指導者たちと多くの書簡を交わしている。なかでも最も頻繁に書簡のやりとりがあったのがアリス・V・モリスであった（全七二通）[1]。これらの書簡や関連資料を分析すると、朝河のIALAとの関わりや、モリスがIALAにもたらした影響が、この協会の方向性を決定づけたのみならず、一九世紀半ばのアメリカにおける言語学の発展にも大きく寄与していたことがわかるのである。

有力なヴァンダービルト一族の一員であるアリス・V・モリスは、ハーバード大学に通う若い学生であったデイヴ・ヘネン・モリス（Dave Hennen Morris, 1872–1944）と結婚した。デイヴは兄と共に厩舎を共同経営しており、若いながらも経済力があった。後年にはニューヨークで弁護士として成功、さらに在ベルギー米国大使となり、財産と社会的地位をさらに盤石なものにしている。

朝河とモリスに共通していたものは底知れぬ研究への意欲と、世界中の人々の共通言語を創るというユートピア的なヴィジョンであった。モリスはIALAの共同創設者、および後援者としてその名を残している。IALAでの正式な役職は名誉書記であった。だが史料を見れば、モリスの役割は決して裏方のそれではなく、彼女がむしろ知的な主導力を発揮して、この組織を常に前進させていたことがわかるのである。

IALAの活動には多くの著名な言語学者や、豊かな人脈を持つ有力者が賛同した。とくに一九二〇年代から四〇年代にかけては、欧米で急激に賛同者が増えている。協会は一九三七年から五七年にかけて、世界で広く利用されている国際補助語であるインターリングアを発展させたほか、ヴォラピュク、エスペラント、イド、ノヴィアルなど様々な補助語の普及にも貢献している[2]。多くの研究者にとってIALAが魅力的だったのは、この協会が適切な国際補助語の選択や開発に貢献したのみならず、協会の目的が純粋な言語学的研究を使命としていたからである。つまり、とくにアメリカにおいて、協会の活動は言語学の研究全体に大きな影響を与えるものと捉えられていたのである[3]。したがって一九二〇年代から四〇年代にかけてのアメリカの言語学の研究史を把握するためには、ＩＡＬＡの活動の拡大を念頭に置く必要がある。

朝河とモリスの関係や、朝河とＩＡＬＡの活動との関わりについての研究は少ない。朝河とモリスの往復書簡の一部は、『朝河貫一書簡集（*Selected Letters of Asakawa*）』に収録・訳出されている。編者の一人である石川衛三は、朝河からモリス宛の一四通と、モリスから朝河宛の九通を翻訳し、詳細な解説を付している。石川は、朝河の書簡からは彼の「明晰なる論理」や優れた「レトリックと説得力」が伝わってくるとし、またモリスについては、彼女が朝河を深く信頼し、頼りにしていたことがわかる、と述べる。さらに石川は、ＩＡＬＡでの共同研究は、日米関係を考える上でも重要だと指摘する。[4] アリス・モリスの生涯とＩＡＬＡの沿革については、ジュリア・Ｓ・フォークの評伝 *Women, Languages and Linguistics* に詳しいが、ここでは朝河の名前は一度しか登場せず、二人の書簡についても正面からは取り上げられていない。[5]

朝河とモリスの膨大な往復書簡にしても、「朝河貫一文書」の資料を用いたＩＡＬＡの歴史をめぐる研究にしても、先行研究は実質皆無であるというのが現状である。書簡を分析すると、朝河がモリスに対してかなりの影響力を持ち、ひいてはＩＡＬＡの政策決定においても大きな存在感を発揮していたことが明らかになる。そして朝河がＩＡＬＡに与えた影響について詳細に検討することで、ＩＡＬＡの隆盛と衰退、さらには一九二〇年代から四〇年代にかけての国際補助語運動の推移についても、より正確に把握することができるのである。さらに、朝河が同時期に国際補助語運動にかなりの精力を傾けていたことを考えれば、朝河自身についても、本稿を通して新たな知見を得ることができるだろう。

一　人工言語の乱世

一九世紀後半から第二次大戦の開戦までの時期にかけて、ヨーロッパは人工言語の肥沃な大地であった。複数の新たな言語が開発され、普及しつつあった。これらの人工言語を実践していた人々は、経済・社会・政治をめぐる急激な変化に見舞われていたヨーロッパの混乱を解消するうえで、補助語が有効であると信じていた。一部の研究者が「人工言語の乱世（the battle of artificial languages）」と呼ぶこの期間で見ると、まず一八七九年にドイツのカトリック神父であったヨハン・マルティン・シュライヤー（Johann Martin Schleyer、1831–1912）がヴォラピュクを、一八八七年には眼科医ルドヴィコ・ザメンホフ（Ludoviko Lazaro Zamenhof, 1859–1917）がエスペラントを、そして一九〇七年には哲学者ルイ・クーチュラ（Louis Couturat, 1868–1914）がイドを開発している。またベーシック・イングリッシュやオクツィデンタル、ノヴィアル、無活用ラテン語などのマイナー言語も、この乱世の一翼を担った。

アメリカでは一八八〇年代に、アメリカ哲学協会（American Philosophical Society: APS）が国際語を検討するための委員会を立ち上げ、多くの組織がこれに加入した。だがアメリカにおいて国際語をめぐる議論が活発になるのは、一九二〇年代にアメリカ言語学会（Linguistic Society of America: LSA）や国際補助語協会（ＩＡＬＡ）が相次いで設立されてからのことである。国際補助語を開発するという運動の趣旨そのものは、ＬＳＡの創立メンバーの間でも広く支持された。しかし、アメリカの言語学者たちはヨーロッパで開発された補助語をそのまま受容することをよしとせず、二つの立場でこの問題に取り組もうとした。一つは、ラテン語を用いるか、あるいは無活用ラテン語のようにこれを単純化したものを補助語とする、というものであり、もう一つは、ＩＡＬＡによる徹底した補助語の研究を経たうえで、改めて結論を出そうというものであった。

二　IALAの目標と基盤

二〇世紀の初頭、カリフォルニア大学バークレー校の元教授であり、リサーチ・コーポレーション[6]（Research Corporation for Social Advancement）の創設者でもあるフレデリック・ガードナー・コットレル（Frederick Gardner Cottrell, 1877–1948）は、エスペラントの学習を通して国際補助語の有益性に目覚め、国際語の普及推進のために財界人からの寄付を募りはじめた。しかしコットレルの試みが軌道に乗ったのは、一九二一年に彼がアリス・モリスに出会ってからのことである。コットレルとモリス、そしてニューヨーク周辺の有力者が集まり、国際語の発展を目標に掲げた一連の会合が開かれると、この運動は徐々に注目を浴び、数百名の知識人の賛同と、多くの後援者を得るまでになった。こうして資金面での不安が解消され、学界とも繋がりができると、IALAは一九二四年に正式に発足したのである。共同創設者は三名で、コットレル、デイヴ・モリス（監査役）、そしてアリス・モリス（名誉書記）の三名であった。協会の当初の目標は、「補助語の確立をめぐるあらゆる学習、議論の普及および周知に努め、その確立を知的に、かつ安定的に実現するための研究および実験を推進する」というものであった[7]。

まずIALAは、主要な研究領域を社会学、教育学、言語学の三つに区分した。社会学部門を牽引したのはコロンビア大学教授で、IALAの書記長も務めたハーバート・N・シェントン（Herbert N. Shenton, 1884–1937）である。シェントンが一九三三年に発表した *Cosmopolitan Conversation* は八〇〇頁の報告書であるが、そこには一九二三年から二九年にかけて開催された一四一五もの学術会議で、複数の言語がどのように使用されたかが分析されている[8]。

次に、教育学部門では、コロンビア大学のエドワード・L・ソーンダイク（Edward L. Thorndike, 1874–1949）が指導的立場にあった。成果として提出された一二〇〇頁の報告書では、子供、大学生、そして成人などが研究対象となっており、自然言語と比較した際の人工言語の容易さが論じられている。報告書の結論は、「大学四年生、あるいは大卒者であれば、平均二〇時間の学習で、仏・独・伊・西の各言語を一〇〇時間学習した場合よりも巧みにエスペラントを読み、かつ話すことができるようになる」というものであった。(9)

第三の領域である言語学の部門では最も活発な研究が行われ、ウィリアム・エドワード・コリンソン、(10)オットー・イェスペルセン、(11)エドワード・サピアなど、(12)当時の北米ならびにヨーロッパの第一線の言語学者が多く参加した。一九二五年にはサピアを中心に世界各国で国際補助語がどのような言語であるべきかを推奨した「国際補助語に関する覚書」という論文を出している。(13)IALAの後援を受けた研究を主に進めたのはコリンソンとサピアである。彼らの研究計画が最も活発な動きを見せたのは、協会の再編と目標の整理が必要となった一九三〇年よりも前のことであった。

協会の経済状況を見ると、国際補助語というものの可能性にいかに高い関心が集まっていたかがわかる。IALAの報告書をはじめ、記録に残っている協会の支出は一九二四年から四一年までの期間で三一万ドルであった。これは今日の価値に換算するとおよそ四五〇万ドルに相当する。主な資金源となったのは個人の寄付（アリスとデイヴ・モリスによるものもここに含まれる）と会員費である。だが例えばソーンダイクによる国際補助語教育の研究には、リサーチ・コーポレーション、カーネギー財団、そしてロックフェラー財団から資金の提供があった。IALAの初期段階においてアリス・モリスが最も積極的に資金を投入したのは、言語学分野の研究である。残された資料からIALAが言語学的研究に投入した資金の全容を正確に計算することは難しいが、一九三〇年代初頭にサピアとその弟子たちが行った研究だけを見ても、その金額は教育学と社会学の部門に投入された資金の合計を上回っている。ＩＡＬＡの経済活動を把握するための目安としては、一九三一年には三万四八二五ドルの費用のうち、一万八九二五ドルの予算[14]が研究のために確保されていたという事実が挙げられよう。予算と費用の差額である一万五九〇〇ドルは、寄付や外部資金で賄われた。支出の内訳としては、図書館の保全や図書の印刷費を含む事務費が六〇九〇ドル、助成費（Division of Interest and Support）が四七〇〇ドルである。残額は三つの研究領域に以下のように割り振られた。教育学部門が五八七五ドル、社会学部門が三四六〇ドル、そして言語学部門が一万四七〇〇ドルである。[15][16]

三　ＩＡＬＡ草創期の朝河の活動

ＩＡＬＡの設立された一九二四年以降の様々な資料を見ると、朝河貫一の協会への参加についてもたどることができる。発端となったのは、アリス・モリスが朝河に国際補助語運動への参加を呼びかけた一九二三年十月十七日付けの書簡であった。モリスは、アンティオーク大学の学長であるアーサー・Ｅ・モーガンから朝河の名前を聞いたとしている。声をかけられた日本人は朝河だけではない。例えば、一九二四年一月十四日付けの朝河宛の書簡のなかでモリスは、黒坂勝美[17]、阪谷芳郎[18]、高楠順次郎[19]などに参加を呼びかけるにあたって、朝河に文面の一部を書いてくれるよう依頼している。三人が招待を受けたのかどうかはわかっていないが、少なくとも日本の有力者を勧誘することに朝河も協力していたことは、その書簡からも明らかである。[20]

その後、朝河はますますＩＡＬＡの活動に積極的に関与するようになった。例えばヘンリー・フィリップス夫人宅で一九二四年十一月二十五日に開かれたＩＡＬＡの会議では、朝河は国際補助語の重要性について演説を行っているが、朝河はその際にアジアの諸言語の複雑性に言及しながら、「文化と密接に結びついた元来の言語を学ぶ、ということに取って代わるようなものは何もない」ことを強調している。[21] また朝河は一九二五年五月五日にも、ニューヨーク大学の大学院で長を務めていたアール・B・バブコック (Earle Brownell Babcock, 1881–1935) と共に発言しているが、その会議の議題は「教育制度における国際補助語の位置づけ、並びに世界を理解するうえで国際補助語が果たすべき役割」であった。[22] ここで朝河は複数の自然言語および人工言語の問題点を論じながら、新たな言語のために一連の規範を設ける必要性を説いている。

モリスと朝河の間で交わされた膨大な書簡を追うと、IALAの活動に対する朝河の影響力が増すにしたがって、二人の親密さもまた増していたことが窺われる。様々なIALAの活動や、その普及を促進するための著書の計画についても、モリスはしばしば朝河に相談を持ちかけていた。例えばモリスの一九二七年の著作 *Why Should We Cut Out Our Tongues?* については、「研究報告の部分では、エスペラントに紙幅を多く割くべきでしょうか」や、「比較のための言語はいくつくらい必要でしょうか」といった質問を書き送っている。[23] 朝河はそれぞれの質問に丁寧に答えながら、敬意のこもった文章で提案や意見を添えた。朝河の助言は常に明晰で論理的であり、その文体からは朝河がモリスを尊敬し、また好意を持っていたことも伝わってくる。しかし朝河には頑固な一面もあり、自分の意見のほうが正しいという点に関しては譲らなかった。モリスの言い分に困惑し、ともかく自分のやり方に従ってはどうか、と要求することもあった。また朝河の演説の原稿を短く編集することを申し出た一九二八年三月十九日付けのモリスの書簡に対しては激怒し、長文の返信を書いている。モリスはすぐに申し出を撤回し謝罪した。以下に掲げた一九二九年九月二十三日付けの朝河からの書簡を見ても、朝河がモリスに対して、何かにつけて嗜めるような態度をとっていたことがわかる。

言葉を濁せる立場ではありませんので、不当なやり方に思われるかもしれませんが、問題の核心を指摘して、あなたの反省を乞いたいと思います。（中略）あなたのたゆまぬ努力がＩＡＬＡを存続させ、数々の研究を生み出しているわけですが、とはいえ、ＩＡＬＡはあなたのためにあるのではありません。あなたの姿勢には、どこかこの点を見落としている部分があるようです。そしてこの点こそ、ＩＡＬＡの命運を決しかねないものだと私には思われるのです。あなたのすばらしい忠誠によってＩＡＬＡは存在することができているのですが、ＩＡＬＡの社会への貢献は公的なものであり、ゆえに協会は公共の財産なのです。公の責任に対して果たすべき献身は、個人の財産を守るための献身とは異なります。何人も、もちろんあなた自身も、聖域であるところの公共の財産について、個人的な心情を押し付けるべきではありません。個人による献身が必要であることは言うまでもないことですが、事実を追求する純粋な研究において、個人による押し付けは排斥されねばなりません。[24]

アリス・モリスの伝記とＩＡＬＡの歴史をまとめたジュリア・Ｓ・フォークの言葉を借りれば「仲介、橋渡し、歩み寄り」を信条としてＩＡＬＡの運営を助けていたモリスだからこそ、朝河とこのような活発な議論を交わすこともできたのだろう。朝河は書簡のなかでしばしば自身の無礼な言葉について詫びながら、モリスの寛容さにも感謝を示し、「あなたの気配りと辛抱強さ、そして誠意に満ちた意志の強さには、いつも驚かされます」とも書き送っている。[25]

四　朝河の補助語観——地域と国際／自然的言語と意味論的言語——

朝河の言語観とはどのようなものであり、それはどのようにＩＡＬＡに影響を与えたのだろうか。偶然かどうかはさておき、インターリングアの開発を行うというＩＡＬＡの決定は、朝河の国際補助語に対する見方を反映しているように思われる。カテゴリー化の点で曖昧なところのある補助語は、言語学的に見ればきわめて複雑な言語である。そして朝河は言語学者を自認していたわけではない。しかし、それでもインターリングアの特徴のいくつかは朝河の思想に一致するうえ、少なくともインターリングアが、補助語に関する朝河の哲学に基づくものであることは窺える。朝河は一九二七年十二月二十一日付けの書簡でモリスに対して、地域語と国際語の関係について語りながら、IALAは「西洋の文化に属する人々の利益だけを考えて人工的な言語の研究に」注力すべきだと提言している。すべての言語と文化を代表するような補助語の創造を目指すことは現実的ではないからである。朝河はさらに「国際補助語は、相互コミュニケーションを可能にするというだけでなく、教育的、文化的な価値を持たねば」ならないと強調する。だがそのような目的は、「西洋と東洋のすべての国家での使用に適した国際補助語を創造しようとすれば、決して達成できない」のである。朝河はさらに続ける。

世界中での使用を想定した国際補助語があるとすれば、以下の二つのうち、どちらかのようなものになるでしょう。すなわち、どの国家の文化も継承しない、冷たい機構のような言語か、人工的な規則とひどく偏った語彙からなる、不均衡な言語です。後者のような言語の場合、それが語彙を拝借した言語の話者にとっては、そのような言語は余計なもののように思われてしまうでしょうし、反対に語彙が採用されなかった言語の話者にとっては、押し付けがましいものと映るでしょう。つまりほとんどの人々（国際補助語であればなんでも歓迎する、という人々を除いて）にとって、とても本格的には受け入れがたい国際補助語になるということです。

そこで朝河は、少なくとも研究の第一段階では「西洋のための大規模な地域語」を創造することに注力するほうが現実的であると説いた。そしてそのような方向性を採ることを決定すれば、組織の「様々な側面の性質や、そこから生まれてくる研究の方向性」も明確になるだろう、と予想したのである。朝河は、さらに以下のように述べる。

国際補助語は、決して世界語であると宣言されるべきではありませんし、東洋の人々は、自国内でそのような言語の使用を求められるべきではありません。彼らは西洋の人々とコミュニケーションを図る際には自発的にその言語を使うでしょうが、自国内での使用や、彼らの地域の言語と同様の重要性をその言語に与えるかどうかに関しては、彼らの自由意志に任せるべきです。まずは大規模な地域語として試用を重ねて初めて、いつの日か、真に実践的な世界語の創造が可能になるのです。(26)

理想的な補助語に関して朝河が抱いていたもう一つの考えは、その言語で最も使用頻度の高い語を抜き出して基本語彙とする、単純化された言語の構築に関するものであった。これは後年にＩＡＬＡでも積極的に議論されることになる命題である。その際の議論で問題となったのは、（オクツィデンタルのような）自然的言語と、（エスペラントやイドのような）意味論的言語のどちらを奨励すべきか、というものであった。(27)自然的言語は既存の言語に相似したパターンで構築されているため、より多くの人にとって理解しやすいものである。一方、意味論的言語は「特定の公用語に根ざしたものであり、一般的な言語であると言えるが、そこでは文法や語彙の規範化が目指されている」。そのような言語の基礎となるのは「（その開発者が）必要と判断した要素」なのである。事実、朝河の思い浮かべていた国際語は、オクツィデンタルによく似たものであった。朝河はオクツィデンタルの意図について、「非スラヴ圏の欧州の言語を融合させ、語の生成についても、機械的にではなく、自然な、歴史的な背景を重んじること」であると語っている。(28)朝河はまた一九二八年の秋、オクツィデンタル協会の創始者であるエドガー・フォン・ヴァール（Edgar Von Whal, 1867–1948）から、協会の「擁護者」になってくれるよう依頼されているが、これは丁重に断っている。その理由は、ＩＡＬＡの目的とは理想的な補助語を研究することであるので、すべての補助語を中立の立場で評価する必要があるから、というものであった。そして一九五一年にＩＡＬＡがインターリングアを発表すると、オクツィデンタル協会に所属する研究者の大部分もそれを受け入れ、結果としてオクツィデンタルは衰退したとされる。[29]とはいえ派生形態論や統語論よりも使用語彙に大きな関心を払う点を含めて、インターリングアはオクツィデンタルにかなり近い言語であると考えられている。

五　観念と計画――朝河のIALAへのヴィジョン――

朝河は言語学的な問題のみならず、一九三〇年代のIALAの方向性や組織の構造にも本質的な影響を与えている。モリスは一九二九年の春から夏にかけての期間に、朝河から何通にもおよぶ長文の書簡を受け取っているが、それらは組織の改革についての提案であった。朝河の主張は、とくにサピアやコリソンを中心とする、協会の専門的な研究のあり方が、理想的な方向性からずれているのではないか、というものであった。例えば朝河は、サピアのあるプロジェクトが協会の規範を逸脱しており、それは「有意義な研究ではあるものの、IALAの目的からは遠く離れており、またその継続には莫大な費用がかかる」と指摘する。さらに朝河は、IALAで最も利便性の高いプロジェクトとは「研究者たちが自由に個性を発揮しているという理由によって成果をあげているものであり、(中略)あえて言うなら、我々の世に出す研究は個人的なものであればあるほど成果も大きくなり、中立的な研究者にも魅力的に映ることになる」のだと皮肉交じりに述べる。

朝河は、実績ある有名研究者のサピアやコリソンの活動が、協会の信用と権威を高めていることは理解していた。しかし、学界において、IALAのプロジェクトはいずれも重要で、高度に専門的なものと見なされていたのである。しかし、朝河は協会の方向性を軌道修正し、より実践的で、「恒常的な利便性」を有する研究を世に出したいと思っていた。

そこで朝河は、少なくとも二つ（後には三つ）の「サークル」と呼ばれるグループを作ることを提案する。一つ目のサークルは、「人々の言語学的活動に関する一般的研究」を推進するものであり、二つ目のサークルは、「特定の国語や国際語を専門的に研究」するためのものである。朝河によれば、第一のサークルの目標は「言語の基礎部分のみに関わるものであり、「言語を対象とする第一のサークルに対して、第二のものは、より言語学的かつ実践的であるという点で、協会の目的にさらに寄り添うもの」である。[30] この第二のサークルは後に「比較研究」サークルと呼ばれるようになるが、そこでは多様な国際語の比較が行われ、補助語の選択において重要な規範を提供することとなった。朝河は、第二のサークルにおいては、あくまで中立かつ実践的に対象に向き合うべきであり、また曖昧な学術用語や専門用語の使用も避けるべきだと強調した。朝河にとってこのサークルは「独自の価値を持つものでなければなりません。素人や門外漢にとっても有益でなければなりません。そして第一のサークルで研究されるような理論と比較して、恒常的な利便性を持つ成果を出さなければ」ならないものであった。また朝河は、二つのサークルの成果を融合させるような研究を行うための三つ目のサークルを立ち上げることも提案している。この第三のサークルは「総合への準備」と呼ばれた。朝河はここでは「第一のグループで研究された原則や問題、そこでなされた示唆などが第二のグループで実践に移され、保管される。慎重に選ばれた言語を詳細に分析し、批判することで、理想的な総合」が導き出されることを期待した。

これらの提案と同時に朝河は協会に対して、目的や手法について混乱に陥ることがないよう警告している。いくつかの具体例を仮定として挙げながら、朝河は第一のサークルの研究者が第二のサークルの目標に侵食するような研究を進めてしまう状況も推測できるとして、そうなれば「本来は大きく異なるはずの二つの領域に注ぐべき関心と努力が分断されてしまう」と指摘する。さらに朝河は一九二九年の九月に、「ＩＡＬＡにおける言語学的研究の立案に関する提言」を発表している。朝河がこの提言を数名のＩＡＬＡ幹部のもとへ送り、フィードバックを求めたところ、数名から受領報告や好意的な返信があった。とくにスティーブン・Ｐ・ドッガン(31)やサミュエル・ウェスリー・ストラットン(32)などからは、提言に対する熱心な賛意が示されたのである。

この時期には、モリスと朝河の往復書簡もますます頻繁になり、内容もさらに緊密になっている。複雑な論理を雄弁に説きながら、朝河は自分の提案を呑むようモリスを説得し続けた。例えば一九二九年十月十三日付けの書簡で朝河は、ほとんど脅迫めいた調子で自身の主張の正しさを認めるよう、長々と訴えている。「もしあなたのご提案のほうが正しい、ということをまだおっしゃるのなら、四月以来の私の提案はすべて取り消し、委員会への参加も一切やめることにしたいと思います」というのである。結局これまでと同様、さらにやりとりを重ねたところでモリスが折れ、一九二九年十二月三十日には、大げさなほどの謝意を込めた以下のような書簡を送っている。

おっしゃるように、現在のＩＡＬＡの部局の分け方（これは一時的なものですが）には問題がありますし、このままの形で続ければＩＡＬＡの高度な目標を十全に達成することは難しくなるかもしれません。先生にご忠告いただいたおかげで、組織再編を加速させるのが賢明な判断である、ということがすっかり明らかになりました。伏して御礼申し上げます。（中略）先生のおっしゃる「重要な問題」が決して安心できないものであったことは、先生がその「危険性」についてご指摘くださる前から私にもわかっておりました。そのことはお察しいただけたらと思います。変化が必要だ、という私の以前からの決意も、先生のお言葉のおかげでいよいよ固まりました。変化に向けて動き出すことが遅れた理由についてはすでにご説明申し上げた通りですが（もちろん理由はそれ以外にもありますが）、それが私どもの一存でどうにかなるというわけではない状況を含んでいたために、ただでさえ難しい局面がなおさら難しくなったわけなのです。とはいえ私には、自分の負うべき責任から逃れたいという気持ちは露ほどもありません。いずれにせよ、先生が私どもにとってこの上なく必要な方であり、先生に去られては私どもも困り果ててしまうということは、ご理解いただけるのではないでしょうか。(33)

翌年、ＩＡＬＡはジュネーヴで国際補助語会議を主催し、朝河の計画が完全な形で実行に移されることが決定された。ジュリア・フォークによれば、この会議での決定は「アメリカの国際補助語運動の方向性を完全に変え」たのであり、これ以降ＩＡＬＡは「言語の普遍性に関する言語学的研究を停止し、補助語の創造に焦点を絞る」ようになったのである。(34) 朝河の提案通り、「言語の基礎」と「比較研究」を区別するという方法が実行に移されたが、モリスはこれを追認し、これにより「最も適切な国際語の根幹となるような素材が生み出される」だろうと述べている。(35) さらに翌年（一九三一年）には、ジュネーヴで開かれた第二回国際言語学会議のパンフレット上で、朝河によるＩＡＬＡの言語研究プログラムの概要が発表された。このパンフレットは会議の参加者全員に配布されたが、そのプログラムは熱烈に歓迎され、「ＩＡＬＡの様々な試みに賛意を示し、（中略）ＩＡＬＡは国際補助語のみならず言語学一般の研究の規範となるような成果を上げること」になるだろうという期待を込めた奨励状が起草されたほどである。この奨励状には、一二ヵ国から参加した二二の大学の二六名の言語学者の署名があるが、そのなかには東京帝国大学の言語学者、市河三喜の署名もあった。(36)

この会議で言語学研究の主任に任命されたのは、基本的には純粋な言語学の研究に関心を持っていたエドワード・サピアであった。しかしサピアは一九三一年の秋、イェール大学で職を得たことをきっかけに主任を辞している。一方の朝河は、ますます組織で重要な地位を占めるようになり、モリスへの助言も続けていた。ジュネーヴでの一九三〇年の会議で、朝河は言語学委員会の副委員長から委員長に昇任している。そして一九三〇年十一月には全会一致で、調整委員会の委員長にも選出されているのである。(37) また、ゆっくりとではあったが、一九三六年にかけて、予算の配分も純粋な言語学研究から「実用可能な補助語の創造」を目指すものへと、徐々に重点が移されるようになっていった。デイヴ・モリスが在ベルギー米国大使を務めた一九三三年から三七年にかけては、協会の活動の拠点も多く欧州に移ったが、アリス・モリスはその期間にも朝河にＩＡＬＡについて相談を続けている。例えば一九三六年五月九日付けの書簡で朝河は、モリスに求められて発表間近の文書 *Plan for Obtaining Agreement on an Auxiliary World-Language* への感想を書き送っている。自分は欧州でのＩＡＬＡの活動を知らないので、的外れな意見になるかもしれないが、と前置きした上で、朝河は自身の考える国際補助語の基準を掲げている。

（１）西洋（主として西ヨーロッパ）語の真正の合成物であること、次に（２）文法の簡潔さと、語源的な自然さの、両者の最大限可能な均衡（困難な仕事ですが、真正合成物においては必須の特性であり、大多数の人たちの嫌悪をさける一つの資質でもあり、相当レベルのバランスは達成不可能なことであるとは思えません）。そして（３）語彙の拡張への大きな容量ないし許容性。[38]

自然的言語と意味論的言語それぞれの利点が討論された結果、一九三六年の会議で、協会はエスペラントを支持しないことを決定した。[39] これはエスペラントの支持者たちには寝耳に水の出来事で、失望を誘うものでもあった。だがＩＡＬＡは特定の言語に肩入れするのではなく、独自の自然的言語を創造することを決定したのである。協会の同意委員会は一九三七年、*Some Criteria for an International Language and Commentary* を発表した。そして *Plan for Obtaining Agreement* で示された計画を実行に移しつつ、一九三六年から第二次大戦の開戦した時期にかけて、ニューヨークで三十数回にわたって開催された会議の参加者に補助語の基準を示し続けたのである。インターリングアが完成を見たのは一九五一年のことであった。

だが上記の文書が発表されたあと、ＩＡＬＡの活動や研究成果が発表されることはまれになった。モリスと朝河が交わした書簡も、目に見えて少なくなっている。むしろ残された資料からは、朝河がこの時期からIALAとは関係のない人々と頻繁にやりとりをするようになっていたことがわかる。朝河には、一九三〇年代後半から緊張の度合いを増していた日米の政治的関係など、注意を向けるべき場所が増えていた。事実朝河は、第二次大戦の勃発を避けるために、IALAなどの組織を通じて知識人や公人の賛同を取り付ける努力もしていたのである。モリスから朝河に宛てられた現存する最後の書簡は、一九四一年十二月三十一日に書かれている。ナチス・ドイツの反ユダヤ主義を批判する朝河に対しモリスは、「もし先生の忠告に人々が耳を傾ければ、世界はすっかり変わるでしょう」と述べている(40)。

一九三〇年代後半から五〇年代半ばにかけてIALAの活動や国際補助語運動そのものが低迷した理由について、先行研究では様々な理由が挙げられている。なかでも第二次大戦がもたらした荒廃、有力な北米の言語学者たちの協会からの脱退、そして重要な後援者であったコットレルとデイヴ・モリス、そしてIALAの運営を事実上担っていたアリス・モリスという、三人の創立者たちの相次ぐ死などが、主要な原因と考えられよう。協会の発展に尽力した朝河もまた、一九四八年に没している。これはコットレルの死と同じ年である。アリス・モリスが世を去ったのはその二年後、一九五〇年のことであった。

おわりに

近代初期に起こったコミュニケーションの変革により、ごく普通の研究者も大陸の向こうにまで書簡を送ることができるようになった。世界中に散らばっていた知的共同体がそのようにして統合されることにより、この時代の知は豊かなものとなった。（中略）近年ではそれらの資料を扱うオンライン・カタログや、資料のデジタル化が急速に進んでいるものの、これらには地下に秘された貯蔵庫のような状態にあるものもまだ多く、近代初期の書簡を分析する大規模な研究の実現は非常に難しい状況にある。(41)

右の文章は近代初期にやりとりされた書簡をめぐるものだが、より近年の書簡についても、研究の難しさには通底するところがある。「秘された貯蔵庫」を発見することができれば、先行研究に新たな視点を付け加えることもできるだろう。本稿では、朝河貫一とアリス・モリス、ならびにＩＡＬＡとゆかりのあった人々との往復書簡や、朝河の日記や演説の原稿などが、ＩＡＬＡやアメリカの言語学の歴史にとっての資料の「貯蔵庫」ということになる。

朝河は言語学者ではなく、ロマンス言語を母語としていたわけでもないが、残された資料からは彼が国際補助語運動に大きく関与していたことがわかる。他のアーカイブに残っているアリス・モリスの書簡と比較すると、朝河との間で交わされたモリスの書簡は、より情熱的で、熱心で、饒舌なものといえる。朝河が協会に対して持っていた影響力の強さは、推測の域を超えた、かなり現実的なものとして語ることができよう。だがその影響力の詳細な部分についてはまだ不明なことも多く、資料のさらなる調査が必要である。

参考文献

朝河貫一書簡編集委員会編『朝河貫一書簡集』早稲田大学出版部、一九九〇年
朝河貫一研究会編・発行『甦る朝河貫一―不滅の歴史家　偉大なるパイオニア―』一九九八年
阿部善雄、金子英生『最後の「日本人」―朝河貫一の生涯―』岩波書店、一九八三年
石川衛三「朝河貫一の後年を飾った女性―その哀切なる愛と傷心の軌跡―」（『中央学院大学教養論叢』六―一、一九九三年、三―三五頁）
石川衛三「〈翻訳〉朝河貫一とＩＡＬＡ（アメリカ合衆国・国際補助言語協会）―日米共同『知的作業（プロジェクト）』の一大

実験—」(『中央学院大学人間・自然論叢』一、一九九四年、一六五—二五六頁)
峰島旭雄、朝河貫一研究会編『朝河貫一の世界—不滅の歴史家　偉大なるパイオニア—』早稲田大学出版部、一九九三年
Circulation of Knowledge and Learned Practices in the 17th-century Dutch Republic, http://ckcc.huygens.knaw.nl/
Cultures of Knowledge, http://www.culturesofknowledge.org/
Edward Sapir, "Memorandum on the Problem of an International Auxiliary Language, and Signed by Leonard Bloomfield, Franz Boas, J. L. Gerig, George Philip Krapp," *Romanic Review* 16, 1925, pp. 244–56.
Ellen Hammond, "A History of the East Asia Library at Yale," *Collecting Asia: East Asian Libraries in North America, 1868–2008*, Ann Arbor, Mich.: Association for Asian Studies, Inc., 2010, pp. 3–20.
F. P. Gopsill, *International Languages : A Matter for Interlingua*, Sheffield, England: British Interlingua Society, 1990.
Hiroki Kikuchi,"Letting the Copy out of the Window: A History of Copying Texts in Japan," *East Asian Library Journal* 14, no. 1 (Spring 2010), pp. 120–57.
Interlingua Institute Records, 1921–2001, Manuscripts and Archives Division, The New York Public Library.
International Auxiliary Language Association, *Outline of Program*, New York: IALA, 1924.
International Auxiliary Language Association, *Plan for Obtaining Agreement*, IALA, 1936.
International Auxiliary Language Association, *Some Criteria for an International Language and Commentary*, IALA, 1937.
Julia S. Falk, *Women, Language, and Linguistics : Three American Stories from the First Half of the Twentieth Century*, London; New York: Routledge, 1999.
Julia S. Falk, "Words without Grammar: Linguists and the International Auxiliary Language Movement in the United States," *Language & Communication* 15 (3), Oxford ; New York : Pergamon, 1995, pp. 241–59.
Kan'ichi Asakawa Papers (MS 40), Manuscripts and Archives, Yale University Library.

注

（1）アリスの夫デイヴに宛てた四通は除外、ただしデイヴとアリスの夫婦に宛てた二通は含めている。さらに福島県立図書館には、朝河が一九三六—四〇年にアリスに宛てた九通と、デイヴに宛てた一通の書簡が所蔵されている。また朝河が様々な相手にＩＡＬＡや補助語について書き送った書簡は、この他に二〇通が見つかっている。

（2）F. P. Gopsill, *International Languages: A Matter for Interlingua*, Sheffield, England: British Interlingua Society, 1990, p. 105.

（3）Julia S. Falk, *Women, Language, and Linguistics: Three American Stories from the First Half of the Twentieth Century*, London; New York: Routledge, 1999, p. 56.

（4）石川衛三「〈翻訳〉朝河貫一とＩＡＬＡ（アメリカ合衆国・国際補助言語協会）—日米共同『知的作業（プロジェクト）』の一大実験—」（『中央学院大学人間・自然論叢』一、一九九四年、一六五—二五六頁。

（5）前掲注(3)Falk, *Women, Language, and Linguistics*.

（6）リサーチ・コーポレーションは一九一二年に設立された。同社は「革新的な科学研究に必要な資金を提供し、優秀な科学者を育てると共に、科学とテクノロジーの領域におけるアメリカの競争力増進に寄与する」ことを目的としている。Research Corporation for Science Advancement, "About RCSA," Last Modified 2015, http://rescorp.org/about-rcsa (accessed on June 8, 2016).

（7）International Auxiliary Language Association, *Outline of Program*, New York: IALA, 1924, p. 9.

（8）前掲注(3)Falk, *Women, Language, and Linguistics*, p. 48.

（9）前掲注(3)Falk, *Women, Language, and Linguistics*, p. 50.

（10）W・E・コリンソン（William Edward Collinson, 1889–1969）。イギリスの言語学者、一九一四年から五四年までリバプール大学ドイツ語学科主任。

（11）オットー・イェスペルセン（Jens Otto Harry Jespersen, 1860–1943）。デンマークの言語学者、ノヴィアルの開発者。言語教育の改革に尽力した。

（12）エドワード・サピア（Edward Sapir, 1884–1939）。民族言語学の創始者で、一九三一年にはイェール大学に人類学デパートメントを創設した。

（13）国際補助語に関する覚書。Edward Sapir, "Memorandum of the Problem of an International Auxiliary Language, and Signed by Leonard Bloomfield, Franz Boas, J. L. Gerig, George Philip Krapp," *Romanic Review* 16, 1925.

（14）収入の内訳は、預金利息、書籍の売上、事業所得、会費、寄付、Teachers College（コロンビア大学）での残高である。予算のうち最も大きな割合を占めたのは寄付金で、金額は一万五〇〇〇ドルである。

（15）Executive committee December 22, 1930 IALA current budget for 1931, Interlingua Institute Records, 1921–2001, Manuscripts and Archives Division, The New York Public Library.

（16）フォークはまた、言語学部門には一九三〇年と三一年だけでも八万五〇〇〇ドルの予算が与えられたのに対し、一九二四年から四一年の期間で社会学部門が与えられたのは二万五〇〇〇ドル、教育学部門に与えられたのは七万五〇〇〇ドルに過ぎないと概算している。

（17）黒坂勝美（一八七四―一九四六）。東京帝国大学の日本史教授。『国史大系』の再編ならびに『大日本古文書』の編纂を行った。後年にはエスペラント研究の後援者となった。

（18）阪谷芳郎（一八六三―一九四一）。大蔵官僚、政治家。大蔵省入省後、一九〇六年から〇八年まで大蔵大臣を務めた。また一九一二年から一五年まで東京市長、一九一五年から四一年まで貴族院議員も務めている。

（19）高楠順次郎（一八六六―一九四五）。仏教学者であり、パーリ仏典の翻訳である『南伝大蔵経』の出版（一九二七年）で知られる。東京帝国大学で一八九七年から教鞭をとり、後に東京外国語学校校長、千代田女子専門学校校長、東洋大学学長などを歴任。

（20）例えば朝河は、黒坂について「歴史家、古文書の専門家、考古学者。adv. of Soph.（ママ）有名。法曹界に人脈?·」、阪谷について「元大蔵大臣、元東京市長。Now pres./ Vice pres. L. N. Umi & J（ママ）/国際補助語のために尽力。日本の有力な経済学者」、高楠について「高名な Fausk.（818B）。歴史家、宗教の哲学、歴史。よく知られている」などと記している。また、読み取りが困難な字体で、別のある人物についても「Hn. Fn（ママ）□□大学。哲学教授。中国哲学の歴史について著作。理論の主導的立場。was in college in Ch. Wn.（ママ）」と書き記している。

（21）Kan'ichi Asakawa, draft of the address, November 25, 1924, file 60, Asakawa Papers.

(22) IALA, IALA meeting program of May 5, 1925, file 61, Asakawa Papers.

(23) Kan'ichi Asakawa, Essays, 1927, file 77, Asakawa Papers.

(24) Asakawa to Morris, September 23, 1929, Asakawa Papers.

(25) 前掲注(24)書簡。

(26) Asakawa to Morris, December 21, 1927, Asakawa Papers.

(27) 前掲注(2)Gopsill, *International Languages*, p. 99.

(28) Asakawa to Engelber Pigal, November 1928, Asakawa Papers.

(29) 前掲注(2)Gopsill, *International Languages*, p. 97.

(30) Asakawa: On Linguistic Research: Introduction enclosed in April 23, 1923 correspondence to Alice Morris, Asakawa Papers.

(31) スティーブン・P・ドッガン（Stephen P. Doggun, 1870–1950）。ニューヨーク市立大学シティカレッジにて一八九六年から教育史を、一九一〇年から二八年にかけて政治学を教えた。後年にはコロンビア大学の国際教育研究所のオーガナイザー、外交政策協会の創設者、外交問題評議会のディレクターとなった（Biographical Dictionary of American Educators, pp. 401–02）。

(32) サミュエル・ウェスリー・ストラットン（Samuel Wesley Stratton, 1861–1931）。アメリカ国立標準技術研究所の初代所長であり、一九二三年から三〇年までマサチューセッツ工科大学の学長を務めた（American National Biography Online）。

(33) Morris to Asakawa, December 30, 1928, Asakawa Papers.

(34) 前掲注(3)Falk, *Women, Language, and Linguistics*, p. 71.

(35) 前掲注(3)Falk, *Women, Language, and Linguistics*, p. 71.

(36) 会議に参加した二八ヵ国二一八人のうち、日本から参加した言語学者は「東京よりChiba, T.とPalmer, H. E.、福井よりSaito, S.、そしてTakamatsu, Y.とTanakadate, A.」である（Interlingua Institute Records, 1921–2001, Manuscripts and Archives Division, The New York Public Library）。日本人四人を代表として率いたのは市河であったと思わ

れる。

（37）当時IALAの会長だったアール・B・バブコックは、一九三〇年十一月二十五日、朝河が「最も重要な委員会」への参加を引き受けたことについて礼状を送り、「あなたの指導で、この委員会はIALAにとってかけがえのないものになるでしょう。（中略）委員会の戦略的な位置づけにとって、あなたの能力はまさに最適なのです」と記している（前掲注(36)Interlingua Institute Records, 1921–2001）。

（38）前掲注(4)石川論文、二五〇—五一頁。

（39）IALA, records of IALA's Committee on Agreement organized in the winter of 1935–1936 at Copenhagen, Box 25, Interlingua Institute Records, 1921–2001, Manuscripts and Archives Division, The New York Public Library.

（40）朝河の書簡のなかには、政治家で外交官であった金子堅太郎に宛てられたものの英訳も残っている。内容は、ナチス・ドイツへの批判が中心である。

（41）Cultures of Knowledge, "How Do You Solve A Problem Like Correspondence?" http://www.culturesofknowledge.org/?page_id=28 (accessed on May 25, 2015).

（付記）本稿は筆者が英文で執筆し、日本語翻訳にあたって大野ロベルト氏のご協力をいただきました。ここに記して感謝の意を申し上げます。

あとがき

本書は、二〇一八年七月二一日・二二日に早稲田大学大隈講堂において開催された、朝河貫一没後七〇年記念シンポジウム「朝河貫一—人文学の形成とその遺産—」での報告に基づいた論文集である。ここでまず、シンポジウム開催に至った経緯を説明しておきたい。

早稲田大学文学学術院では、文部科学省の事業である「私立大学戦略的研究基盤形成事業」の研究プロジェクト（「近代日本の人文学と東アジア文化圏—東アジアにおける人文学の危機と再生—」、代表：李成市教授）を行ってきた。今回のシンポジウムも、この「基盤形成事業」の企画の一環として開催された。そもそも、「基盤形成事業」で朝河貫一をテーマとするきっかけとなったのは、「キックオフシンポジウム」として開催された「新しい人文学の地平を求めて—ヨーロッパの学知と東アジアの人文学—」（二〇一四年一二月開催）において、本書の執筆者でもある武藤秀太郎氏が「朝河貫一と胡適」の報告を行ったことである。この報告が一つの契機となり、その後、海老澤衷氏が企画・立案し、シンポジウム「朝河貫一と日本中世史研究の現在」が二〇一五年一二月に開催され、シンポジウムの成果は、海老澤氏、近藤成一氏、甚野の共編で『朝河貫一と日欧中世史研究』（吉川弘文館、二〇一七年）として刊行された。朝河貫一については、それまで多くの研究や翻訳が出されてきたが、朝河が行った日欧の中世史研究に焦点を絞った論文集はこれが初めてであり、その意味で朝河研究の新しい局面を開く成果となった。

この論文集刊行後、二〇一八年に朝河貫一没後七〇年の節目を迎えることを知り、海老澤氏と甚野は、再度「基盤形成事業」の企画としてシンポジウムを行うことを計画し、今度は日欧の中世史研究に限らず、朝河の業績の全体像を解明することを目指した。それが今回のシンポジウム「朝河貫一――人文学の形成とその遺産――」である。

今回のシンポジウムでは、朝河の業績が大きく三つの分野にわたることから、三部構成としたが、本書でもその構成をほぼ踏襲し三部に分けている。その三つの分野とは、第一は歴史学者としての分野、第二は大学人としての活動に関する分野、第三は平和の提唱者としての分野である。そして、これらの三分野に関する一〇名の論文により、朝河が二〇世紀前半のアメリカで、ヨーロッパやアメリカの学知を学びながら形成した独特な人文学の体系を解明することを目指したのが本書である。

本書の内容についてはこれぐらいにして、ここでとくに記しておきたいことは、朝河没後七〇年を記念するシンポジウムなどの行事が朝河の郷里の福島でも数多く開催され、それが今回の早稲田でのシンポジウムと論文集出版の追い風になったことである。早稲田でのシンポジウムを後援していただいた、朝河貫一博士顕彰協会、福島民報社には改めて感謝の意を表するとともに、この場を借りて、福島で行われた没後七〇年記念行事についても簡単に紹介しておきたい。

まず福島県立図書館では、二〇一八年六月から九月まで特別展示「海を渡ったサムライ～朝河貫一没後七〇年記念展～」が開催された。この展示に関しては、甚野が全面的に監修を担当した。また同図書館では没後七〇年記念事業の一環として、書簡二五〇〇通余りを含む「朝河貫一資料」の目録の改訂版作成を行い、甚野もそれに協力することで、新しい目録が二〇一九年一月に、福島県立図書館・甚野尚志編『朝河貫一資料目録』（改訂版、福島県立図書館発行）として刊行された。さらに福島では、「没後七〇年記念シンポジウム」と題したシンポジウムが二〇一八年七月二三日に郡山市の市民文化センターで、八月一一日には福島市の県文化センターで、一〇月一三日には福島市立子山の天正寺本堂で開催され、多くの聴衆が集まり朝河の業績を回顧する機会となった。

さらに、二〇一七年から一八年には「ボストン美術館の至宝展」が日本各地を巡回したが、その展示品のなかに、朝河が多くの書簡を交わした女性詩人グレッチェン・ウォレンと娘レイチェルの肖像画が出展されていたことは、朝河没後七〇年の一連の記念行事に花を添えることになった。アメリカを代表する画家サージェントが描いたグレッチェンと娘レイチェルの肖像画はアメリカの近代絵画のなかでもとくに有名な傑作であるが、この肖像画の女性と朝河が戦中から戦後にかけて、世界情勢について多くの書簡を交わしていたことを考えると、朝河の国際人としての偉大さに改めて感銘を覚える（グレッチェンに送られた「Dear Friend 宛」書簡については本書の甚野論文参照）。

いずれにしても、二〇一八年は朝河研究の当たり年のような一年であったが、こうした機運に乗じて、一一月一〇日には新しい学術団体として「朝河貫一学術協会」が創設されたことは特筆に値する。この協会は、これまで早稲田大学の「基盤形成事業」として行ってきた朝河研究の成果を発展させる趣旨で創設されたが、この協会の発足により、今後の朝河研究が個人研究を主体とした研究から、朝河が目指した知の理想を再評価し、現在の人文・社会科学のあり方に様々な貢献ができる研究に発展する可能性が開かれたといえる。

このように早稲田大学の「基盤形成事業」で行ってきた朝河研究は、着実に新たな進展をみせているが、なお大きな問題は、日本ではまだ朝河関連の資料が十分な保管と整理がなされておらず、研究者が朝河の資料に自由にアクセスできない状況があることだ。現在、様々な団体や個人が所蔵するものが多いため、朝河の資料にどのようなものがあり、どこで閲覧できるのかわからないものが多い。各所に散在する朝河の資料について体系的な目録を作り、一か所に集めて一般に自由に利用できる日が来ることを心から願っている。資料の公開と利用の問題が今後の課題としてあることを最後に指摘しておきたい。

なお、前回の朝河論文集と同様、本書の刊行にあたっても吉川弘文館の担当編集者の矢島初穂さんに大変お世話になった。心から感謝の意を表したい。

二〇一九年一月

甚野尚志

執筆者紹介（生年／現職）―執筆順

海老澤　衷（えびさわ　ただし）→別掲

甚野尚志（じんの　たかし）→別掲

近藤成一（こんどう　しげかず）→別掲

増井由紀美（ますい　ゆきみ）一九五七年／敬愛大学国際学部教授

松谷有美子（まつたに　ゆみこ）一九八一年／清泉女子大学附属図書館司書

武藤秀太郎（むとう　しゅうたろう）一九七四年／新潟大学経済学部准教授

浅野豊美（あさの　とよみ）一九六四年／早稲田大学政治経済学術院教授

山内晴子（やまうち　はるこ）一九四四年／朝河貫一研究会理事

陶　波（タオ　ボー）一九八六年／イェール大学大学院歴史学研究科博士課程

中村治子（なかむら　はるこ）一九七二年／Librarian for Japanese Studies, Yale University Library

朝河貫一略年譜(ゴチックは同時代の出来事)

(甚野尚志作成)

西暦(和暦)	年齢	事　　項
1873(明治 6)	1	12月22日，二本松生まれ．二本松藩士の朝河正澄・ウタの長男．
1874(　7)	2	父・正澄，伊達郡立子山村尋常小学校校長に赴任．小学校が仮設された天正寺に移り住む．
1879(　12)	7	4月，立子山尋常小学校入学．
1882(　15)	10	**12月，福島事件．**
1886(　19)	14	川俣高等小学校に転校．蒲生義一から英語を学ぶ．
1888(　21)	16	4月，福島県尋常中学校入学(後の安積高校．最初は福島市にあったが翌年，郡山市に移転)．
1890(　23)	18	英語教師ハリファックスの教えを受ける．
1892(　25)	20	福島県尋常中学校を首席卒業．英語で答辞．5月から8月まで郡山の金透小学校で嘱託英語教師．上京後，ハリファックス留任願いの建白書を福島県議会に提出．東京専門学校文学科(後の早稲田大学文学部)に入学．
1893(　26)	21	本郷教会で横井時雄牧師より受洗．キリスト教徒になる．
1894(　27)	22	アメリカのダートマス大学のタッカー学長が横井に，朝河の授業料，寄宿舎費の免除を約束する．**8月，日清戦争の開始．**
1895(　28)	23	**4月，下関条約．** 7月，東京専門学校を首席卒業，12月，横浜から渡米．
1896(　29)	24	1月，ダートマス大学1年に編入．
1899(　32)	27	6月，ダートマス大学卒業．9月，イェール大学大学院歴史学科に入学．
1902(　35)	30	“The Reform of 645: An Introduction to the Study of the Origin of Feudalism in Japan” で博士号授与．9月，ダートマス大学講師(Instructor)となる．
1903(　36)	31	*The Early Institutional Life of Japan: A Study in the Reform of 645 A.D.* 出版．
1904(　37)	32	**2月，日露戦争の開始．** 日露戦争中40ヵ所以上で講演．10月，*The Russo-Japanese Conflict: Its Causes and Issues* 英米で出版．
1905(　38)	33	8月，日露講和会議のオブザーヴァーとしてポーツマスに滞在．**9月，ポーツマス条約，日比谷焼き討ち事件．** 10月，ミリアム・J・キャメロン・ディングウォールと結婚．
1906(　39)	34	2月，イェール大学図書館より日本古典籍収集を依頼され第1回帰国．9月，父・正澄死去．
1907(　40)	35	8月，アメリカに帰る．9月，イェール大学講師(Instructor, History of Japanese Civilization)となる．イェール大学図書館東アジア・コレクション部長を兼任．
1909(　42)	37	6月，実業之日本社から『日本の禍機』を出版．二大原則に背く日本外交を批判．
1910(　43)	38	イェール大学助教授(Assistant Professor, History of Japanese Civilization)となる．
1913(大正 2)	41	2月，妻ミリアムが病気で死去．

西暦(和暦)	年齢	事　　項
1915(大正 4)	43	6月から9月，第一次大戦中のヨーロッパへ旅行．女性の友人ダイアナ・ワッツのカプリ島の別荘で1ヵ月過ごす．大隈重信宛の書簡(「対華21ヶ条の要求」批判)．
1917(　　6)	45	第2回目の帰国．日本古典籍収集と日本中世史研究のため東京帝国大学史料編纂掛(後の史料編纂所)に留学．
1919(　　8)	47	「入来文書」に着目．これを日欧封建制比較の素材として選び，6月，鹿児島県薩摩郡入来村に滞在し原本調査．9月，アメリカに帰る．
1923(　 12)	51	イェール大学大学院で西欧中世の封建制の演習と講義を担当するようになる．**9月，関東大震災．**
1929(昭和 4)	57	英文の著作 *The Documents of Iriki*(『入来文書』)をイェール大学出版会とオックスフォード大学出版会より出版．
1930(　　5)	58	歴史学准教授(Associate Professor, History)となる．
1931(　　6)	59	マルク・ブロックによる『入来文書』の書評．**9月，満州事変勃発．**
1932(　　7)	60	2月，大久保利武宛の書簡(満州事変へのアメリカ国民の非難を伝える)．**3月，満州国建国宣言．5月，五・一五事件．**
1933(　　8)	61	歴史学研究員(Research Associate, History, 教授待遇)になる．**1月，ヒトラー政権成立．3月，日本の国際連盟脱退．**
1934(　　9)	62	セイブルック・カレッジの準フェローとなり，そこに移り住む．
1936(　 11)	64	**二・二六事件．**
1937(　 12)	65	歴史学教授(Professor, History)になる．**7月，盧溝橋事件．11月，日独伊防共協定．**
1939(　 14)	67	**9月，第二次世界大戦の開始．** 10月，村田勤宛の書簡(ヒトラーの自殺予言)．
1940(　 15)	68	1月，鳩山一郎宛の書簡(「東亜新秩序」批判)．**9月，日独伊軍事同盟．**
1941(　 16)	69	1月，村田勤宛の書簡(日独伊の敗北予言)，10月，金子堅太郎宛の書簡(日本政府の改革の要求)，11月，日米開戦阻止のため，天皇宛の大統領親書草案を作成し，発案者のラングドン・ウォーナーに送る．**12月，真珠湾攻撃，太平洋戦争の開始．** イェール大学総長とFBIが戦中の朝河の自由と生活庇護を約束．
1942(　 17)	70	定年で名誉教授(Professor, Emeritus)．セイブルック・カレッジからイェール大学大学院塔(ハークネス・タワー)の9階に移り住む．蔵書約5000冊を図書館に寄贈．
1944(　 19)	72	10月，アーヴィング・フィッシャー宛の書簡(天皇制と民主主義の共存の戦後構想提言)．
1945(　 20)	73	**8月，ポツダム宣言受諾，太平洋戦争終結．**
1946(　 21)	74	ラングドン・ウォーナー宛長文書簡の草稿を書く(「妥協，追従，黙認」の日本人の国民性批判，敗戦後構想，天皇制の役割と民主主義)．
1948(　 23)	76	8月11日，バーモント州ウェスト・ワーズボロの避暑地のホテルで死去(74歳)．
1965(　 40)		遺稿集『荘園研究(*Land and Society in Medieval Japan*)』が日本学術振興会より刊行．

編者略歴

海老澤衷

一九四八年　東京都に生まれる

一九八一年　早稲田大学大学院文学研究科博士課程修了

現在　早稲田大学文学学術院教授、博士（文学）

〔主要著書〕

『荘園公領制と中世村落』（歴史科学叢書、校倉書房、二〇〇〇年）、『景観に歴史を読む　史料編増補版』（早稲田大学文学部、二〇〇五年）

近藤成一

一九五五年　東京都に生まれる

一九八二年　東京大学大学院人文科学研究科修士課程修了

現在　放送大学教授・東京大学名誉教授、博士（文学）

〔主要著書〕

『鎌倉時代政治構造の研究』（校倉書房、二〇一六年）、『鎌倉幕府と朝廷』（シリーズ日本中世史2、岩波書店、二〇一六年）

甚野尚志

一九五八年　福島県に生まれる

一九八三年　東京大学大学院人文科学研究科修士課程修了

現在　早稲田大学文学学術院教授、博士（文学）

〔主要著書〕

『十二世紀ルネサンスの精神―ソールズベリのジョンの思想構造』（知泉書館、二〇〇九年）、『福島県立図書館所蔵朝河貫一資料目録』（改訂版、共編、福島県立図書館、二〇一九年）

朝河貫一と人文学の形成

二〇一九年（平成三十一）三月十日　第一刷発行

編　者　海《え》老《び》澤《さわ》衷《ただし》
近《こん》藤《どう》成《しげ》一《かず》
甚《じん》野《の》尚《たか》志《し》

発行者　吉川道郎

発行所　株式会社　吉川弘文館

郵便番号一一三―〇〇三三

東京都文京区本郷七丁目二番八号

電話〇三―三八一三―九一五一（代）

振替口座〇〇一〇〇―五―二四四番

http://www.yoshikawa-k.co.jp/

印刷＝株式会社 理想社

製本＝株式会社 ブックアート

装幀＝山崎　登

Printed in Japan　ISBN978-4-642-02957-5

海老澤　衷・近藤成一・甚野尚志編

朝河貫一と日欧中世史研究

A5判・三一二頁

九〇〇〇円

明治から昭和期に欧米の歴史学者との交流の中で学問を磨き、アメリカから日本史研究を世界に発信したイェール大学教授・朝河貫一。日本と西欧を比較し、中世社会の封建制度を追究する朝河の先駆性と史学史上の意義を、現在の中世史研究に照らして再評価する。同大学図書館の日本史資料収集に関わる記録や、歴史家と交わした書簡の翻刻なども掲載。